Geschichte des ilmenauischen Bergbaues nebst einer geognostischen Darstellung der dasigen Gegend

Johann Karl Wilhelm Voigt

Zum freundlichen Andenken

von den Verlegern

Geschichte

des

Ilmenauischen Bergbaues

nebst

einer geognostischen Darstellung der dasigen Gegend

und

einem Plane, wie das Werk mit Vortheil wieder anzugreisen;

von

Joh. Carl Wilhelm Voigt,

Großherzogl. Sächs. Bergrath, Mitglied der Kaiserl. Leopoldinisch-Carolinischen Academie der Naturforscher und der Gesellschaft naturf. Freunde in Berlin correspondirendem Mitgl., der Leipziger ökonomischen Societät Mitgl., der Königl. Preuß. Akademie nützlicher Wissenschaften zu Erfurt ordentl. Mitgl., der Societät der Bergbaukunde Ehrenmitgl., der physikalischen Gesellschaft in Jena und der Societät der Forst- und Jagdkunde zu Dreißigacker auswärtigem ordentl. Assessor, der Mineral. Societät in Jena Ehrenmitgl., der physikalischen Gesellsch. in Heidelberg korresp. Mitgl., der Wetterauisch. Gesellschaft f. d. gesammte Naturkunde ordentl. Mitgl., der Gesellschaft zur Beförderung der gesammten Naturwissenschaft zu Marburg ordentl. Mitglied, der Kaiserl. Gesellschaft für gesammte Mineralogie zu St. Petersburg auswärtigem vortragenden Mitgl., der naturf. Gesellschaft in Halle Ehrenmitgl., der Kaiserl. pharmacevtischen Gesellschaft zu St. Petersburg Mitgl.

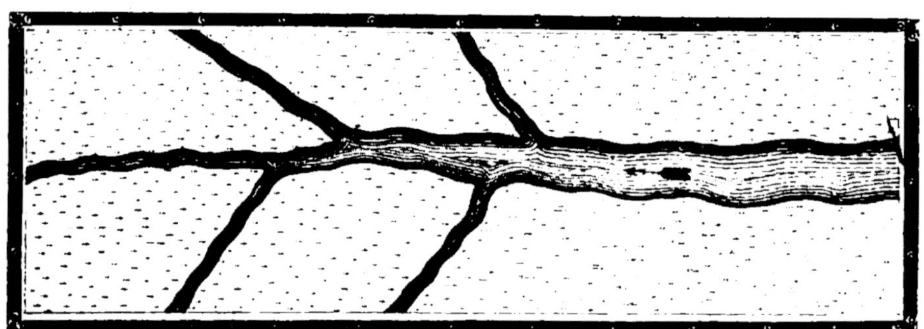

Nebst dem Portrait des Verfassers, einer petrographischen Charte und drei Steindrücken.

Sondershausen und Nordhausen 1821,

verlegt von dem Sohne des Verfa

Dem

Durchlauchtigsten Großherzoge und Herrn,

Herrn

Carl August

Großherzoge zu Sachsen Weimar und Eisenach, Landgrafen in Thüringen, Marggrafen zu Meißen, gefürsteten Grafen zu Henneberg, Herrn zu Blankenburg, Neustadt und Tautenburg, Großkreuz des Russ. Kaiserl. St. Andreas = Alexander = Newsky = und St. Annen = Ordens, auch des Königl. Preuß. schwarzen Adler = und des Königl. Sächs. Ordens vom Rautenkranz,

Meinem gnädigst regierenden

Großherzoge und Herrn.

Durchlauchtigster Großherzog,
gnädigst regierender Fürst und Herr!

Ew. Königl. Hoheit dieses Werk zuzueignen, finde ich mich doppelt gedrungen. Sie waren es nicht nur, gnädigster Herr, der keine Kosten scheuete und keine Aufopferung zu hart fand, den Ilmenauischen Bergbau wieder empor zu heben, sondern Sie nahmen auch, gewohnt, Sich um alle Angelegenheiten Ihres schönen Landes Selbst zu bekümmern, immer den lebhaftesten und thätigsten Antheil an demselben. Sie befuhren öfter die Schächte und selbst den tiefen Martinröder Stollen, welcher bei seiner Länge von mehr als dreitausend Lachtern und den anhaltenden niedrigen Stellen Anstrengungen erforderte, denen sich kaum der geübte Bergmann hingiebt. Sie haben dadurch aber nun auch erfahren, was das Loos der armen Bergleute ist, die oft einen großen Theil ihrer Lebenszeit im Innern der Erde mühselig zubringen. Von dem Allen, von jenen hoffnungsvollen schönen Tagen ist uns indessen nur die Rückerinnerung geblieben, da ein glücklicher Erfolg die große Unternehmung nicht bekrönte — jedoch aber auch das Bewußtseyn, daß Keiner dabei Etwas versäumte.

Ich werde es jederzeit meine heiligste Pflicht seyn lassen, in meinem jetzigen Wirkungskreise auch im hohen Alter Höchstdenenselben treu zu dienen, der ich im tiefsten Respekt verharre

Ew. Königl. Hoheit

Ilmenau,
den 18. Oktober 1820.

unterthänigster und gehorsamster

Joh. Carl Wilh. Voigt.

Vorwort.

Ich habe mich um so lieber der obliegenden Pflicht entledigt, Alles was ich der Nachkommenschaft nachrichtlich vom hiesigen Bergbaue hinterlassen kann, aufzuzeichnen, als ich durch die Nothwendigkeit dazu aufgefordert werde. Denn ich bin der Einzige, der von denen übrig geblieben ist, denen der praktische Betrieb dieses Werks anvertrauet war und der Einzige, der die Gelegenheit benutzte die geognostischen Verhältnisse des hiesigen Gebirgs so genau als möglich zu erforschen. Mit meinem Ableben würde Manches verloren gehen, was für die Nachkommenschaft Interesse haben dürfte und was auch nicht einmal aus den voluminösen Akten der Alten herauszusuchen wäre.

Hätte man bei dem nun völlig auflässig gewordenen neuen Bergbaue nur einige Anzeigen gehabt, nur einige Zeilen darüber gefunden, wie es im Innern aussähe, gewiß! man würde sich darauf eingerichtet haben und vielleicht glücklicher gewesen seyn.

Es lag anfänglich nicht in meinem Plane, des alten Bergbaues zu gedenken, es war aber auch nicht wohl möglich ihn hin und wieder nicht zu berühren, daher ich meinen Entschluß änderte und wenigstens soviel davon aufzeichnete als mir zur Hand war und was den Zustand des Bergwerks und seine natürliche Beschaffenheit im engern Sinne angieng. Aber auch dieses dürfte der Nachkommenschaft nicht gleichgültig seyn, indem es von seiner Größe Ausdehnung und Reichhaltigkeit zeugt.

Von den Jahren 1702 bis 1739 habe ich nur wenig angeführt, weil eine Geschichte dieser Periode nicht sowohl Nachrichten von der Lage und der natürlichen Beschaffenheit des Werks, als von der unendlichen Verwirrung und Unordnung liefern würde, die damals herrschend geworden waren und den frühern Untergang herbeiführten. Kurzweilig genug würde sie ausfallen, vielleicht findet sich auch wohl ein Anderer, dem es Vergnügen macht, mehr als dreißig Volumina Akten zu excerpiren.

Außer vielen Akten aus dem Großherzoglichen geheimen Archiv in Weimar, habe ich nachverzeichnete Schriften über meinen Gegenstand nachgelesen und benutzt, nämlich:

1) Von Schultes diplomatische Geschichte des Gräflichen Hauses Henneberg zc. Hildburghausen, bei Hanisch 1791.

2) v. Schultes histor. statistische Beschreibung der gefürsteten Grafsch. Henneberg, mit Urkunden. Hildburghausen, bei Hanisch 1815.

3) Gründlicher Bericht von dem Hennebergischen Silber- und Kupferbergkwerck, bey dem Dorfe Roth, im Amt Illmenaw gelegen, wie dasselbe durch den angefangenen Martinröther Stollen, vermittelst göttlicher Verleyhung un-

gnächtet der Beschwerungen, so deswegen verlauffen, zu einem austräglichen und nutzbarlichen Bergkwerck gemacht werden kann. Durch Caspar Rentschen, jetzigen Chur- und Fürstl. Sächsischen Bergkmeister, daselbst, zu Illmenaw. 1593.

4) Georg Reinhard Kellers, hochfürstl. Sächs. gesammten Bergdirectors zu Ilmenau gründliche Nachricht von dem Ilmenauischen Bergwerks Anfang und Fortbau bis jetzo in einer abgemüßigten Schutzschrift, wieder einiger mißgünstigen und Feinde sowohl seiner Person, als seines geführten Baues, heimlich ausgestreueten Blamen. 1718.

5) Derer Ilmenauischen Gewerken nöthige Anmerkungen über die sogenannte im October 1718 zum Vorschein gekommene Kellersche Schutzschrift, das Ilmenauische Bergwerk betreffend, zu Behauptung der Wahrheit an den Tag gegeben von einer unpartheischen Feder, 1719.

6) Das Ilmenauische Bergwerk, wie solches den 23sten und 30sten Jenner des 1737sten Jahres befahren und bei Gelegenheit des gewöhnlichen Bergfestes mit poetischer Feder auf bergmännisch entworfen wurde, von Sidonia Hedwig Zeunemännin aus Erfurt. Den 5ten März 1737.

Die vier letzten Schriften sind nicht durch den Buchhandel ins Publikum gekommen, sondern gratis vertheilt worden. Sie sind daher äußerst selten und enthalten nicht unwichtige Notizen. Besonders ist das Gedicht von Sidonia Zeunemann höchst interessant, indem ihm nicht nur ein Grund- und Saigerriß vom ganzen Werke, sondern auch ein Fahr- und Grubenbericht beigefügt ist.

7) Brückmanni magnalia Dei in locis subterraneis. Fol. Zwei Bände, Braunschweig 1727.

8) Des geöffneten Ritterplatzes dritter Theil, worin noch zu mehrern galanten Wissenschaften Anleitung gegeben wird ꝛc. Hamburg 1723.

9) Schlüter, gründlicher Unterricht von Hüttenwerken ꝛc. Fol. Braunschweig 1738 — enthält das hauptsächlichste von dem alten Ilmenauischen Schmelzprozeß.

Der Verfasser.

Erklärung
der
Charte und der Steinabdrücke.

A. Des tiefen Martinröder Stollens Mundloch. Die Zahlen von Nr. 1 bis 12 bezeichnen die Lichtlöcher dieses Stollens, die jetzt theils verbühnt und theils verbrochen sind. Bei

Nr. 13. liegt der Sandstein auf Stinkstein auf, bei

— 14. fängt sich Gips an und gehet bis 16, wo das Zechgestein mit dem Flötz sich an das Grundgebirge angelegt hat. Bei

— 15. befindet sich die große Kalkschlotte. Das Schlüsselort Nr. 17, wo es nach der Elgersburg zu noch 150 Lachter fortgehen soll.

— 18. Ein ehemal. Lichtloch, genannt der schwarze Fels, } beide verbrochen,
— 21. Desgl. der Gottlob }

Darzwischen ist Nr. 19, ein hereinkommender Schacht, wo 11 Lr. überm Stollen das nasse Ort sich anfangen soll.

Etwas zur linken Nr. 20, stand vor Zeiten die Schmelz- und Saigerhütte nebst der Schlackenhalde zum Rodaischen Werk.

— 22. Das Neuejahr. 23. Gott hilft gewiß 24. Gott segne beständig.
— 26. Segen Gottes. 27. Neuhaus Sachsen. 28. Kupferberger Schacht.
— 29. Haderschächte. 30. Vertrau auf Gott.

Sämmtl. verbrochene Schächte auf dem Rodaischen Werke, welches im Jahr 1711. 184 Lr. tief vom Tage und also unterm tiefen Stollen 128½ Lr. abgebauet und über dies noch 36 Lr. gebohret war, worauf es den 24. Dezbr. 1715 völlig liegen blieb.

— 25. Mundloch des Thürenstollens, welches um 36¼ Lr. 7 Zoll höher liegt, als des tiefen Stollens Mundloch A.

— 31. Der getreue Friedrich, hat bis zum tiefen Stollen 50⅜ Lr. 6 Zoll Tiefe.

— 32. Verbrochener Stollen nach den Sturmhaider Gebäuden.

Nr. 33. Querschlag nach dem Johannes-Schacht. Ist noch 21½ Lr. 4 Zoll. OR. 6, 5¼ bis ins Mittel dieses jetzt verbrochenen Schachtes zu treiben.

— 34. Das nasse Ort, welches 9½ Lr. höher, als die Sohle des tiefen Stollens liegt, jetzt bis in den Johannes-Schacht noch 38¼ Lr. 2 Zoll in der Stunde OR. 6, 0¼ zu treiben. Dieser Schacht wird vom Rasenweg 51¼ Lr. 2 Z. bis auf die Stollen Sohle tief werden. Vom Mundloch A bis zum Querschlag N. 33, ist der Stollen in Summa 3062⅛ Lr. getrieben. Er stehet in dieser Distanz 1117 Lr. 9 Zoll ganz in Holz,

351⅛ Lr. 5 Zoll in halben Thürstücken,
31⅞ — 3 — in einzelnem Holz, und
1561¼ — 2 — in festen Gestein

uts.

**

Er steigt in allen mit seiner Sohle 14⅜ Lr. 6 Z. und da die Länge zwischen dem Lichtloch N. 10 und dem Schacht N. 31 — 1582¼ Lr. 3 Z. beträgt, gleichwohl in dieser Distanz kein Lichtloch ist, welches die Reparatur des Stollens erschweret, so ist die Pinge N. 21 am besten dazu vorzuschlagen, weil sie beinahe in der Mitte liegt. Es würde dieser Schacht 32½ Lr. tief werden. Der Schächte sämmtliche Teufe ist 148½ Lr. 6 Z. 102¼ Lr. 1 Z. stehen sie in Holz und 46¼ Lr. 5 Z. in ganzen Gestein.

Das Sturmhaider Bergwerk.

Nr. 35. Ein Lochstein, soweit bis 1730 das Sturmhaider Flötz abgebauet war.

— 36. Der Gott hilft gewiß
— 37. Wilhelm Ernst
} beides verbrochene Schächte.

Das Gebirge steigt vom Johannes-Schachte bis Wilh. Ernst 3¼ Lr. 43 Z. und dieser Schacht soll nach einem Riß vom Jahr 1730 tief seyn 92½ Lr. bis auf das Flötz und ist auf diesem Werk der tiefste.

— 38. Plätze, wo beim Umgange dieses Werks Radstuben gestanden.
— 39. Albrecht, 40. Gottes Gabe, 41. Güte Gottes,
— 42. Treppenschacht, 43. Alter u. neuer Joh Ernst, 44. Hülfe Gottes.
— 45. Neuhaus Sachsen, 46. Glück auf.
— 47. Ein Schacht auf dem ehemal. obern Stollen, dessen Mundloch unbekannt ist. Diese Schächte sind jetzt sämmtl. verbrochen und verstürzt.

Von dem Wilh. Ernst fällt das Gebirge bis zum Neuenhoffnungs-Schacht 22⅜ Lr. 32″. Im Jahr 1765 ist mit diesem Schacht das Flötz in 52 Lr. Teufe ersunken worden, also liegt es hier um 18 Lr. 68 Z. höher, als beim Wilh. Ernst.

— 48. Das Mundloch der Rösche zum Neuhoffnungs-Schacht, welches um 7½ Lr. 49 Z. tiefer als die Halde dieses Schachts liegt, von hier fällt es bis zur Ilm am Gränz-Hammer, wo der Schorteflus in dieselbe fällt 8¾ Lr. 95 Zoll.

Von der Wilh. Ernst Halde bis zum Treppenschacht fällt es 23¼ Lr. Also liegt die Halde des Neuhoffnungs-Schachts um ½ Lr. 71 Z. höher als der Treppenschacht, man kann daher, wenn man einen Graben durch den dichtesten Theil der Stadt führen will, die Wasser aus dem dorthin zu bringenden alten Hütten-Graben bei dem Neuhoffnungs-Schacht unter die Halde bringen.

Bei Ilmenau herum sind noch zu bemerken:

— 49. die abgetragene Saigerhütte, unweit dem Neuenhause.
— 50. Eine Grube auf Braunstein, im Fürstl. Schwarzb. Sondersh. Territorio.
— 51. Ein Versuch auf Kupfererz in eben diesem Gebiet.
— 52. Ein verbrochener Stollen im Schortengrund.
— 53. Ein dergl. am Lindenberge, wo der Fluß zum Schmelzen gewonnen worden.
— 54. Ein ehemal. Versuch auf Kupfererz.
— 55. Verschiedene Versuche auf Eisenstein im Rizebühler Grund.
— 56. Schlackenhalde
— 57. Die bei der Stadt Ilmenau befindl. Rohschmelzhütte und Pochwerk.
— 58. Ort, wo vor Zeiten zwei Rohhütten gestanden.
— 59. Dergl. wo ehemals eine Saigerhütte gestanden.

Nr. 62. Verschiedene Pingen und Schächte auf einem Eisenstein-Zuge auf der Sturmhaide.
— 61. Das Stollen Mundloch zu einem hier verbrochenen Stollen.

Der Sturmhaider Berggraben, welcher bei Nr. 37 oder dem Wilh. Ernst sich endet, gehet nach Manebach auf Weimarischen Grund und Boden bis in das Steingründchen fort, wo sich nach der Richtung des Bächleins die Gränze zwischen dem Weimaris. Territorio und Witzlebischen Gerichten überm Berg fortziehet. In dieser Distanz ist der Graben bei dem großen Steinbruch Nr. 64 ganz verstürzt, der übrige Theil ist nur zu repariren. In der Manebacher Flur ist er fast ganz eingeebnet und Feld daraus gemacht, bis zum Schulzenthal, wo er hernach beim Wiedergebrauch nur auszuwerfen ist. Bei der vormaligen Glashütte Nr. 74 endet sich die Witzlebische Gerichtsgränze, wo sich die Herzogl. Gothais. Gränze überm Berg wegziehet. Bei Nr. 60 ist der Berggraben in der Ilm gefaßt. Dieser Graben ist 4310 Lr. lang. Soll er auf der Sturmhaide auf der nämlichen Gegend mit seinem Ende bleiben, damit er zum Betrieb zukünftiger Maschinen im Johannes-Schacht genutzt werden kann, so könnte man demohngeachtet, wenn man die Kosten, einen größtentheils neuen Graben zu führen nicht scheuete, ihn um 50 Lr. verkürzen, wenn er im Floßgraben gefaßt würde. Er steigt vom Punkt 37 bis in die Gegend Nr. 74 $8\frac{1}{4}$ Lr. 15 Z.; hingegen fällt er bis in den Floßgraben bei Nr. 75 $6\frac{1}{4}$ Lr. 8 Z. Ja man könnte ihn sogar aus dem Freifluther des Manebacher Teichs Nr. 69 fassen und doch bei den Wilh. Ernst bringen, wenn er söhlig geführet würde, welches ohne dies vortheilhafter ist, als wenn Gräben fallend geführet werden. Da denn der ehemalige Zollteich Nr. 70 wieder zu repariren und zu nutzen wäre.

— 71. Ist der Rödelsteich in der Freibach, dessen Teichdamm Ao. 1739 ausgebrochen ist.
— 72. Der zweite Rödelsteich, welcher zwar sowohl in seinem Striegel als auch im Freifluther schadhaft ist, doch aber noch etwas Wasser hält. Bei dessen Damm ist der Rodaische Berggraben gefaßt und ist von da bis an die Sturmhaide Nr. 63 geführet worden, wo er mittelst einer Rösche durch den Berg gegangen, durch die Pfaffenteiche Nr. 76 geleitet und auf das Rodaische Werk das Wasser gebracht hat.
— 73. Der dritte Rödelsteich, dessen Damm jetzt ebenfalls ausgebrochen ist.

Von dem Endpunkt des Berggrabens 37 bis auf diesen letztern Teichdamm steigt es 44 Lr. 24 Zoll; also liegt dieser Punkt höher als A n. $113\frac{1}{8}$ Lr. 47 Zoll.

In der Gegend des vorbeschriebenen Berggrabens liegen

— 77. Das Heckerische Steinkohlenwerk am Hirschkopf.
— 67. Das Fürstl. S. Weimar. Steinkohlenwerk zu Cammerberg.
— 66. Das Langhutische Steinkohlenwerk bei Manebach.
— 65. Ein ehemaliges Steinkohlenwerk.

Tab. I.

enthält eine vierfache Durchschnittszeichnung von den Flötzschichten bei Ilmenau.

Fig. 1 stellt dieselben in der Gegend des Johannes-Schachtes vor; a der Johannes-Schacht, b c der tiefe Martinröder Stollen, wie er erst durch sämmtl. Flötzschichten hindurch, hernach aber im aufsteigenden Flötze vollends bis unter den Johannesschacht fortgetrieben worden ist, d das nasse Ort, das von Roda her 10 Lachter über dem Stollen, mit ihm parallel fortläuft. Die punktirte Linie e f zeigt an, wo der in der vierten Abtheilung projektirte neue Stollen den Johannes-Schacht treffen wird.

1) Das Urgebirge, das hier im Porphyr besteht. 2) Das Rothe-todtliegende, nebst dem Weißliegenden und den Sanderzen. 3) Das Schieferflötz. 4) der Zechstein. 5) Der ältere Gips. 6) Der Stinkstein. 7) Der Bunde-Sandstein. 8) Die Dammerde meistens aus Leimen bestehend.

Fig. 2. Die nämlichen Flötzschichten nebst Stollen, Nassort und Johannesschacht. Diese Durchschnittszeichnung machte sich nöthig, um darzustellen, wie das Schieferflötz unter dem Stollen eine widersinnige Richtung nahm und anstatt dem Schachte zuzufallen, gegen das Urgebirge einschoß.

Fig. 3. Die nämlichen Flötzschichten. f bezeichnet den alten Schacht, Herzog Wilh. Ernst, der im Porphyrgebirge abgesunken wurde, so daß man nothwendig das aufsteigende Schieferflötz in der Sohle anhauen mußte. Die punktirte Linie g h zeigt an, wo man mit dem projektirten neuen Stollen herein kommen wird.

Fig. 4. Die nämlichen Flötzschichten unter dem Dorfe Roda. i der Schacht Gottes-Segen, der 180 Lachter ins Grundgebirge, hier Porphyr niedergieng, von wo noch sechs und dreißig Lachter gebohrt wurden. k l und m l Förderstrecken, auf welchen die Förderung nach dem Schachte, der ein Treibschacht war, gieng.

Tab. II.

Profilriß von dem alten Sturmhaider Werke, von Imhofs Hand gezeichnet.

I. Der Schacht, Haus-Sachsen. II. Der Treppenschacht. III. Güte Gottes. IV. Gottes Gabe. V. Herzog Wilhelm Ernst. VI. Gott hilft gewiß.

1) Der Tagestollen von der Ilm hergetrieben. 2) Das Kreuz-Ort. 3) Das Nasseort. 4) Der Martinröder Stollen. 5) Das Rotheort. 6) Die Schleppstrecke. 7) Das Schieferflötz nach seinem Fallen. 8) Die in Vorschlag gebrachte Wasserstrecke. 9) Die in Vorschlag gebrachte weitere Abteufung des Treppenschachtes, der Güte Gottes und der Gottesgabe.

Die Titelvignette

ist der Grundriß des Johannes-Schachtes. Im nördlichen kurzen Stoße desselben kamen gleichsam in einer weiten Röhre die Wasser herein und theilten sich in demselben in fünf kleinere Arme, um ihren Weg zu verfolgen.

Noch ist zu bemerken, daß unter dem Zeichen ▽ (jaspisartiges Gebirge u. s. w.) Porphyrgebirge verstanden werden muß.

I.

Geschichte

des

ältern Ilmenauischen Bergbaues.

Geschichte
des ältern Ilmenauischen Bergbaues.

Wie bei den mehresten alten Bergwerken — so ist es auch bei den Ilmenauischen der Fall, daß man nicht nachkommen kann, wenn und wie sie ihren Ursprung erhalten haben. Doch ist das Wke hier nicht schwer zu errathen, da am nächsten Berge über der Stadt, an der sogenannten Sturmhaide das Schieferflötz wirklich zu Tage ausgieng, welche Punkte aber durch nachherige Arbeiten dem Auge wieder entzogen worden sind. Es zieht sich um diesen Berg nordwestwärts herum, hinter dem Dorfe Roda am Kupferberge hin, bis in die Elgersburgische Gegend, wo es auch jetzo noch an verschiedenen Orten zu Tage ausgehend, zu sehen ist.

In den ältern Zeiten war daher bei Roda oder Rödlitz ein nicht minder wichtiger Bergbau, als der an der Sturmhaide bei Ilmenau im Umtriebe. Ja, wenn vom alten Bergbau bisweilen die Rede ist, so bleibt man nicht selten zweifelhaft, ob man den Ilmenauischen, oder den Rodaischen darunter verstehen soll. Selbst der Profilriß der in Brückmanni magnal. Dei ect. Tom. II. pag. 172 Tab. 4, so wie im dritten Theile des geöffneten Ritlerplatzes vom Sturmhaider-Werke mitgetheilt wird, ist ein Profil vom Rodaischen oder Rödlitzer Werke.

Die älteste Nachricht vom Ilmenauer Bergbaue soll sich in der Vorrede zu einer, von dem gefürsteten Grafen Georg Ernst zu Henneberg gegebenen Bergordnung befinden. Sie soll, wie auch Schultes*) anführt, enthalten, daß Graf Poppo VII. zu Henneberg bereits 1216 und 1226 vom Kaiser Friedrich II. mit dem Bergregal, als einem immerwährenden Reichslehne, zum erstenmale beliehen worden sey. Auch findet sich im Archiv des Justizamtes zu Ilmenau ein Faszikul alter Bergwerks-Akten, nach welchen schon im zwölften Jahrhunderte an der Sturmhaide zu Ilmenau, Bergbau gangbar gewesen ist. Desgleichen wurden im sechzehnten Jahrhunderte auch Bleigänge verliehen. Mit diesen mag es aber eine besondere Bewandtniß gehabt haben, da im ganzen Gebirge kein Bleierzgang bekannt ist. Es scheint vielmehr, daß man damals das Graubraunsteinerz, wegen seiner Farbe und specifischen Schwere, irrig für Bleierz gehalten haben mag.

*) v. Schultes diplomatische Geschichte des gräflichen Hauses Henneberg, Tom. II. Pag. 253. Beide Urkunden stehen im Schöttgen und Kreysig, Tom. II. Pag. 588. Kellers Nachricht, pag. 6.

Im Jahre 1323 verlieh Graf Berthold VII. zu Henneberg die um Elgersburg, (das an das Amt Ilmenau angränzt) gelegenen Gold- und Silberbergwerke an Friedrich von Witzleben, behielt sich aber den Wiederkauf vor*). Im Jahre 1471 übernahmen einige Erfurtische Bürger mit Vergünstigung der Grafen Wilhelm und Friedrich von Henneberg einen neuen Bergbau in der Sturmhaide**). In der Kellerischen Nachricht***) findet sich aber, daß man 1474 auch mit Zuziehung fremder Kunstmacher die Wasser in der Sturmhaide nicht habe gewältigen können. Es scheint also um so mehr, daß diese Erfurter Gewerken sehr bald wieder abgegangen, weil in dem nämlichen 1474er Jahre Graf Wilhelm IV. zu Henneberg die Sturmhaide, als ein schon altes Werk, an Jürgen von Schauenberg und seine Mitgewerkschaft aufs neue verliehe****). Dieses neue Bergwerk hatte aber schon im Jahre 1535 das Schicksal, daß, bei zunehmender Tiefe der Gruben, die häufigen Wasser dessen Fortbau sehr erschwerten, daher es eine Zeitlang liegen blieb.

Graf Wilhelm VI. von Henneberg machte hierauf wiederholte Versuche, dasselbe wieder in Gang zu bringen und in der That glückte es ihm im Jahre 1556 seinem Entzweck zu erreichen, indem sich eine zahlreiche Gewerkschaft von sechzig Personen einfand, welche mit vereinigten Kräften an dessen Wiederherstellung arbeitete. Einer handschriftlichen Nachricht zu Folge, war dieses Unternehmen nicht ohne Nutzen und die Ausbeute zeigte sich so ergiebig, daß in Einem Jahre sechshundert und zwölf Centner Kupfer, deren jeder zwanzig Loth Silber hielt, gewonnen wurden. Ja, es wurden im Jahre 1564 ungeachtet, daß man den Bergbau an der Sturmhaide, der Grundwasser wegen, nicht standhaft betreiben konnte, doch mit vier Feuern wöchentlich vier und zwanzig Centner Kupfer gemacht, wovon der Centner vier und zwanzig Loth Silber hielt. Auch fanden sich 1574 schon Saigerhütten und Drathmühlen allhier.

Durch Uneinigkeit und auch wohl durch Unfälle wurde indessen die Gewerkschaft abermals getrennt, und ob sie wohl an 25000 Mfl. Unkosten gehabt hatte, so stand sie doch vom Werke ab und gab die darüber erhaltene Belehnung freiwillig wieder auf.

Doch veranlaßte der Ruf von den hier verborgenen reichen Erzen bald darauf, nämlich im Jahre 1568 einen gewissen Wolf Weihrach, dieses nachläßig gewordene Werk, mit landesherrlicher Bewilligung, wieder anzubauen und solches durch Anlegung neuer Stollen, Wasserkünste und Schmelzhütten in bessern Stand zu setzen. Sein Sohn, Hans Weihrach, bauete auf diesem Grunde fort und erlangte vom Grafen Georg Ernst im Jahre 1575 hierüber eine förmliche Beleihungsurkunde, nach welcher die Gewerkschaft mit vielen Freiheiten und Vorzügen begnadigt wurde†). Diese Urkunde wurde auch von Johann Georg, Churfürst zu Sachsen unterm dritten April 1612 confirmirt.

Aus einer vorhandenen Rechnung erhellt, daß der Kupferzzehend, welchen man in die hennebergische Renterei lieferte, auf sechs Jahre, nämlich von 1578 bis 1583 sich auf 4905 Gül-

---

*) v. Schultes diplomat. Geschichte rc. T. II. p. 253. Das Dokument findet sich ebendaselbst, N. XXXIV.

**) S. Weinrichi Hennebergiam nummismaticam, in seinem hennebergischen Kirchen- und Schulenstaat, pag. 781. Die Belehnungsurkunde selbst aber steht in Schöttgens und Kreysigs diplomat. Nachlese zur Obersächs. Historie Th. II. pag. 349.

***) Kellers Nachricht. pag. 7.

****) v. Schultes dipl. Geschichte Tom. II. pag. 253. Die Urkunde darüber s. in Schöttgens angezogenen Werke. Th. I. S. 349.

†) v. Schultes dipl. Geschichte rc. Tom. II. S. 485.

ben und vierzig Gnacken belaufen und also ein gemeines Jahr, ungefähr achthundert und siebzehn Gülden reinen Gewinnst getragen hatte.

Im Jahre 1583 trat ein Fall ein, der auf den Betrieb der hennebergischen Bergwerke, besonders aber auf das Sturmhaider und Rodaische, einen großen Einfluß hatte. Mit dem, in diesem Jahre erfolgten Absterben des Grafen Georg Ernst zu Henneberg fielen die Besitzungen der Henneberg-Schleußingischen Linie an die Herzoge von Sachsen, die dieses neuacquirirte Land, sieben und siebzig Jahr, bis 1660 mit Chursachsen in Gemeinschaft behielten. Sie ließen sich besonders auch die Aufnahme des Bergbaues sehr angelegen seyn und trafen unterm fünften Julius 1591 die Verfügung, daß der nahe vorbeigehende Ilmsluß, auf des gedachten Weihrachs Kosten, durch einen Umweg von hundert und zehen Ruthen lang, vom Bergwerke abgeleitet und diejenigen Güterbesitzer, deren Feldgüter dadurch berührt würden, entschädigt werden sollten. Diese Arbeit ist bis auf den heutigen Tag noch sichtbar, sowohl das alte Flußbette, als das neue, das größtentheils in Prophyr gehauen worden ist, und einen sehr bedeutenden Aufwand verursacht haben muß, besonders deswegen, weil damals die Sprengarbeit noch nicht üblich war.

Als Weihrach im Jahre 1595 starb, wurde der Sturmhaider Bergbau an Bartholomäus Drachstedt in Ilmenau verliehen, der ihn noch mehr in Aufnahme brachte, als sein Vorfahre; denn im Jahre 1597 betrug die Ausbeute, von Kupfer und Silber nach Abzug des Zehends 10568 Gülden, 1 Gr. 10 Pf. als:

2304 Mfl.	15 Gr,	10 Pf.	für 460 Ctr. 98 Pfd. Schwarzkupfer, zu 5 Gülden der Centner, deren jeder 18 bis 22 Loth Silber enthielt.
1660 —	6 —	8 —	für 207 Ctr. 8 Pfd. Steinkupfer, zu 8 Gülden, jeder 10 bis 12 Loth Silber haltend.
6602 —	18 —	4 —	für 825 Mark 5 Loth 3 Grän Silber, die Mark zu 8 Gülden.

Der Aufwand an Kosten belief sich auf 7789 Mfl. 10 Gr. 4 Pf. als:

5225 Mfl.	17 Gr.	4 Pf.	an Bergbau-, Wasser- und Hüttenkosten.
2563 —	14 —	— —	für 15384 Stuß Kohlen.

Mithin hatte die Gewerkschaft 2778 Mfl. 12 Gr. 6 Pf. reinen Gewinn und die herrschaftlichen Zehnden betrugen damals 1086 Mfl. 13 Gr. 7½ Pf. Ich überlasse jeden diese Ansätze die rein aus den Akten und alten Rechnungen genommen worden sind, näher zu prüfen, indem einiges dabei problematisch bleibt. So läßt sich z. B. nicht wohl einsehen, warum nicht reines Kupfer, sondern Schwarzkupfer und Steinkupfer zu Gelde angeschlagen worden sind u. s. w.

Auch in der Folge war die Ausbeute sehr beträchtlich, wie denn unter andern, aktenmäßigen Nachrichten zu Folge, im Jahre 1611 an 753 Ctr. Kupfer und 806 Mark Silber; im Jahr 1618 aber 1000 Ctr. Kupfer und 2057 Mark Silber ausgebracht wurden. Noch im Jahre 1623 belief sich der Gewinn der Gewerkschaft auf 21000 Rthlr. und man hätte daher nichts weniger als die Auflässigkeit dieses so ergiebigen Bergwerks erwarten sollen. Dies geschah aber demohngeachtet im Jahre 1624, wo der damalige Prinzipal der Gewerkschaft, Paul Helferich zu Leipzig den Bergbau wegen vieler Schulden liegen ließ und das Sturmhaider-Werk mit vierzehn Künsten stehen blieb. Während dem blühenden Zustande dieses Werks feierte man auch zu Roda nicht, hatte aber noch mehr mit den Wassern zu kämpfen als an der Sturmhaide. Es hatten sich daselbst Nürnbergische Gewerken eingelegt und baueten das Werk vorzüglich in den Jahren 1569 und 1570*). Da sie aber blos durch Roßkünste, wozu sie bis 100 Pferde halten mußten, die Wasser gewältigen konnten, so machte ihnen dieses so viel Aufwand, daß sie allein im Quartale Trinitatis, 1570. 2451 Gülden für Pferde, Hafer und Heu, ohne die andern Kosten, die die Maschinen erforderten, aufwendeten. Da die Klagen über öfteres Brechen der Kunstseile so oft wiederholt wurden, so ist zu schließen, daß sie keine andern Maschinen als Paternosterwerke gehabt haben mögen, die zu jenen Zeiten überhaupt sehr im Gebrauch gewesen sind. Doch kamen sie damit 37 Lachter unter den dürren Stollen, der 15 Lachter Teufe einbrachte, zusammen also 52 Lachter nieder. Sie gewannen soviel Schiefer und Sanderze, daß wöchentlich mit zwei Feuern wenigstens zwölf Centner Kupfer, wovon jeder dreißig Loth Silber gehalten, gemacht wurden. Im Quartal Crucis 1569 brachten sie die Einnahme auf 5871 Gülden 4 Gr. aber doch kamen sie dabei noch nicht auf die Kosten, weil nicht nur die Pferde und Kunsthalter zuviel kosteten, sondern weil auch unter den Bergofficieren so große Unordnung gewesen und jeder nur auf seinen, aber nicht auf der Gewerken Nutzen gesehen. „Als nu zu solchem verhat auch den Gewerken in andere wege vnheil zugestanden, vnd gemelte Kunstseyler „endlich gar zu oft, wegen großen Gewalts, gebrochen, hat man dieses Bergwerk mit acht Erz „und schieferreichen Anbrüchen, wassershalber stehen lassen, und davon ablassen müssen."

Hierauf hat eine andere Gewerkschaft 900 Lr. weiter abwärts, einen neuen Stollen angefangen, den man den Weimarischen Stollen benennt und auf 500 Lr. fortgebracht hat. Als aber den Gewerken angezeigt worden, (freilich ein wenig spät,) daß auch mit diesem Stollen dem Werke nicht zu helfen sey, weil er nur 10 Lr. mehr Teufe einbringen würde als der dürre Stollen und man das nasse Ort**) damit von Wassern nicht würde befreyen können, so hat man auch ihn wieder stehen lassen. Gegenwärtig hat man keine Spur mehr von diesem Weimarischen Stollen, doch ist das Mundloch des dürren Stollens auf der Bergwerkscharte mit Nro. 25 bezeichnet.

Jetzt, i. J. 1592 entschloß man sich, den bereits angefangenen tiefen Martinröder Stollen wieder in Arbeit zu nehmen, es geschah dies aber mit soviel Widerspruch, daß es wahrscheinlich die Veranlassung zu der oben angeführten Schrift von Rentsch gab, in welcher alle die gemachten Einwendungen aufs gründlichste widerlegt und die Gewerken aufgemuntert werden, sich von ihrem Vorhaben nicht abwendig machen zu lassen. Der Hauptbewegungsgrund dazu war, daß er 10 Lr. unterm nassen Orte einkommen würde und eben diesem nassen Orte giengen in der damaligen Zeit alle Wasser aus dem Rodaischen Werke zu, die man zu bekämpfen hatte. Mit dem Martinröder-Stollen konnte man mit einem Schlag davon befreyet werden und alle die kostbaren Maschinen abwerfen — auch gewönne man, wenn das Schieferflöz unter 45 Grad einschoß, überdieß noch 20 Lr. flache Teufe und folglich ein sehr bedeutendes Stück Feld zum fernern Abbau. Die Kosten zu diesem neuen Stollen gaben die Chur- und Fürstl. Häuser zu Sachsen her so wie auch die Hennebergischen Städte Ilmenau, Schleusingen, Meiningen, Themar, Suhl, Wasungen und der damalige Oberaufseher zu Schleusingen, Humbert von Langen. Freilich gieng es mit dieser Arbeit sehr langsam und es scheint auch nicht, daß man sich des Sprengens mit Pulver, das erst im Jahre 1613 im sächs. Erzgebirge gebräuchlich würde, bedient, sondern alles mit Schlegel und Eisen gearbeitet habe, denn es findet sich in den Akten eine Bemerkung, daß das Stollort mit 6 Mann zu zwei Dritteln belegt gewesen, die wöchentlich ⅛ Lr. herausgeschlagen hätten. Das war nun freilich zu wenig! Denn heut zu Tage würden sechs Mann übel angesehn werden, wenn sie in solchem Gestein, nämlich im ältern Gipse

*) Rentsch gründlicher Unterricht.

**) Eine blose Wasserstrecke.

wöchentlich nicht wenigstens einige Lachter herausschlagen wollten. Schon damals, vor 220 Jahren, brachte der wackere Bergmeister Rentsch, aus dessen Schrift ich diese Nachrichten entlehne den Stollenbetrieb mit Gegenörtern in Vorschlag. Es scheint daher, daß sich die Markscheider auf ihre Kunst verstanden haben.

Bei diesem Stollenbau scheint das Robaische-Werk ganz geruhet zu haben und im Jahr 1624 ersoff auch, wie oben berichtet, das Sturmhaider Werk wieder, ungeachtet vierzehen Künste im Umgang standen. Selbst auch der Stollenbau scheint ungefähr um diese Zeit, nämlich 1620 wieder gelegen zu haben und zwar deswegen, weil die gemeinschaftlichen Beiträge oder Zubußen nicht ordentlich eingegangen waren. Denn 1626 war er noch mit einem Zimmersteiger und zwei Mann belegt, die ihn nur in fahrbaren Stande erhielten. Man war von 1592 an, also in 28 Jahren doch 1742 Lachter damit vorgerückt und hatte funfzehen Lichtlöcher darauf abgesunken, wofür sich die Kosten auf 60000 Meißnische Gülden belaufen hatten.

Ehe man beide Werke, nämlich den Stollenbau und das Sturmhaider-Werk, zum völligen Erliegen kommen ließ, wurden 1626 noch vier erzgebirgische Bergverständige beauftragt, dieselben zu befahren und ein Gutachten darüber zu entwerfen. Es waren dieselben, der Oberbergmeister, Hans Griese, der Geschworne Zacharias Rüdiger, der Markscheider Elias Morgenstern und der Kunststeiger Christoph Unger. Sie waren besonders auch beauftragt, den Ilmenauischen Bergmeister, Barthol Eisendrath mit zuzuziehen.

Sie riethen allerdings zur Wiederaufnahme des Werks, da besage der Rechnungen, die ihnen vorgelegt werden konnten noch im Jahr 1619 wöchentlich bis 26 Ctr. Kupfer und 36 Mrk. Silber gemacht worden waren und bei den besten Anbrüchen das Werk, wegen nicht zu haltender Wasser, stehen geblieben war. An der bisherigen Einrichtung fanden sie freilich viel auszusetzen, besonders aber an dem Maschinenwesen. Von vierzehn Maschinen, die bis dahin im Umgange gewesen waren, waren (nach damaliger Art) nur zwei tüchtig; die übrigen hatten alle nur einen Krummzapfen, an dem immer auch nur ein einfaches Gestänge angeschlossen war, auch hatten sie zu wenig Hub. Der Kunststeiger Unger versicherte, daß er mit sieben oder acht ordentlichen Zeugen mehr ausrichten wollte, als bisher diese vierzehn geleistet hätten. Und das waren auch nur Kunstzeuge, wie man sie damals hatte.

Die Aufschlage-Wasser nahm man, wie auch noch jetzt zu sehen, damals über Manebach aus der Ilm, (Bergw. Charte Nro. 60) unterhielt aber drei Schutzteiche, um auch bei trocknen Jahreszeiten keinen Wassermangel zu leiden, nämlich den Stützerbacher-Teich, den Zollteich, dessen Damm durchgebrochen ist, (Bergw. Charte Nro. 70) daher er gegenwärtig zur Wiese benützt wird und dem Manebacher-Teich. (Bergw. Ch. N. 69) Ueber die Grundwasser in den Sturmhaider-Gebäuden erfährt man in diesem Gutachten weiter nichts, als daß man sie in der Tiefe nicht verschuhrt hätte, was indessen doch auch keine ganz unwichtige Notiz ist.

Diese Abgeordneten waren auch besonders beauftragt, ihr Gutachten zu geben, ob man nicht wohl thun würde, wenn man weiter gegen Norden, nach Roba zu, Schieferflötz zu ersinken suchte, zwischen dem alten Werke eine Bergfeste stehen ließ und auf diese Art einen neuen Bergbau etablirte? So leicht dies auszuführen gewesen wäre, weil damals der Bergbau noch nicht so erweitert war; so getraueten sie sich, als Gang-Bergleute und des Flötzbaues unkundig, doch nicht dazu zu rathen, weil sie befürchteten, das Schieferflötz möchte soweit nicht fortsetzen. Und doch hatten sie das Robaische Werk vor Augen, das auf der Fortsetzung desselben betrieben worden war. Wäre ein Mansfeldischer Flötzbergmann dabei gewesen, so würde dieser gewiß dazu gerathen haben, wodurch auch aller Noth ein Ende gemacht worden wäre.

Doch riethen sie an, vorerst den Martinröder-Stollen, der, wie berührt, damals auf 1742 Lachter erlängt war und vierzehn Lichtlöcher hatte, noch 139½ Lachter, bis zum funfzehnten Lichtloche fortzubringen. Dieses sey nur noch sechs Lachter, bis auf dessen Sohle, nieder zu bringen, wo man durchschlägig werden würde. Es hatte aber so starke Wasserzugänge, daß man ohne eine tüchtige Maschine darin nicht weiter nieder kommen konnte. Man würde ihn alsdann nur noch 235 Lachter bis in die alten Gebäude des Rodaischen Werks fortzutreiben haben, von wo der Bergbau bis in die Sturmhaider-Gebäude zu continuiren sey.

Der damalige Ilmenauische Bergmeister, Barthel Eisendrath, that nun nähere Vorschläge, wie dies Werk wieder anzugreifen und zu vergewerken sey. Nach seinem Vorschlage sollte die gesammte Hennebergische Renterei hundert Kure bauen. Die Herren Schwandendörfer hundert Kure. Cammmerrath Brandenstein sechzig Kure. Die Hennebergischen Steuerkassen, funfzig Kure — die Humbert von Langenschen Erben funfzehn — die Stadt Meiningen vierzehn — jeder Hennebergische Beamte fünf — und verschiedene Privatpersonen, jede vier. Auf diese Weise würde man 420 Kure vergewerken und von jedem quartaliter zwei Gülden Zubuße nehmen können, welches gerade 840 Gülden betrüge, was er jährlich gebrauche um die Bergwerke wieder herzustellen. Er befürchtet zwar, daß viele der aufgezeichneten Gewerken nicht gut bergmännisch seyen, und schwer dran gehen dürften — meynt aber doch, daß sie dazu gezwungen werden könnten und in alle Wege schuldig wären, das Herrschaftliche Interesse erhöhen zu helfen.

Doch blieb das Alles ohne Erfolg, bis eine Zeitlang hernach ein gewisser Benedikt Beuthner ein Gutachten einreichte, nach welchem der Bergbau wieder in Umgang zu bringen seyn möchte. Es fehlt unter demselben die Jahrzahl, doch bezieht er sich mehrmals auf das im Vorstehendem erwähnte Gutachten der erzgebirgischen Bergverständigen, von 1626. Er bemerkt, daß von all den Maschinen und von all den Schächten, die damals noch offen gewesen wären, nichts mehr vorhanden und der Martinröder-Stollen, nebst allen Lichtlöchern, bis aufs Achte, verbrochen sey. Er hatte versucht, den Stollen noch zu befahren, aber schon 100 Lachter vom Mundloche hatte ein Bruch vorgelegen. Dessen ungeachtet waren viel Wasser auf demselben abgegangen, von denen er hingegen unterm achten Lichtloche gar nichts verspührte.

Er wiederräth ebenfalls den Angriff des Sturmhaider-Werks und rathet an, vorerst den Stollen wieder aufzumachen und zu vollenden, hernach aber das Rodaische Werk wieder anzugreifen, von wo es alsdann nicht schwerer seyn würde, mit dem Stollen auch weiter ins Sturmhaider-Werk zu kommen und dieses ebenfalls wieder anzugreifen, was allerdings sehr verständig war und hätte befolgt werden sollen. Gegenwärtig betrachtet er das Sturmhaider-Werk nur als eine Wasserpfütze, die gar leicht wieder zu Grunde gehen und ersaufen könnte. Auch sagt er, daß in beiden Werken gewiß und wahrhaftig einerley Gänge und Flötze wären. Er zeigt sich dadurch verständiger, als seine Nachfolger, die immer diese eine Erzniederlage, die sich von Ilmenau bis Roda erstreckt, für zwei ganz verschiedene Dinge ansahen und bald das rechte Sturmhaider Flötz in Roda, bald den Rodaischen Gang in Ilmenau aufsuchten.

Hierauf folgt wieder eine lange Pause, bis 1673. die gräflich Hohenlohische Regierung zu Ohrdruff zwey Bergleute nach Ilmenau abschickte, die schärfen und nach Befinden auch muthen sollten, was ihnen auch vom Justizamte vergönnt wurde. Wenig Tage hernach bat ein gewisser Johann von Felix aus Ohrdruff, der wahrscheinlich die Absendung der beiden Bergleute veranlaßt hatte, daß ihm die auflässigen Bergwerke zu Ilmenau und Roda, die er auf eigene Kosten zu bauen versprach, ganz überlassen werden möchten. Da man sich nach einem so unternehmenden Manne längst gesehnt zu haben schien, so wurden ihm dieselben einstweilen zugesichert und die Fürstl. Herren Interessenten fingen an, darüber zu communiciren, und erklärten sich seinem

Gesuch beyfällig, so sonderbar und übertrieben zum Theil auch die Bedingungen waren, die er machte. Nur Eisenach war abgeneigt, sich mit ihm einzulassen, weil er in keinem guten Renommé stünde. Zu gleicher Zeit muthete er auch, zugleich mit einem Grafen von Wittgenstein, das im Freien liegende Bergwerk zu Goldlauter, und rühmte sich des Besitzes mehrerer Bergwerke am Harze.

Indessen hatten sich die Herrn Interessenten entschlossen, Hrn. v. Felix die Bergwerke zu Ilmenau und Roda zu überlassen, ja, Weimar und Altenburg vereinigten sich sogar mit demselben und machten sich verbindlich, ihre Rata beizutragen, wohin es doch nicht gekommen zu seyn scheint. Im Jahr 1674 wurde wirklich Holz zum Bau der neuen Schmelzhütte und einer Schneidemühle frei abgegeben und viel Berg- und Handwerksleute in Thätigkeit gesetzt. Aber schon unterm 17. Jul. des nämlichen Jahres reichten dieselben eine Klage gegen den Herrn von Felix ein, daß er sie nicht bezahlte, womit denn die Sache auch schon wieder ihre Endschaft erreichte, wenigstens findet sich in den Akten keine weitere Nachricht davon.

Unterm 21. Oktober 1678. schrieb Herzog Friedrich von Gotha, von Coburg aus, an den Herzog Johann Ernst zu S. Weimar und suchte die Wiederaufnahme der Ilmenauischen Bergwerke in Anregung zu bringen. Da letzterer auch sogleich darauf einging, so theilte ihm Herzog Friedrich nun zwei Gutachten mit, die er duch seinen Bergrath von Boxberg hatte fertigen lassen. Im erstern d. d. Sachsenburg, den 3ten April 1679. räth er an, den Martinröder Stollen vorerst wieder herzustellen und vor allen Dingen das Rodaische Werk wieder anzugreifen. Von da aus sei der Stollen zu continuiren und im aufsteigenden Flötze, in Schiefern und Sanderzen bis ins Sturmhaider-Werk fortzubringen. Dabey würde man immer schmelzen und Einnahme machen können, besonders wenn man auch die alten Berg- und Schlakkenhalden umstürzen und was sich noch schmelzwürdig darin fände, aushalden ließe. Auch müßten noch einige dergleichen Haufen vorhanden seyn, die Herr v. Felix hätte ausklauben lassen. Uebrigens wünscht er die Akten einsehen, und sich näher daraus informiren zu können.

Er berührt auch ein Gutachten von einem gewissen Doktor Pillingk, das sich jedoch nicht bei den Akten findet. Dieser hatte den Angriff der Sturmhaide vorzüglich anempfohlen und für möglich gehalten, dieselbe mit drey, statt mit vierzehn Künsten zu gewältigen. Dabei scheint er in Vorschlag gebracht zu haben, zuförderst eine Roßkunst anzulegen, die so viel ausgießen sollte, als zu einem Rade Aufschlagwasser nöthig wäre — denn Herr v. Boxberg äußert hierüber ein wenig spöttisch, daß ihm dergleichen noch nicht vorgekommen und daß alle Bergwerksliebhaber dem Herrn Doktor Pillingk ob dieser Invention hoch obligirt seyn würden. Uebrigens schlägt er vor, daß die Fürstlichen Interessenten, nämlich (damals) Sachsen Zeitz, Sachsen Weimar und Sachsen Gotha das Werk, wenigstens anfänglich, allein bauen möchten, um sogleich einen Fond dazu zu haben. In der Folge würden sich wohl noch andere finden, die Theil daran nähmen.

Das zweite v. Bocksbergische Gutachten d. d. Friedenstein den 6. May 1679 ist für nichts mehr als einen Auszug aus dem erwähnten Gutachten der erzgebürgischen Bergverständigen, dessen Hauptinhalt bereits angezeigt worden ist, zu betrachten. Herr v. Boxberg pflichtet demselben bei und wiederholt das, wozu er schon im vorigen gerathen hatte.

Diese beiden Gutachten hatten den erwünschten Erfolg, daß die Fürstl. Herren Interessenten anfingen, über diesen wichtigen Gegenstand mit einander zu communiciren und wirklich einen Tag zu einer Conferenz und Hauptbesichtigung festsetzten, die den 4ten Jun. 1680 ihren Anfang nahm. Sachsen Zeitz schickte den Cammerrath Förster van Zeitz und den Amtmann Geutsch, von Voigtsberg nach Ilmenau ab. Sachsen Weimar den Cammerrath und Amtmann Blansenberg und den Bergvoigt Tobias Senf von Eisleben, Sachsen Gotha endlich den Bergrath v. Bocksberg und den Rentmeister Hendrich aus Gotha.

Besage des darüber geführten Protokolls *) nahmen die Herren Commissarien zuerst alles in Augenschein, was über Tage zu sehen war. Hier fanden sie Alles verbrochen und zum Theil mit Gras überwachsen, was freylich kein Wunder war, da das Sturmhaider-Werk an sechszig Jahr, das Rodaische aber achtundachtzig Jahr still gestanden hatte. Uebrigens giengen sie nach dem v. Borbergischen Gutachten. Gern hätten sie auch das Sturmhaider-Werk zugleich mit angegriffen, doch schränkten sie sich vorerst auf das Rodaische ein, wo die Wiederaufgewältigung des tiefen Martinröder-Stollens das hauptsächlichste war.

Der jährliche Aufwand wurde zu 1280 Thlr. angeschlagen und da die Fürstl. Interessenten entschlossen waren, das Werk auf ihre Kosten zu bauen, so contribuirte:

Sachsen Zeitz, wegen 5 Zwölftheile, . . .	533	Thlr.	8 Gr.
Sachsen Weimar, wegen $1\frac{1}{4}$ Zwölftheil . . .	186	—	16 —
Sachsen Gotha, wegen $5\frac{1}{4}$ Zwölftheil . . .	560	—	— —
in Summa	1280	—	— —

Wie erst die Sache so weit gediehen war, so nahm die Arbeit in der fünften Woche des Quartals Lucae 1680 wirklich ihren Anfang und ein Bergverständiger aus Marienberg, Nahmens Steinhäußer, wurde zum Schichtmeister ernannt, dessen geführte Register sich noch in den Akten befinden. Man fand den Stollen in unglaublich schlechtem Zustande. Vom Tage hinein stand er etliche siebzig Lachter in guter Wölbung, was auch noch der Fall ist. An vielen Orten war er aber bis in die Förste verschlämmt und die Lichtlöcher waren auch bis zu Tage aus ganz verbrochen. Doch arbeitete man sich so gut als möglich durch, nur bey dem vierzehnten hielt es schwerer, weil man ohne Maschine nicht nieder kommen konnte. Das funfzehnte erregte noch mehr Sorge, weil es noch gar nicht auf den Stollen nieder und mit demselben durchschlägig gemacht worden, überdies auch sehr wassernöthig war. Es wurde deshalb der Bergmeister Martin Fischer aus Suhl beauftragt, das Werk zu befahren und ein Gutachten darüber einzureichen, welches er auch unterm 30sten September 1681 bewerkstelligte.

Aus diesem Gutachten ist zu ersehen, daß Fischer zwar ein sehr erfahrner und verständiger Mann war, aber die Ausführung seiner Vorschläge, das funfzehnte Lichtloch, mit dem man das Schieferflötz bereits ersunken hätte, vollends bis auf die Stollensohle nieder zu bringen, wurden in Rücksicht der anzulegenden Teiche, Kunstgräben, Radstuben und Maschinen zu schwierig und kostspielig befunden und selbst auch vom Bergrath v. Borberg verworfen. Dieser wendete besonders dagegen ein, daß man nur vorerst das vierzehnte Lichtloch nieder zu bringen hätte, wo man denn den Stollen, so weit er gegen das funfzehnte getrieben worden wäre, wieder aufgewältigten und weiter treiben könnte. Schon vor Alters hätte man auf demselben die Wasser des funfzehnten Lichtlochs gespührt, man könnte sie daher gar wohl auf den Stollen ziehen, u. s. w.

Es scheint, daß man die Absicht hatte, sämmtliche Lichtlöcher, der Reihe nach, wieder aufzumachen und den Stollen gleichsam mit Oertern und Gegenörtern aufzugewältigen. Denn, während man sich mit dem vierzehnten und funfzehnten abängstigte, hatte man, laut der Steinhäußerschen Zechenregister, mit dem Stollen das sechste noch nicht erreicht.

---

*) Dieses Protocoll findet sich wörtlich in Schultes historisch-statistischer Beschreibung der gefürsteten Grafschaft Henneberg, 2ten Bandes, 2te Abtheilung pag. 17.

Im Jahre 1682 kam in Vorschlag, daß eine andere Gewerkschaft, die der Berginspektor Hayhn zu Saalfeld zusammen zu bringen versprach, zugleich auch das Sturmhaider-Werk wieder angreifen sollte. Diese sollte das, was der Stollen bisher gekostet hätte, zur Hälfte, jedoch nach und nach ersetzen, hernach aber auch die Hälfte von der Ausbeute des Rodaischen Werks erhalten, so wie diese auch ein Gleiches von dem Sturmhaider-Werke verlangte. Der Vorschlag fand vielen Beyfall und die Fürstl. Interessenten communicirten viel miteinander darüber.

Ehe dies aber noch zur Ausführung kam, meldete sich ein gewisser Herr von Utterodt aus Schmerbach zur Wiederaufnahme des Sturmhaider-Werks. Er wünschte vorerst für seine Person damit belehnt zu werden und wollte hernach eine beständige und reiche Gewerkschaft zusammen bringen. Er überreichte zugleich einen Aufsatz, den er zwar selbst ein Gutachten nannte, der aber im Grunde nichts anders war, als eine Schilderung der Vorzüge dieses Werks und ein Aufruf an Bergwerksliebhaber, Theil an seinem Vorhaben zu nehmen.

Da nun auf den 15ten Oktober 1683 eine Bergconferenz ausgeschrieben war, die in Ilmenau gehalten werden sollte, wo man sich über den Fortbau des Stollens und über verschiedene andere, den Bergbau betreffende Gegenstände, berathschlagen wollte; so wurde die Resolution auf das v. Utterodtische Gesuch bis dahin ausgesetzt. So hart einige seiner Bedingungen waren, so wurden sie doch größtentheils eingegangen und das Sturmhaider-Werk wurde ihm wirklich verliehen, so wie ihm auch unterm 18ten April 1684 ein förmliches Privilegium darüber ertheilt wurde. Es wäre zu weitläuftig, die einzelnen Punkte desselben hier auszuheben. Auf drey Jahre, nach dem ersten Schmelzen, ward er von der Abgabe des Zehends befreyet und die Stollengebühr sollte er nicht eher an die Stollengewerkschaft entrichten, als bis der tiefe Martinröder-Stollen, mit den Sturmhaider-Gebäuden wirklich durchschlägig gemacht worden wäre.

Den Stollenbau betreffend, so faßte man bey dieser Conferenz den Entschluß, die Niederbringung des funfzehnten Lichtlochs vor der Hand aufzugeben und lieber das Hauptgebäude bei Roda selbst anzugreifen, was eben nicht mehr Kosten erfordern würde, als die Gewältigung dieses einzigen Lichtlochs. Und im Fall die Wasser im Reichenbach zu Aufschlagwassern auf ein Rad nicht zureichten, so wollte man auf noch ein Rad durch einen Graben aus der Ilm herüberleiten, was freilich ein starkes Unternehmen war, und, nach meinem Bedünken, ein wenig leicht genommen wurde. Dabey müßten sich aber auch die Fürstl. Herren Interessenten verbindlich machen, die dazu erforderliche Summe, die sich nach den gefertigten Anschlägen auf 3000 Mfl. belief, wobey aber der Kunstgraben aus der Ilm herüber noch nicht in Anschlag gebracht war, pro Rata pünktlich einzuschicken und nicht, wie beym Stollenbau bereits der Fall wäre, Reste anwachsen zu lassen. Die Stollengewältigung sollte dabei, wie bisher, ihren Fortgang haben und Steinhäußer, gegen eine Lohnzulage, beiden Werken vorstehen.

Während dem die Höfe noch über das Alles mit einander communicirten, hatte Herr v. Utterodt bereits 170 Kure untergebracht, wobey einige der Fürstl. Herren Interessenten ziemlich stark interessirt waren. Er hatte auch verschiedene Vorarbeiten thun lassen, so daß der Anfang dieses Werks in die eilfte Woche des Quartals Reminiscere 1684 zu setzen ist. Es kömmt daher ganz unerwartet, daß er in einem Memorial an den Herzog von Weimar den Vorschlag thut, die Sturmhaide mit dem Rodaischen oder Rödlicher Werke zu vereinigen, worin der Bergrath von Boxberg einstimmig mit ihm war. Die Gründe, die er für eine solche Zusammenschlagung anführt, wiegen jedoch das nicht auf, was sich mit Grunde degegen einwenden ließe; denn der erste Plan, mit dem Martinröder Stollen ganz gemach durch das Rodaische Werk in die Sturmhaide fortzugehen, war immer der sicherste und vernünftigste. Eher würde anzurathen gewesen seyn, daß sich die Sturmhaider-Gewerke, deren Zahl sich täglich vergrößerte, mit an den Martinröder Stollenbau angeschlossen hätten. Bis hierher hatte man mit demselben das siebente

Lichtloch erreicht, und Herr von Utterodt hatte auch Hoffnung, mit einem neu zu führenden Tagestollen von der Ilm her noch vor Winters in den Richtschacht der Sturmhaide, nämlich in die Gottesgabe, einzukommen, und seine zwey neuerbaueten Künste anzuschützen.

Um dies Alles in reifliche Erwägung zu ziehen und des weitläuftigen Communicirens überhoben zu seyn, wurde auf den 18ten November 1684 wieder eine Conferenz ausgeschrieben. Nach dem dabey geführten Protocolle wurde beschlossen:

1) Die in Vorschlag gekommene Consolidirung des Sturmhaider-Werks mit dem tiefen Martinröder Stollen noch auszusetzen.

2) Die Wiedererhebung des Sturmhaider-Werks nach allen Kräften zu unterstützen.

3) Den Martinröder Stollen durch zwei unpartheyische Kunstverständige befahren, und ein Gutachten darüber aufsetzen zu lassen.

4) Sämmtlichen Fürstl. Herren Interessenten mitzutheilen, wie nach Herrn v. Utterodts Vorschlägen der Stollenbau einzurichten.

5) Gedachten Herrn v. Utterodt die Direktion des Werks zu übertragen.

6) Den bisherigen Schichtmeister Steinhäußer, (wegen Vernachlässigung seiner Dienstpflicht,) zu entlassen.

7) Die Stollen-Rechnung einem andern um einen Wochenlohn von 12 Gr., (Steinhäußer hatte wöchentlich 30 Gr. gehabt,) zu übertragen.

8) Noch mehr Kuxe an die Hochfürstl. Herren Interessenten zu vergewerken.

Das Alles wurde auch ausgeführt. Herr v. Utterodt erhielt die Direktion, wofür er vom Sturmhaider-Werke 100 Rthlr. vom Stollen aber 50 Rthlr. jährlich erhielt und dies nicht eigentlich als Besoldung, sondern als Entschädigung bei seinen öftern Reisen in gewerkschaftlichen Angelegenheiten. Die Auslohnungen geschahen allemal auf dem Rathhause zu Ilmenau im Beiseyn einer Rathsperson.

Jetzt zeigte sich ein günstiger Umstand — der Bergmönch ließ sich wieder sehen! Um wenigstens im Andenken zu erhalten, wie man damals davon dachte, sey mir erlaubt, dasjenige wörtlich aus dem Schreiben des Cammerraths Blankenberg zu nehmen, was er unterm 5. December 1684. dem Hof- und Cammerrath Schmidt in Weimar darüber berichtete:

„Hiernächst berichte ich, daß der Bergmönch sich wieder sehen läßt, welches nicht geschehen, "seit das Sturmhaider Bergwerk zu Sumpfe gelegen. Er ist vergangene Woche, des Nachts gegen eilf Uhr, in seinen Bergmännischen Habit, ein hellbrennend Grubenlicht in der Hand, und "einen hohen Huth auf dem Kopfe habend, um die neue Schmelzhütte und des Raths Schneidemühle etliche Mal herum gewandert, die Bloche wohl beleuchtet, endlich in die Radstube gegangen, heftig gekirret und geschrieen, und dergestalt tumultuirt, daß dem Schneidemüller die "Haare zu Berge gestanden, und er vermeinet, es würde Alles drüber und drunter gehen, welches Wesen er bis zwölf Uhr continuirt, und in solcher Zeit die Räder, worauf doch die Wasser stark gegangen, dergestallt gehemmt, daß gedachter Thielschneider nicht einen Schnitt thun

„Munen, so für ein gut Zeichen von den Bergleuten gehalten, und also den Herren Gewerken „einen guten frischen Muth machen wird."

Obgleich die Gewerkschaft der Sturmhaide größtentheils, die der Stollen aber allein aus Fürstlichen Personen bestand, so gingen doch die Zubußen immer sehr unordentlich ein, worüber sich der Cammerrath und Amtmann Blankenberg in mehreren Berichten an den Herzog Wilhelm Ernst von Weimar höchlich beklagt. So gingen im Quartal Trinitatis 1684, 177 Mfl. Zubußen ein, und 267 Mfl. wurden ausgelohnt. Sämmtliche Bergleute hatten zu Anfange d. J. 1685 den Lohn von 13 Wochen zu fordern, und waren der Verzweiflung nahe.

Im Quartal Reminiscere, den 13. März 1684 wurde nun auch der Anfang zu dem neuen Stollen, vom Ilm-Ufer nach der Sturmhaide zu, gemacht, wobey auch an Absinkung eines Richtschachts und an Herstellung der Schmelzhütte gearbeitet wurde, denn Herr v. Utterodt hatte eine beträchtliche Menge Schiefer- und Sanderze ausklauben, so wie auch Ofenbrüche, reichhaltige Schlacken und andere schmelzwürdige Hauptprodukte sammlen lassen und hoffte, bald einige Centner Kupfer, und einige Mark Silber daraus zu gewinnen.

Jetzt ging Alles schnell vorwärts, denn in einem Aufstand und Grubenberichte vom 7ten März 1686 ersiehet man, daß in den letzten zwei Jahren der neue Stollen 135 Lachter lang, bis unter die Gottesgabe gebracht worden war. Vier Schachte wurden abgesunken und waren zum Theil schon ziemlich tief nieder und von sechs Künsten nebst einem Wassergöpel waren einige bereits in Thätigkeit, andere aber ihrer Vollendung nahe, dabei hatte man Kunsträder, je nachdem das Gefälle war, von zwanzig, dreißig, bis acht und vierzig Fuß Höhe. Der Kunstgraben war auch 2500 Lachter fortgebracht und auf 280 Lachter verflütert worden. Den Martinröder Stollen hatte man bis dahin auch mit dem neunten Lichtloche durchschlägig gemacht und mit dem zehnten und eilften, wo man bis auf dessen Sohle niedergekommen. Die anfahrende Mannschaft war hier bis auf vierzig, auf dem Martinröder Stollen aber bis auf zwölf gestiegen

Jetzt bedrohete dem Bergbau eine Unterbrechung, indem durch den neu angelegten Kunstgraben einer sehr considerablen Herrschaftl. Mühle, der sogenannten Herren-Mühle, die Aufschlagewasser entzogen wurden. Sie scheint da gestanden zu haben, wo über der jetzigen Massenmühle ehedem eine Glashütte etablirt war und welcher Platz auch noch bis auf den heutigen Tag die Glashütte genannt wird. Doch wurde höchsten Ortes genehmigt, daß sie ganz abgebrochen und an dem Orte, wo sie jetzt stehet, eine halbe Stunde unter der Stadt, wieder aufgebauet wurde. Da sich auch noch andere Verhinderungen und Bedenken einstellten; so wurde auf den 17. May, 1686 wieder eine Conferenz anberaumt.

Es erschienen dabei Abgeordnete von Sachsen Eisenach, S. Gotha, S. Coburg, S. Meiningen, S. Hildburghausen, S. Saalfeld, S. Jena, S. Zeitz und S. Weimar. Hier wurde

1) beschlossen, daß, da von den gewöhnlichen Zubußen die gegenwärtigen kostbaren Baue nicht ausgeführt werden könnten, die Gewerkschaft einen extraordinären Beytrag von 1000 Mfl. geben sollte.

2) Wurde vom Herrn v. Utterodt vorgeschlagen, die Zahl der Kuxe auf 180 zu erhöhen und von den neuen Gewerken die Zubußen retro zu erheben, wodurch man eine Summe von 3744 Mfl. zusammen bringen würde. Mit diesem getraue er sich, das Sturmhaider-Werk, vereint mit dem Martinröder Stollen, seiner Vollendung nahe zu bringen. Doch wurde dieser Vorschlag einmüthig verworfen und eine Consolidation beider Werke durchaus abgelehnt.

wurden dem Herrn von Utterodt jährlich noch 80 Rthlr. zur Fourage auf zwei Pferde bewilligt, wozu jede der beiden Gewerkschaften die Hälfte geben sollte.

Schlüßlich bat Hr. v. Utterodt, der bisher in den Akten Lehnträger des Sturmhaider-Werks und Inspektor des Martinröder Stollenbaues genennt wurde, daß ihm künftig ein beständiges Prädikat gegeben und eine ordentliche Besoldung verwilligt werden möchte. Auf diesen Punkt war aber keiner der Abgeordneten instruirt, daher er ausgesetzt werden mußte. Uebrigens ließ man seinen Verdiensten um beide Werke volle Gerechtigkeit wiederfahren. Seine Thätigkeit war auch wirklich zu bewundern, da er Alles allein veranstaltete und keinen Gehülfen hatte.

Unterm 19. Febr. 1687 that Hr. v. Utterodt abermals den Vorschlag, beide Werke zusammenzuschlagen und setzte die Vortheile heraus, die für die Gewerkschaft daraus entspringen würden. Ob nun gleich dieser Vorschlag bereits zweimal verworfen worden war, so machte er doch diesmal Eindruck. Sachsen-Zeitz gieng zuerst darauf ein und die übrigen Sächsis. Häuser folgten bald nach. Zugleich wurde proponirt, nunmehro auch ein ordentliches Bergamt einzurichten. Dabei wurde Hr. v. Utterodt als Berghauptmann angestellt, Joh. Rudolph Limbach als Zehender, Joh. Poppo Zimmermann als Bergschreiber und die beiden Steiger als Geschworne — alle gegen den bisher erhaltenen Sold, der bis zur Ausbeute aus der Bergwerkskasse, hernach aber aus dem Zehend entrichtet werden sollte. Auch kam in Vorschlag, Landmünze, nämlich Groschen und Dreipfennigstücke zu prägen und den Schlägelschatz mit in den Bergbau zu verwenden, was jedoch in der Folge nicht ausgeführt wurde.

Bei dem Allen reichten aber doch die gewöhnlichen Zubußen nicht hin, die nothwendigen Kosten zu bestreiten. Es wurden daher (unterm 5. Juli 1688) 8000 Rthlr. bei einem gewissen Doktor Rappold in Leipzig aufgenommen und ihm zur Sicherheit das sämmtliche Inventarium der Gewerkschaft, wobei sich auch vier Teiche und andere Grundstücke befanden, verschrieben. Auch unterzeichnete man ihm die Bedingung, alles Kupfer, was gewonnen werden würde, ihm allein und keinem Andern, und zwar den Centner für 20 Rthlr. zu überlassen, bis das Kapital abgestoßen seyn würde, wobei er es jedoch ohne Zinsen hergab.

Leider war dieser Contrakt die Grundlage zu dem erfolgten Ruin dieses weitläuftigen und reichen Bergwerks, wie unten mit mehrern vorkommen wird.

Unterm 27. August 1689 wurde die erborgte Summe von 8000 Rthlr. auf 20000 Rthlr. erhöhet und Herrn Rappold der Ctr. Kupfer, wenn es erst zum Schmelzen kommen würde, für 18 Rthlr. überlassen. Da er auch dieses große Capital ohne Zinsen hergegeben, so wurde ihm wegen der 8000 Rthlr. noch ein Geschenk von 20 Ctr. Kupfer bewilligt, das aber in der Folge auf 40 Ctr. erhöhet wurde, als das Capital auf 20000 Rthlr. angewachsen war.

Während der Zeit kam man auch noch überein, auf jeden Kux 30 Rthlr. Zubuße zu geben, denn es scheint, daß von der Zeit an, wo das Capital von Rappold aufgenommen worden war, keine Zubußen mehr gegeben worden waren. Von Meiningen aus wurde unterm 20. Januar 1691 der Berginspekter Pareus, abgeschickt, um das Werk zu befahren und ein Gutachten darüber einzureichen. Dieser fand Alles in gutem Stande, doch geht er dabei nicht ins Detail; sondern bemerkt hauptsächlich nur, daß wohl noch 16000 Rthlr. und zwei Jahr Zeit erforderlich seyn dürften, um dasselbe vollkommen herzustellen. Da nun die Zubuße von 30 Rthlr. auf jeden Kux nur ungefähr die Hälfte dieser Steuer ausmachen würde, so brachte er in Vorschlag, das Werk auf einige Zeit zu verpachten und die Conditionen so zu machen, daß es Vortheile davon haben müsse. Wenn aber dieser Vorschlag auch nicht verworfen worden wäre, so hätte dessen Ausführung doch auch schon der Rappoldische Kupfer-Contrakt im Wege gestanden.

Denn welcher Pachter würde sich haben gefallen lassen, vorerst für 25000 Rthlr. Kupfer (als so hoch bis jetzt das Capital angewachsen war), an Herrn Rappold abzugeben und überdies noch 40 Ctr. dieses Metalls als Geschenk.

Man blieb endlich dabei stehen, auf jeden Kux noch 30 Rthlr. Zubuße zu geben, da das Werk auf einen Punkt gebracht worden sey, wo sich dessen Benutzung und gute Ausbeute im Kurzen erwarten lasse. Doch sollte der Berghauptmann v. Utterodt zuvor noch einen ausführlichen Aufstand über dasselbe einreichen, damit man sich vollkommen von dem Zustande desselben informiren könnte.

Dieser Aufstand d. d. 11. April 1691 ging ein. Er enthält abermalige Klagen, daß wegen Geldmangel der Bau, der seiner Vollendung so nahe sey, nicht schwunghaft genug betrieben werden könne. Mit der Verpachtung sey es kaum practicabel und würde auch gar nicht dazu zu rathen seyn, weil man jetzt so nahe daran sey, die Vortheile von diesem soviel versprechenden Werke selbst zu ärndten, die man, auf den Fall einer Verpachtung, fremden Leuten überlassen müßte und daß auch die Leipziger Capitalisten höchst unzufrieden darüber wären. Es sey daher das Beste, jetzt noch die dreißig Thaler Zubuße auf jeden Kux zu nehmen, bey Verlust der Kuxe für diejenigen, die sich in Abtragung derselben säumig beweisen sollten.

Vom praktischen Betriebe des Bergbaues erfährt man in diesem Aufstande nur wenig, doch wird man äußerst überrascht, das Sturmhaider Bergwerk gar nicht berührt zu finden. Herr v. Utterodt berichtet vielmehr, daß das Rodaische Werk nunmehr in fast vollkommenem Umgange stehe, daß sich die Anbrüche besonders die braunen Sanderze (?) sehr veredelt hätten, daß der Thürenstollen (oben wurde er der dürre Stollen benennt) dergestalt erweitert worden sey, daß er nun gar füglich die von den Künsten abgehenden Wasser tragen könnte, daß die Radstuben in den Schacht, Neu-Jahr gebracht worden wären, u. s. w.

In den Akten befindet sich daher eine große Lücke, weil die nahe Gewältigung des Rodaischen Werks eine Menge anderer Arbeiten und Unternehmungen voraussetzt, wovon man allerdings einige Nachricht in denselben erwarten sollte. Besonders müßte die Anlage der beiden obern Freybacher-Teiche und des obern Berggrabens vorausgegangen seyn, ohne welche bei Roda an keine Maschine zu denken gewesen wäre.

Soviel ist gewiß, daß Hr. v. Utterodt außerordentlich viel Gewalt hatte und daher wird wahrscheinlich, daß ihm, sobald der Entschluß gefaßt worden war, das Sturmhaider-Werk mit dem Rodaischen und dem Martinröder-Stollen zu consolidiren, auch ganz überlassen blieb, dies nach seinen Einsichten auszuführen und daß er überhaupt deswegen wenig zu berichten und anzufragen hatte.

In der (Ehrenbergischen) Schrift, (der Ilmenauischen Gewerken nöthige Anmerkungen 2c.) findet sich darüber jedoch folgender Aufschluß: Als nämlich die Consolidirung beider Werke resolvirt war, ließ Hr. v. Utterodt das Sturmhaider-Werk, auf den bereits sieben Künste im Umgang waren, sogleich ruhen und griff das Rodaische mit Macht an. Aus einem von Utterodtischen Aufstande vom 15. Dezember 1690, der sich jedoch nicht bei den Akten befindet, wird Folgendes ausgezogen: „Das Sturmhaidische Werk anlangend, so ist an demselben nach geschehe„ner Consolidation nichts weiter gethan worden, beziehe mich derhalben, der Kürze zu befleißigen, auf meine vorigen Aufstände."

Ferner wird, was die Teiche und Gräben betrifft, in der angezogenen Schrift, S. 15 angeführt: „Zu eigentlicher Nachricht ist zu melden nöthig, daß der Freybacher erste Teich (Berger-

„Ch. N. 72) im Herbst 1691, wo der Ober-Kunstgraben gefasset, zu bauen angefangen worden, „und 1693 seine Vollkommenheit erreicht, der andere Freybacher Teich aber, so hinter diesen lie„get (B. Ch. N. 73) hat 1693 seinen Anfang gehabt. Die Reparirung des Manebacher Tei„ches (B. Ch. Nr. 69) ist 1695 geschehen, zum andern Manebacher Teiche aber (B. Ch. Nr. 70.) „ist 1697 der Grund gelegt worden. Nachdem ist unter denen Freybacher Teichen, am kleinern „Rödel, eines sogenannten Berges, auch ein anderer Teich angefangen, so der Rödels- oder der „dritte Freybacher Teich, der Zeit nach, der Situation nach aber, der untere Freybacher Teich „genannt, (B. Ch. Nr. 71) und nach des Herrn Berghauptmanns v. Utterodt Wegseyn, aller„erst zu gegenwärtigem Stande gebracht worden.

„Was nun die Kunstgräben anbetrifft, so ist der Obere, (der über die Sturmhaide weg „auf das Rodaische Werk geführt war,) 1688 zwar angefangen, 1691 aber erstlich zu gebrau„chen gewesen. Mit dem mittlern oder Manebacher Kunstgraben (B. Ch. Nr. 60) hat man fer„ner der Sturmhaide 1697 zu Hülfe kommen wollen, aber nicht eher als 1699 zu dessen Ge„brauch Permission gehabt, laut des gegebenen Caution- und Reversscheins, und deswegen von „Ihro hochfürstl. Durchlaucht zu Sachsen-Gotha gnädigst ertheilten Declaration; de Dato Go„tha, den 29. Jul. 1699."

Schon unterm 11. Jul. 1691 berichtet Hr. v. Utterodt anderweit, daß nunmehr das Rodaische Bergwerk durch göttliche Hülfe so weit abgewältigt worden sey, daß wöchentlich mit Einem Feuer geschmelzt werden könnte und daß man hoffe binnen wenig Wochen noch zu zwei bis drei Feuern satsame Erze fördern zu können — man habe nur noch wenige Lachter zu gewältigen, um in das Tiefste der Alten niederzukommen, u. s. w.

Die im vorigen Jahre verwilligten und von dem Herzog von Sachs. Weimar vorgeschossenen Zubußen reichten indessen nicht hin, die bevorstehenden starken Aufwände, besonders die Aufführung eines starken Dammes zu dem Schutzteiche in der Freibach, die Einrichtung der Hüttengebäude, Ankauf der nöthigen Frischbleie, zur Seiger-Arbeit, Verlag zu Gewinnung der Erze und überhaupt zur Fortsetzung des Bergbaues zu bestreiten. Da nun Hr. v. Utterodt sowohl die Fürstl. Herren Theilhaber, als die übrigen Gewerken gern mit abermaliger Zubuße verschont wissen möchte; so bate er um Bevollmächtigung, daß er vom Hrn. Rappold und Consorten zu Leipzig, zu den bereits erborgten 25000 Rthlr. noch sechs bis achttausend Thaler aufnehmen dürfe. Hr. Rappold habe sich gegen sechs Prozent Interesse bereits willig dazu erklärt, und ihm auch bereits 2500 Rthlr. darauf ausgezahlt.

Da aber auch diese Summe noch nicht auslangen würde, so brächte er in Vorschlag, die Silber aus den Kupfern aufs Höchste zu benutzen und sie sogleich zu vermünzen. Ein gewisser Hr. Sebastian Altmann, der sich seit einigen Jahren in Ilmenau aufgehalten, wäre erbötig, eine Münze auf seine Kosten anzulegen, wobei er nur die einzige Bedingung mache, daß er sich vom Schlägelschatze nach und nach wieder bezahlt machen dürfe. Damit aber der Schlägelschatz desto mehr eintrüge, so könnte dem Münzmeister auch fremder Silberkauf verstattet werden.

Dabei schlug er auch noch vor, den Churf. Sächs. Münzwardein Meitzner bei hiesigem Werke in Dienste zu nehmen, der ihm sowohl in Hüttensachen, als in der Grube, sehr zur Hand seyn würde, indem er nicht gemeine Kenntnisse und Fähigkeiten in beiden Fächern besäße. Schlüßlich bat er, ihm seine Rechnung durch dazu bestellte Revisoren abnehmen zu lassen, da er wegen vieler anderer Arbeiten außer Stande sey, dieselbe ferner zu führen, so wie er auch darauf antragen müsse, außer den Zehndner noch einige andre Berg- und Hüttenbediente anzustellen.

Dieses Alles veranlaßte ein weitläuftiges Communiciren unter den Fürstl. Herren Theilhabern. Hr. v. Utterodt erhielt von Weimar aus Befehl, sich zu jedem derselben in Person zu verfügen und die Lage des Werks zu schildern. Auf eine Beilage des v. Utterodtischen Berichts, die sich jedoch nicht mehr bei den Akten befindet, wurde beifällig resolvirt, daß derselbe wöchentlich zwölf Thaler Zulage erhalten sollte und nach drei Jahren, wo die Fürstl. Zehendeinnahme ihren Anfang nehmen würde, sollte derselbe auch den zehnten Theil des ganzen Zehends erhalten, wovon er jedoch, wie er selbst in Vorschlag gebracht, dem Zehendner Meitzner den dritten Theil wieder abgeben sollte.

Dabei kam auch abermals in Vorschlag, nunmehr ein ordentliches Bergamt zu errichten, was einige Jahre zuvor, die Anstellung des Hrn. v. Utterodt ausgenommen, nicht realisirt worden war. Dazu brachte S. Weimar, Kraft tragenden Direktorii, folgende Subjekte in Vorschlag:

1) Berghauptmann, war bereits durch Hrn. v. Utterodt besetzt.

2) Zehendner, Christian Meitzner, wöchentlich 5 Rthlr. drei Jahre lang, hernach aber wöchentlich 4 Rthlr. sammt dem dritten Theil von dem zehnten Theil des Fürstl. Zehend.

3) Hüttenverwalter, Gottfried Weiß, wöchentl. 3 Rthlr.

4) Bergmeister, Joh. Poppo Zimmermann, wöchentl. 3 Rthlr.

5) Berggegenschreiber, Joh. Ludwig Heinemann, welcher zugleich auch die Schichtmeisterei mit versehen sollte, wöchentl. $2\frac{1}{2}$ Rthlr.

6) Hüttenschreiber, Poppo Kopf, wöchentlich 2 Rthlr.

7) Drei Geschworne, Hans Christoph Loß, Samuel Klemm und Christian Eger, jedem wöchentlich $1\frac{1}{2}$ Rthlr.

Meitzner und Altmann wurden schon den 30. November 1691 in Pflicht genommen, ersterer als Bergwerks- und Münzzehender, auch Schieds-Quardein, letzterer aber als Münzmeister, wobei beide angemessene Instruktionen erhielten. Meitzner reichte dabei auch folgenden Probezeddel ein:

Bei dem lieben Bergwerk hier, ruhets noch bei nachrichtlichem Wassermangel auf die Künste. Ueber den Grubenwassern werden Erze auf dem neuangetroffenen Gange, (so beständig ins Liegende setzet,) gewonnen und herausgefördert, davon inliegende Proben gemacht.

Ilmenau, den 16. November 1691.

Dreierlei Erze vom neuen Anbruche auf: Gott segne beständig, Fundgrube des Rödlitzer Zuges probiret, als:

Nro. 1) Von der Witterung, hält 1 Ctr. ¼ Loth Silber und 6 Pfund Schwarzkupfer.

Nro. 2) Grispelicht Sanderz, hält 10¾ Loth Silber und 8 Pfund Kupfer.

Nro. 3) Schwarzpechschiefricht Grauerz (?) hält 26½ Loth Silber und zehn Pfund Schwarzkupfer.

Christian Meitzner.

Aus allen diesen Vorbereitungen ist abzunehmen, daß die sogenannten Ilmenauischen Ausbeut-Thaler keine eigentlichen Ausbeut-Thaler waren, ob sie wohl größtentheils aus Ilmenauischen Silber geschlagen wurden.

Unterm 1. Dezbr. 1691 berichtet Hr. v. Utierodt anderweit, daß über die 25000 Rthlr., so vom Hrn. Rappold und Consorten aufgenommen worden, auch die angeschlagene Zubuße von 30 Rthlr. auf jeden Kur, welches 7380 Rthlr. betrage, auch vom Hrn. Rappold auf jede 1000 Rthlr. am Kupfer-Contrakte noch 300 Rthlr., in Summa also 7500 Rthlr. vorgeschossen worden. Damit habe man das Rodaische Werk völlig abgewältigt und habe auf drei Gruben Silber- und Kupfererze, wovon ein Ctr. Kupfer im großen Schmelzen auf drei Mark Silber gehalten und daß, wenn vor Winters der große Teich, ingleichen der Hohofen zu Veßra und die große Schmelzhütte hätten vollendet werden können, wie auch, wenn Geld zu Blei und Kohlenvorräthen vorräthig gewesen wäre, man jetzo mit Nutzen würde fortschmelzen können.

Da nun Weimar bereits soviel vorgeschossen und Rappold und Consorten die wahre Unmöglichkeit vorgestellt hätten, weitere Vorschüsse zu thun, gleichwohl aber noch 15000 Rthlr. erforderlich wären, um das Werk bis zur Ausbeute zu bringen; so thäte er den Vorschlag, über die 256 Kure, die gegenwärtig vergewerkt wären (welche Anzahl er acht ganze Schichten nennt) noch zwei Schichten oder 64 Kure zu vergewerken. Bis jetzt habe jeder Kur 200 Rthlr. gekostet, für welchen Preis er die 64 neuen Kure auch unterzubringen und dafür die Summe von 12800 Rthlr. zu schaffen gedächte.

Aus diesem Berichte läßt sich nun auch ein Ueberschlag machen, was für Kosten bis hierher aufs Werk verwendet worden, nämlich:

51200	Rthlr.	an Zubußen von 256 Kuren, à 200 Rthlr.
25000	—	so Rappold und Consorten vorgeschossen,
7500	—	so derselbe anderweit hergegeben.
7380	—	extraordinäre Zubußen, auf jeden Kur 30 Rthlr.
12800	—	Kaufgelder für die neu unterzubringenden 64 Kure, à 200 Rthlr.
103880	Rthlr.	

Auch wird in diesem Berichte ein Hohofen zu Veßra berührt, dessen auch an einigen andern Stellen in den Akten Erwähnung geschiehet, bis hierher aber bleibt dies fast unerklärbar. Ein Hohofen zum Eisenschmelzen, dergleichen auch damals in diesem Gebirge, wo man sich nur der Rennfeuer bediente, noch gar nicht eingeführt war, lag gar nicht im Plane der Gewerkschaft und läßt sich gar nicht denken. Wäre aber von einem Hohofen zum Schieferschmelzen die Rede, so hätte man die Schiefer erst von Roda auf einem sehr beschwerlichen, über drei Stunden langen Wege, nach Veßra schaffen müssen, was sich auch nicht denken läßt. In der Folge bebauete man zwar zu Veßra eine Kirstzeche zum Behuf des Ilmenauischen Schmelzens; weiter aber kommt dieser Ort mit dem Werke in gar keine Berührung.

Was endlich der Teich in den Freibächen betrifft, so ist die Rede von dem, der jetzt noch der mittlere genannt wird. Es scheint, daß man dessen Damm nur nach und nach erhöht und dadurch dessen Spiegel vergrößert hat. Denn daß bereits Wasser in den obern Berggraben hereingiengen, ist außer Zweifel, weil ohne dieselben keine der Rodaischen Maschinen in Umgang hätte gesetzt werden können.

Beiläufig ist hier auch noch zu bemerken, daß um diese Zeit dem Berghauptmann v. Utterodt ein sehr vortheilhafter Antrag gemacht wurde, den er aber, gewiß recht artig, zurück wieß. Zwei Adepten, der Churf. Brandenburgische Bergrath Richter und ein Herr Grünewald aus Erfurt, wollten der Gewerkschaft ein Geheimniß verkaufen, mittelst dessen die ärmsten Erze und Geschicke, die nur erst ein semen metallicum enthielten, dergestalt zu augmentiren wären, daß ihr Gehalt auf sechs bis sieben Mark Silber gebracht werden könnte. Herr von Utterodt dankte ihnen für dieses großmüthige Anerbieten recht höflich, gab ihnen dabei aber auch zu erkennen, daß sie selbst die nächsten wären, die auf die großen Vortheile ihrer Kunst Ansprüche machen könnten. In dieser Rücksicht offerire er ihnen nun dergleichen arme Geschicke auf ewige Zeiten und im größten Ueberfluß und namentlich den Ctr. Schiefer von Goldlauter und der Schmücke für achtzehn Pfennige, den Ctr. Schwefelkieß von Veßra aber für drei Groschen; worauf sich diese Herren nicht weiter vernehmen ließen.

Doch ich komme zu dem v. Utterodtischen Berichte zurück. Herzog Wilhelm Ernst in Weimar theilte ihn den übrigen Fürstl. Hrn. Theilhabern mit, die Alles genehmigten, nur wollte Sachsen-Zeitz die Münze nach Schleußingen haben, weil dies von jeher die Münz-Stadt der Hennebergischen Lande gewesen wäre. Dabei wurde auch eine Bergconferenz auf den 4. April 1692 in Vorschlag gebracht, die sich wegen Einrichtung des Hütten- und Münzwesens, wegen abzuschließender Holzcontrakte und dergl. mehr, sehr nöthig machte; doch aber nicht zu Stande kam.

Herr v. Utterodt stellte noch vor, daß, so gewiß er geglaubt hätte, mit den 12800 Rthlr. für die neuerlich verkauften vier und sechzig Kuxe, das Werk bis zur Ausbeute zu bringen er damit doch nicht auskommen könnte, indem annoch wohl ein Quartal Zeit und sechs bis acht tausend Rthlr. Verlag bis dahin erfordert würden. Mit ebengenannter Summe habe er nicht nur die neue Schmelzhütte gebauet, sondern auch an benöthigten Hüttenvorräthen, als Blei und Kohlholz, für mehr als funfzehnhundert Thaler Vorrath angeschafft, die gewöhnlichen Bergkosten bestritten und an dem großen Freybacher Teiche gebauet, der jetzt schon funfzehn Fuß Wasser hielt, in diesem Jahre aber noch bis auf vierzig Fuß hoch angespannt werden müsse.

Ferner habe er davon drei neue Schächte niedergebracht, den tiefen Martinröder Stollen um ein ansehnliches weiter fortgetrieben und den Berggraben aus der Freybach bis ins Rodaische Werk reparirt. Dabei habe er auch zwanzig Häuer auf den Erzen liegen, wovon er täglich zur Schmelzhütte liefere und bereits auch vier und einen halben Ctr. Grankupfer machen und sechs und zwanzig Mark Silber habe abtreiben lassen.

Da doch nunmehr der große Segen Gottes vor Augen liege, und Niemand sich die Zubuße gereuen lassen dürfe; so trüge er darauf an, auf jeden Kux noch zwanzig Thaler Zubuße auszuschreiben und dies um so schleuniger, als mit gegenwärtiger Woche das Geld zu Ende gienge.

Weimar willigte sogleich ein und gab in der Hoffnung, daß auch die übrigen Fürstl. Herren Theilhaber nicht abgeneigt seyn würden, Befehl, diese zwanzig Thaler Zubuße von den Privatgewerken sogleich zu erheben. Indessen wünschte doch Gotha, die Rechnungen einzusehen, um zu erfahren, wie und wozu die bisher eingegangenen großen Summen verwendet worden wären.

Um eben diese Zeit verkaufte Herzog Bernhard von S. Meiningen seine zehn Kuxe mit aller Hohheit und davon dependirenden Juribus und Gerechtigkeiten, als: Zehend, Silberkauf, Schlägelschatz und dergleichen, nichts davon ausgeschlossen, für zwei tausend Thaler an den Herzog Wilhelm Ernst von S. Weimar. Funfzehnhundert Thaler wurden baar bezahlt, fünfhundert Thaler aber für rückständige Zubußen berechnet, die von Weimar vorgeschossen worden waren, und das Dokument darüber wurde den 8. August, 1692 unterzeichnet. Auch dem Herzog Moritz Wilhelm zu S. Zeitz ließ Herzog Wilhelm Ernst den Antrag thun, ihm seine funfzig Kuxe für acht tausend Thaler abzukaufen. Derselbe wollte aber nur zehn davon ablassen und da er sich auch weigerte, die Hoheitsrechte zugleich mit zu veräußern, so kam der Kauf nicht zu Stande — dabey war es dem Herzog von Weimar auch nicht sowohl um die Kuxe selbst, als um die dadurch zu erlangende Stimmenmehrheit zu thun.

Aus einem v. Utterodtischen Berichte vom 20. August 1692 ist zu ersehen, daß ihm aufgegeben worden war, wöchentlich einen kurzen Ausstand übers Bergwerk nach seinem ganzen Umfange einzusenden, was billig gleich von dessen Anfange an hätte geschehen sollen. Er machte damit auch wirklich den Anfang in der neunten Woche des Quartals Crucis desselben Jahres; aber er trieb es nicht lange an, denn der Ausstand von der neunten Woche des Quartals Lucä war schon der letzte und dabey fehlten auch einige. Ich theile den ersten davon hier mit, weil er schon ein ziemlich treues Bild von dem großen Umfange des Werks abgiebt, ob wohl des Hohofens zu Veßra, der Köhlerey und vieler anderer hierher gehöriger Dinge darin nicht gedacht wird.

„Kurzer wöchentlicher Ausstand und unterthänigster Bericht über hiesiges Bergwerk und „zwar auf N. 9te Woche des Quartals Crucis und wird zu selbigem der Gewohnheit nach, „auf dem tiefen Stollen der Anfang gemacht. In welchem sich nun wiederum nach dem alten „Stollen, und zwar nach dem 1sten Lichtloche zugelenkt, worauf es auch Ein Lachter fortgerückt. „In den Thüren-Stollen sind diese Woche zwei Lachter aufgefahren. Bei dem Gottlob wird „an dem neuen seigern Schachte gearbeitet. In dem Neuen Jahr, und Gott hilft gewiß bleibt „es bei dem vorigen, daß nämlich die Wasser darin gehalten werden. In dem Gott segne beständig wird annoch die Förderung zugerichtet, und lassen sich sowohl die Schiefer-, als Sand-„Erze in dem nächst dabey stehenden Gesenke wohl an. Aus dem Segen Gottes, und Pumpen-„Gesenke, sind diese Woche sechzig Tonnen Erz und Schiefer herausgetrieben worden so wird „auch annoch mit Aufsuchung der noch übrigen Gesenke continuirt. In dem Vertrauen auf Gott „ist nunmehr der Anfang mit der Abhäufung gemacht. In dem Getreuen Friedrich, König Da-„vid, sammt Johannes, Wilhelm Ernst, Johann Ernst, Gottesgabe, Hülfe Gottes, Güte Gottes, „und Glückauf, (die letzten sieben Schächte gehörten zum Sturmhaider-Werke und sind sämmt-„lich auf der Bergwerks-Charte leicht zu finden,) bleibt es bei dem vorigen, daß darin nichts „geschiehet. An dem Teiche wird an der Erhöhung, und an der äußersten Seite, mit der Ver-„wahrung gearbeitet. Die beiden Teiche zu Roda, sind noch angefüllt, außer daß der obere ab-„zunehmen beginnt. In der Hütte sind diese Woche 14¼ Cntr. Stein ausgebracht worden. Die

„aufgelaufenen Kosten belaufen sich insgesammt auf 696 Thlr. 4 Gr. 5 Pf. Sonsten so gehet „es, dem höchsten Gott sey dafür Dank! alles glücklich von statten, außer, daß über dem neuen „Gesenke ein alter Kasten eingegangen und zwei Arbeiter sehr gequetscht, jedoch verhofft der Bar„bier, es würden solche, nächst Gott, bald wieder restituirt werden."

Datum Ilmenau, den 27. August Anno 1692.

Georg Christoph v. Utterodt.

Nach diesen zwölf Ausständen ist nur Einmal die wöchentliche Ausgabe unter 600 Thlr. gekommen, was übrigens bey so vielen zu gleicher Zeit gehenden Arbeiten und Bauen nicht zu verwundern ist. Auf dem Martinröder Stollen, wo man wegen zu festem Gesteine wöchentlich immer nur höchstens dreyviertel Lachter herausschlagen konnte, wurde jetzt das Lachter zu funfzehn Thalern verdungen, wodurch man es doch wöchentlich auf fünf viertel Lachter brachte. Vom Hohofen zu Veßra, der nun auch zu Stande gekommen war, wurden in der siebenten Woche des Quartals Crucis desselben Jahres vier und zwanzig Centner, und die Woche darauf sechs und zwanzig Centner Kupferstein gemacht, dessen Gehalt damals überhaupt auf sieben Loth Silber und zwanzig Pfund Kupfer kam. Dabey erfährt man aber noch immer nicht, ob, wie jedoch wahrscheinlich, Schiefer- und Sanderze von Roda aus dahin geschafft werden mußten, oder ob man sie sonst näher bekam.

Wie sich immer alles vereinigt, gute Zwecke zu hindern, so wurden auch hier dem Fortgange des Bergbaues manche Hindernisse in den Weg gelegt. Unter andern wollten die damaligen Herren Grafen von Schwarzburg nicht leiden, daß der Manebacher Teich wieder hergestellt würde. Sie meynten, auf den Fall eines Durchbruchs, der schon vor vierzig Jahren einmal Statt gehabt hätte, würden ihre an den Ilmenufern gelegenen Dörfer, Mühlen und andern Besitzungen in Gefahr kommen, hinweggeschwemmt und ruinirt zu werden. Sie verlangten wenigstens eine verhältnißmäßige Caution, um sich dran halten zu können, wenn so ein Fall eintreten sollte. Hierüber wurde dem Berghauptmann v. Utterodt Bericht abgefordert. Auch hatten die Inwohner zu Roda immer tausenderley Klagereien wegen der Beschädigungen, die ihren Grundstücken durch Haldensturz, Wege und dergl. zugefügt wurden. Die Steuerkasse zu Ilmenau verlangte auch von den Bergleuten Werbegeld, der Stadtrath Nahrungssteuer, wodurch der ohnehin überhäufte Utterodt beständigen Unannehmlichkeiten ausgesetzt war.

Indessen ging doch das Werk seinen Gang fort, da aber, wie aus den angeführten Ausständen zu ersehen, monatlich weit über zweitausend Thaler ausgelohnt werden mußten, so hatte die angeschlagene Zubuße, zwanzig Thaler auf jeden Kur, nicht weit gelangt. Es mußten noch achtzig und bald darauf noch 112 Kuxe vergewerkt werden, so daß nunmehr 512 Kuxe gebauet wurden. Dabei zeigt aber auch der Herr v. Utterodt unterm 23. September 1693 an, was er mit diesem Gelde alles ausgeführt habe, auch daß bereits in diesem Jahre hundert und funfzig Mark Silber und hundert Centner Kupfer gemacht worden wären. Ob dieses Kupfer Herrn Rappold auf seinen Contrakt überlassen und das Silber vermünzt worden, wird nicht mit angeführt. Doch verlangt der Herzog von S. Zeitz in einem Schreiben vom 19. Jan. 1694. die v. Utterodtischen Rechnungen einzusehen, um zu erfahren, wohin die bisherigen großen Geldvorschüsse eigentlich verwendet worden, was an Kupfer und Silber gewonnen und was der Schlägelschatz abgeworfen habe. Hieraus ist zu ersehen, daß die Münze schon vollkommen eingerichtet gewesen, ob aber in Ilmenau oder in Schleußingen, ist bis hierher aus den Akten noch nicht zu ersehen. Auch wurden die ersten sogenannten Ausbeutthaler schon 1692 geschlagen.

Ohne die Genehmigung, hundert und zwölf Kure aufs Neue zu vergewerken, abzuwarten, that Herr v. Utterodt schon wieder den Vorschlag, ein Capital von dreißig tausend Thalern aufzunehmen und den Darleihern, da es auf ungewisse Zeit hergegeben werden müsse und dieselben allerdings viel wagten, statt dem Interesse und einer Ergötzlichkeit, zwei und vierzig tausend Thaler zurück zu zahlen. Dies sollte nun auf folgende Art geleistet werden, nämlich: von jedem Centner Kupfer, der gemacht würde, sollten sieben Thaler an diesem Capital abgestoßen werden und zehn Thaler der Gewerkschaft verbleiben. Von sechstausend Centnern Kupfer könnte also dasselbe nebst den Interessen zurück gezahlt und dennoch auf jeden Kux zwei Thaler Ausbeute geschossen werden, obgleich, wie man siehet, zu dieser Ausbeute das Geld erst geborgt werden mußte.

Weil auf beide Vorschläge so geschwind keine Resolution erfolgen konnte, die aber doch in der Folge nicht außen blieb; Herr v. Utterodt aber an fünfhundert Bergleute und Tagearbeiter im Lohne hatte, so hatte ihn die Noth gedrungen, binnen der Zeit acht tausend Thaler auf zwei Monate aufzunehmen, um deren Restituirung er aufs dringendste bat. Denn jetzt hatte er und wohl gerade zur Unzeit, wo man kaum noch Geld fürs Rodaische Werk aufbringen konnte, auch die Sturmhaide wieder mit angegriffen. Ueberhaupt müssen die Arbeiten und Verlegenheiten dieses Mannes von dem Alles abhing und der für Alles sorgen mußte grenzenlos gewesen seyn.

Aber doch erregten auch die großen Summen die man ihm anvertraut hatte bei mehrern Fürstl. Theilhabern um so mehr Bedenklichkeiten, als bis jetzt schon hundert und vierzig tausend Thaler Vorschuß waren geleistet worden und Herr v. Utterodt seit seiner Anstellung darüber noch gar keine Rechnung abgelegt hatte; um welche Rechnungsabnahme er jedoch vor einigen Jahren selbst schon gebeten hatte. Weimar erbat sich zu diesem Geschäfte von Gotha den Berginspektor Vogel, der im Rufe eines guten Bergverständigen und geübten Rechnungsführers stand und der auch nach Weimar abgeschickt wurde. Herr v. Utterodt hielt es aber in Rücksicht der Kosten-Ersparniß für besser, Herrn Vogel seine sämmtlichen Rechnungen nach Gotha zu schicken, wo er sie auch mit mehr Bequemlichkeit und ohne etwas an seinem Dienste zu versäumen, durchgehen könnte. Aber wie erstaunte dieser, statt ordentlichen Quartals- und Jahresrechnungen nur einen Haufen wöchentlicher sogenannter Anschnittszeddel zu erhalten! Er fragte in Weimar an, wie er sich deshalb zu verhalten hätte? und erhielt zur Resolution — „Wenn denn verschiedener Ursachen wegen nicht rathsam seyn will, aus den wöchentlichen Anschnittszeddeln nun erst „jährliche Hauptbergrechnungen fertigen zu lassen, dergleichen aber ins Künftige anzuordnen billig „und nöthig ist; als wollet ihr, obhabender Fürstl. Commission nach, die Examination besagter Anschnittszeddel, wie solche vom gesammten Berghauptmann euch ausgeliefert, so schleunig als möglich fortstellen, mochtens euch zur Nachricht nicht bergen &c.

Während dem hatten sich die Fürstl. Herrn Theilhaber dahin vereinigt, nach dem letzten Vorschlage des Berghauptmanns ein Capital von vierzig tausend Thalern aufzunehmen, wogegen, wegen des großen Hazards und dem Interesse, sechs und funfzigtausend Thaler zurück gezahlt werden sollten, nämlich von jedem Centner Kupfer, sieben Thaler, von jeder daraus zu erlangenden Mark Silber aber drei Thaler und zwölf Groschen. Auch sollte die Gewerkschaft noch drei Jahr von Abgabe des Zehend befreiet bleiben, und bis dahin auch der Münzüberschuß mit zu dem Bergbau verwendet werden.

Dr. Rappold und der Hof- und Justizienrath Trier aus Leipzig gaben die Summe her, doch cedirte ersterer die Hälfte seines Capitals einem gewissen Freiherrn v. Gersdorf, der dadurch in nähere Verbindung mit den Werke kam, und in der Folge großen Einfluß auf dasselbe hatte.

Daß Herr von Utterodt jetzt auch das Sturmhaider-Werk wieder mit angriff, scheint, wie schon berührt, nicht ganz rathsam und viel zu früh gewesen zu seyn. Man ersiehet, wie viel Noth es ihm machte, die Kosten für das Rodaische Werk aufzubringen und um wie viel wurden diese nicht erhöhet, als das Sturmhaider-Werk noch dazu kam, für welches aufs Neue Schutzteiche, Kunstgraben und kostbare Maschinen angelegt werden mußten, der übrigen Bergkosten bei so vielen Schächten und Bauen, nicht zu gedenken. Besser wäre es gewesen, noch das Rodaische Werk recht zusammen zu halten und die Capitale abzustoßen, die auf demselben hafteten, wo alsdenn vom Ueberschuß die Sturmhaide recht füglich hätte können mitgebauet werden.

Was den Herrn v. Utterodt allenfalls entschuldigen könnte und ihn dazu veranlaßt haben mochte, scheint die Besorgniß gewesen zu seyn, daß die Anbrüche in Roda nicht von langer Dauer seyn möchten, wie er irgendwo äußert; iedoch hatte er hierzu wenig Grund. Mehr noch scheint der schädliche Einfluß der Kupfer- und Silber-Contrahenten schon ins Spiel gekommen zu seyn, denen nur daran lag, daß viel Metall ausgebracht wurde — ob mit Schaden oder mit Gewinn für die Gewerkschaft, lag außer ihrem Gesichtspunkte.

Die aufgenommenen vierzigtausend Thaler wurden indessen auch wieder in sehr kurzer Zeit verbauet, wie Herr v. Utterodt in einem Berichte vom 11. August 1694 anzeigt. Er specificirt dabey, was für dieses Geld alles aufgerichtet worden, nämlich:

1) Sei der tiefe Martinröder Stollen bis ans vierzehnte Lichtloch, den sogenannten Schwarzenfels gebracht, und

2) der ganze Röblitzer Zug durchgehends vom Altenmann gesäubert und hin und wieder auf Erzen, sowohl in Schächten als auf Strecken abgesunken worden.

3) Wären die flachen Schächte den Alten Seiger abgekauft worden.

4) Der Thüren-Stollen sey auch durchschlägig gemacht und dessen einer Flügel gänzlich geöffnet worden.

5) Die erforderlichen Künste wären bis auf zwei, die noch in Arbeit, angebracht.

6) Der große Teich in der Freibach, sey in guten Stand gesetzt und gleich über denselben ein zweiter (der jetzige oberste Freibacher Teich) so weit im Grunde perfektionirt worden, daß er gegen Michael an zwanzig Schuh Wasser würde halten können.

7) die große Seigerhütte (unter der Raths Schneidemühle) sey fast ganz vollendet.

Von den wöchentlich einzusendenden Ausständen wollte Herr v. Utterodt wieder abgehen, weil sie ihm zu viel Arbeit machten. Es ist sehr zu beklagen, daß ihm dies eingeräumt wurde, weil dadurch mehr von dem Detail der Unternehmung in die Acten und durch diese auf die Nachkommenschaft gekommen seyn würde. Besser würde es seyn, berichtet er, wenn eine Conferenz beliebt würde, wo sich sämmtliche Fürstl. Herren Theilhaber aufs genaueste von der Vortrefflichkeit des Werks überzeugen könnten. Dabey wollte er noch ein- für alle Mal einen wohlgemeinten Vorschlag thun, welcher dem ganzen Werke, so viel dasselbe noch Verlag erfordern möchte, zum Vortheil seyn würde. Er sey darauf gekommen, als er bei der Gewältigung des tiefen Martinröder Stollens ein Ort wahrgenommen, welches über die Gothaische Grenze hinausgetrieben worden, wo auch über Tage noch zu sehen, daß man sich durch Schärfen von der Anwesenheit des Schieferflötzes daselbst überzeugt habe. *) Da es nun leicht möglich wäre, daß sich fremde Gewerken da einlegen, und der diesseitigen Gewerkschaft allerhand Abbruch thun und Schaden zufügen könnten; so habe er seiner Pflicht gemäß erachtet, dieses Feld zu muthen. Weil nun der hiesige Bergbau dadurch sehr erweitert würde, so könnte man zu den jetzigen 512 Kuren gar wohl noch ein Mal so viel nehmen, und jeden, nach jetzigem Preise, bis Weihnachten für 225 Thaler verkaufen, woraus eine Summe von 115,200 Thaler erwachsen würde.

Wenn solches geschähe, so wäre ferner sein unvorgreiflicher Vorschlag dieser: die Herren Contrahenten dahin zu vermögen, daß sie ihr verschriebenes und mit sechs Procent zinsbar habendes Capital von 7500 Thlr. in Kuren annähmen. Die Hochfürstl. Häuser könnten auch gegen Kohlhölzer, welche gegenwärtig das Werk mit baarem Gelde bezahlen müsse und welche sie sogleich nicht benutzen könnten, Kure annehmen und weil mit künftigem Jahre, auf jeden Kux quartaliter drey Speciesthaler Ausbeute gar wohl geschlossen werden könnten; so würden sich genug Liebhaber zu den übrigen Kuren finden. Dabei hätten sich auch weder die Hochfürstl. Theilhaber, noch die Privatgewerken zu beschweren, indem durch die Multiplication es zwar das Ansehen gewänne, als wenn sie nur halbe Theile oder Kure behielten, in der That aber mehr Einnahme dadurch erhielten, weil das Werk stärker belegt, ja, in Jahr und Tag wöchentlich zuverlässig vierzig bis funfzig Centner Kupfer und achtzig bis hundert Mark Silber gemacht werden könnten. Da hingegen, wenn das Werk ohne fernern Zuschuß getrieben werden sollte, es sich nicht ein Mal verbauen würde und alle Ausbeute wegfallen müßte u. s. w. Er bäte, daß Sr. Durchl. diesen seinen Vorschlag cum. voto den andern Fürstl. Theilhabern noch vor der Conferenz mittheilen möchten, wo er denn die Wichtigkeit und Größe der vor Augen liegenden Einnahme vom Werke so darzustellen verhoffe, daß keiner die bisherige Hülfe, oder Verzug der Zeit zu bereuen haben sollte. Dabey bäte er nur noch um Beschleunigung, da er von allem Verlage entblößt sei und wider seinen Willen dem Werke Nachtheil zuwachsen lassen müsse.

Weimar theilte diesen Bericht den sämmtlichen Höfen mit und zwar, wie Herr v. Utterodt gebeten hatte, beifällig, und man ließ wirklich zu, daß die Zahl der Kure auf 1024 erhöhet wurde. Das Zutrauen zu diesem Werke war so groß, daß es dem Herrn v. Utterodt auch gar nicht viel Mühe zu machen schien, die neuen 512 Kure unterzubringen.

Zu der oben berechneten Einnahme, von

103,880	Thalern kamen nun noch:	
6,400	Rthlr. Zubuße, auf jeden Kux 20 Rthlr.	
16,000	—	für 80 Kure, die für 200 Rthlr. verkauft worden waren.
24,640	—	für 112 Kure, à 220 Rthlr.
115,200	—	für die neu unterzubringenden 512 Kure, á 225 Rthlr.
266,120	Rthlr. Summa.	

*) Höchstwahrscheinlich war dies das sogenannte Schlüsselort, das vom Stollen abgehet, und noch gegenwärtig einige Lachter offen ist.

Indessen nahm Gotha die Muthung an, behielt sich aber außer der Territorialgerechtigkeit auch den Zehend und was sonst üblich, auch vom jure territoriali dependirte und zur Landeshoheit gehörte, in dem neuzumuthenden Felde vor, und wollte hiervon der Gemeinschaft nichts einräumen. Man findet, außer dem sogenannten Schlüßelloch, das vom Stollen abgehet und auf dem Flötz getrieben worden ist, weder auf dem Stollen noch über Tage Spuren, daß dieses neuacquirirte Feld ernstlich angegriffen worden wäre und auch selbst in den Akten wird dieser Punkt nicht weiter berührt.

Mit Anfang des Jahres 1695 wurde nun Ausbeute gegeben, und zwar auf jeden Kux quartaliter drei Speciesthaler. Aber doch waren schon 1692 sogenannte Ausbeutthaler geprägt worden, womit man bis 1702 fortfuhr, wo die Zahl der Kuxe bis auf 3072 gestiegen war. *) Daß dieß keine wirkliche Ausbeute seyn konnte, erhellet aus dem, was im Vorstehenden von diesem Werke mitgetheilt worden ist. Um den Theilhabern vielleicht ab r Muth einzuflößen, nahm man dazu Ilmenauisches Silber, das jetzt schon in beträchtlicher Menge ausgebracht wurde.

Unterm 23. April 1695 brachte S. Zeitz in Vorschlag, den Bergbau im Hennebergischen frei zu geben, jedoch mit Vorbehalt des Zehend. Es sollte Bergwerksliebhabern überlassen seyn, zu schürfen und zu muthen, wo sie wollten. Denn nach dem Hennebergischen Haupttheilungs-Rezeß war festgesetzt, daß sämmtliche Bergwerke dieses Landes in Gemeinschaft verbleiben sollten. Wurde nun eine Entdeckung gemacht und ein Gang, oder ein Flötz erschürft, so mußten sämmtliche Sächs. Häuser zum Mitbau aufgefordert und ihnen drei Monate Zeit gelassen werden, sich darüber zu bedenken und zu erklären, ob sie selbst bauen wollten. Durch diesen Verzug wurde aber jeder abgeschreckt, auf einen Bergbau zu entriren und keiner wagte Geld auf irgend einen Versuch dieser Art zu wenden, wobei er noch befürchten mußte, daß ihm sein Fund nicht überlassen werden dürfte. Es wurde dieses auch von den andern Sächsischen Häusern genehmigt, und das Freischürfen ist bis auf diesen Tag erlaubt geblieben.

Was den damaligen Ilmenauer Bergbau betrifft, so zeigte Herr v. Utterodt unterm 28. Juni 1695 an, daß er von den 512 neu multiplicirten Kuxen, bereits 331 untergebracht habe, und fragt dabei an, ob es nicht vielleicht den Fürstlichen Herren Theilhabern gefällig wäre, die noch vorhandenen 181 Kuxe an sich zu nehmen, da das Werk so starken Verlag erforderte. Dabey bittet er, daß sobald als möglich eine Conferenz in Ilmenau anberaumt und daß ihm bei dieser Gelegenheit, wie er schon so oft gebeten, seine Rechnung abgenommen werden möchte. Er wünschte damit in Richtigkeit zu kommen, um sich des Werks beherzter annehmen zu können. Man sieht, daß dieser gute Mann eigentlich selbst nicht wußte wie er stand und daß er in der größten Verlegenheit darüber seyn mußte.

Ehe aber hierauf etwas resolvirt wurde, war wieder ein Jahr hingegangen. Denn unterm 14. August 1696 berichtete er anderweit, daß er genöthigt gewesen wäre, obbemeldete 181 Kuxe, jeden zu 225 Thlr. loszuschlagen, womit er sich bis zum Frühling dieses Jahres beholfen hätte.

*) In Madais Thaler-Cabinet ꝛc. sind davon neun Stück beschrieben. Er bemerkt dabey Th. I. pag. 511 daß diese Ilmenauischen Ausbeut-Thaler nicht allein wegen der zerbrochenen meisten Stempel, sondern auch wegen der jährlich geänderten Aufschriften, welche jedoch weil darüber gespottet worden, 1698 aufgehört hätten, selten wären. Vielleicht aber hat man nicht sowohl über den Inhalt der Aufschriften gespottet, als darüber, daß Ausbeutthaler von einem Werke gegeben wurden, das so sehr mit Schulden belastet war und folglich mit Zubuße gebauet wurde. Auch in Tenzel, sax. numismat. Lin. Ernest. pag. 664. findet man Abbildungen davon.

Da nun die angelaufenen Teiche große Hoffnung zu ununterbrochener Erzfoderniß gäben; so habe Hr. Dr. Rappold sich bewegen lassen, bis zur nächsten Conferenz den wöchentlichen Verlag vorzuschießen, weil er der Meinung sey, daß, da die Sturmhaide sich zur völligen Gewältigung angelassen, und man im Rödlitzer Werke gute Anbrüche habe, damit auszukommen sey, ohne neue Anlagen zu machen. Man würde wohl wöchentlich so viel Kupfer und Silber ausbringen, daß die Vorschüsse auch wöchentlich wieder getilgt werden könnten.

Ob nun gleich Hr. v. Utterodt alle Teichdämme hatte erhöhen und die Kunstgraben erweitern lassen, woran täglich noch einige hundert Mann arbeiteten; so fehlte es ihm doch an Aufschlagwassern. Er mußte daher aus den Freybacher Teichen, die bekanntlich ihre Wasser auf das Rödlitzer Werk schickten, dieselben in die Manebacher Teiche nehmen und sie aufs Sturmhaider Werk leiten, worüber aber im Rödlitzer Werke die Wasser wieder aufgiengen. Er hoffte aber auch noch vor Winters ins Tiefste der Sturmhaide zu kommen und von diesem reichen Flötze ansehnliche Kupferlieferungen zu machen, wobei er der Rödlitzer Erze zur Genüge gesichert wäre. Auch würde er noch vor Ende des Jahres mit dem nassen Ort in die dasigen Baue durchschlagen, wo alsdann die Erze woran man gegenwärtig Mangel habe, überflüssig ersetzt würden. Wenn einmal die Wasservorräthe ersetzt und alles wohl eingerichtet seyn würde, könnte man wöchentlich zwanzig bis dreißig und wohl mehr Ctr. Kupfer (und folglich funfzig bis sechzig Mark Silber) ununterbrochen fortliefern.

Da aber Hr. Dr. Rappold wegen immer noch verzögerter Conferenz sich weigerte, die wöchentlichen Vorschüsse ferner zu machen, indem von der Anleihe von 1693 auf die ersten 4000 Ctr. Kupfer 20000 Rthlr und auf die ersten 8000 Mark Silber ebenfalls 20000 Rthlr. noch nichts zurückgezahlt sey: so thut Hr. v. Utterodt, der ganz unerschöpflich in Mitteln war Geld aufzutreiben, folgenden neuen Vorschlag. Er getrauet sich nämlich auf jede 6000 Ctr. Kupfer, die, wenn erst die bereits schuldigen 4000 Ctr. bezahlt worden 24000 Rthlr. und auf die ungefähr darin enthaltenen 12000 Mark Silber ebenfalls 24000 Rthlr. unter der Bedingung dargeliehen zu erhalten, daß statt 4000 Rthlr. 7000 Rthlr. oder von 48000 Rthlr. als des ganzen Anlehns 84000 Rthlr. zurückgezahlt würden. Man würde von jedem Ctr. Kupfer nur sieben Thaler, von jeder Mark Silber aber auch nur drei Thaler und zwölf Groschen zur Wiederbezahlung zu nehmen brauchen und könnte dabei das Werk nebst der Ausbeute, die jetzt auf jeden Kux quartaliter auf fünf Spezies gestiegen war, ungehindert fortgehen lassen.

Er zeigt eine eigene Gewandheit auch aus einer solchen Anleihe und bei solchen Bedingungen Vortheile für die Gewerkschaft zu berechnen, weil kein Termin zur Zurückzahlung bestimmt würde und die Darleiher, die weiter keine Interessen erhielten, ihr Capital am Ende doch nicht viel höher als zu sechs Procent nutzen würden, des großen Risiko dabei nicht zu gedenken. Aber doch beförderten diese Contrakte in der Folge den Untergang des Werks. Dabei bemerkt er noch, daß jetzt wöchentlich an achthundert Thaler aufs Werk gewendet und dabei dennoch jährlich 16384 Spezies Thaler Ausbeute gegeben würden.

Weimar erließ hierauf ein Communicat an sämmtliche dabei interessirte Höfe, die jetzt sichtbar über die von Utterodtische Verwaltung unruhig wurden. Es that dabei die Vorstellung, daß diese Rechnung nur generaliter behandelt werden möchte, da sie bei einer genauen kammermäßigen Revision wohl schwerlich würde bestehen können. Indessen wären doch die mehresten Herren Theilhaber überzeugt, daß Utterodt ein honetter Mann sey, sich nicht bereichert ja wohl von eigenen Mitteln zugesetzt habe, auch daß durch sein rastloses Bemühen von Rappold und andern Kapitalisten bis jetzt nicht viel weniger als zwei Tonnen Goldes negotiirt worden wären u. s. w.

Man willigte indessen doch in die neue Anleihe, doch wollten S. Gotha und S. Zeiz zuvor erst eine Uebersicht haben, wie die bisher aufgenommenen großen Summen verwendet und was in den nächsten drei Monaten an Geld noch etwa erforderlich seyn dürfte. Sie verlangten sogar, daß an jedes eine Hälfte der Rechnungen ausgehändigt werden möchte, wobei sie auch die Kupferkontrakte und Münzrechnungen einsehen wollten.

Es war schon eine Conferenz den 9. April und eine zweite den 18. Jul. 1697 ausgeschrieben gewesen, aber jedes Mal wiederholten beide ihr Anverlangen wegen Einsicht der Utterodtischen Rechnungen, ehe sie die Conferenz beschicken könnten. Auch sollte zuvor noch das Werk durch unparteiische Sachverständige befahren werden. Es geschahe dies offenbar aus Chikane, da beide wohl wußten daß eine solche Rechnung sobald nicht gefertigt werden konnte und bis dahin noch wenig daran hatte gethan werden können. Die Conferenz kam dadurch aber immer nicht zu Stande. Doch legte Hr. v. Utterodt in einem weitläuftigen Berichte vom 18. Jul. 1697 dar, in welchem Zustande er das Werk gefunden, was an demselben gethan worden und was noch daran gethan werden müsse, um es in vollkommenen Stand zu setzen. Er hofft, daß sich bei der nächsten Conferenz Mittel finden würden, die auf fünf Species gestiegene vierteljährliche Ausbeute fortzugeben, das ganze Werk aber in einen dauerhaften Zustand zu setzen und zu erhalten.

In den Beilagen giebt er vorerst die Summen der Einnahme und Ausgabe an, über die man billig erstaunen muß. Denn von Erhebung der beiden Werke an, nämlich vom Quartal Lucä 1680 bis zum Schluß des Quartals Trinitatis 1697, berechnet er die Einnahme auf 387214 Rthlr. 4 Gr. 6 Pf. worunter sich 45653 Rthlr. 8 Gr. befinden, so die Herren Gewerken an Ausbeute erhalten. Die Ausgabe war auf 369740 Rthlr. 14 Gr. angestiegen, wobei er 17473 Rthlr. zu berechnen schuldig blieb. An Schlegelschatz waren von Reminiscere 1692 bis Trinitatis 1694 1758 Rthlr. 21 Gr. 7 Pf. eingenommen worden, nämlich von einer Mark fein in zweidrittel Stücken 1 Gr. Von Groschen 6 Gr. und von Dreiern 12 Gr.

Hierauf folgt aber auch ein Verzeichniß von den Arbeiten, die unumgänglich noch gethan werden müßten, ehe das Werk zu seiner Vollkommenheit gelangen könnte und die auf 85380 Rthlr. angeschlagen werden.

Herr v. Utterodt bat nun dringender um Veranstaltung einer Conferenz, weil alles, was jetzt schriftlich nur unvollkommen dargestellt werden müßte, bei selbiger mündlich und in loco viel leichter und klarer zu zeigen seyn würde. Besonders würden wegen des öftern Aufschubes Hrn. Dr. Rappold und Consorten, die bis zur Conferenz alle Vorschüsse hätten leisten wollen, ganz stutzig und weigerten sich gegenwärtig auch nur noch einen Thaler zum Bergbau herzugeben. Dabei befürchtete er auch nicht ohne Grund, daß ein großer Theil der Bergarbeiter, deren Anzahl sich auf achthundert beliefe davon laufen würde; sobald er erführe, daß aus Geldmangel nicht würde ausgelohnt werden können. Es würde dies besonders gegenwärtig vom größten Nachtheil für das Werk seyn, da der vorgesetzte Zweck vor Winters nicht erreicht werden würde.

Da nun aber wenig Aussicht vorhanden sey, daß es sobald als erforderlich zu einer Conferenz kommen würde; so sehe er sich genöthigt, schriftlich folgenden neuen Modum um zu Gelde zu gelangen, vorzuschlagen, wie derselbe hier in seinen eigenen Worten mitgetheilt wird. „Wenn „die Herren Kupfer-Contrahenten dahin zu persuadiren, daß sie ihr jusquaesitum, da sie die „ersten 25000 Ctr. Kupfer haben sollen, den Herren Gewerken zum Besten soweit extendiren lassen wollten, daß sie entweder selbst noch auf 15000 Ctr. damit der Kupfer-Contrakt also in

„allem auf 40000 Ctr. käme, nach meinem Vorschlage Geld vorschössen oder solches andern zu „thun erlaubten und also diese 15000 Ctr. zugleich dergestallt in ihre Participation mit kommen „ließen, daß künftig die wöchentlich abliefernde Kupfer sie nicht in fünf und zwanzig sondern in „vierzig Theile zu vertheilen vergönnten, wodurch denn der Gewerkschaft dieser Vortheil zuwach„sen sollte, daß jede tausend Ctr. Kupfer der neuen funfzehntausend dergestalt anzubringen mir „getrauete, daß der Contrahent nicht nur tausend auf jedes tausend Ctr. Kupfer und so succes„sive wie beim ersten Contrakt durch den achtzehnten Thaler sich wieder bezahlen lassen, sondern „auch noch zu jedem Tausend dreitausend Rthlr. auf gewisse Jahre gegen sechs Procent vorschie„ßen sollte, daß also für diese 15000 Ctr. dem Werke 60000 Rthlr. Einnahme machte; als „15000 Rthlr. vor 15000 Ctr. Kupfer und auf jedes Tausend noch dreitausend Vorschuß auf drei, „vier oder mehrere Jahre, wie sich gegen sechs Prozent Versicherung aufs Bergwerk zu verglei„chen seyn möchte.

„Ob nun wohl 4 Herren Kupfer-Contrahenten auf diesen meinen Vorschlag sich nicht „gern einlassen wollen, indem sie vorgeben, daß, ehe 25000 Ctr. Kupfer abgeliefert werden könn„ten, lange Jahre dazu gehörten und inzwischen sich viel zutragen könnte, ja in wenig Jahren „wenn Friede und sodann wieder schwer Geld würde, die Kupfer bald auf achtzehn Thaler und „noch geringer herunter, wie vormals kommen würden; so wären sie sodann nicht nur auf „25000 Ctr. gebunden, sondern müßten die 15000 Ctr noch dazu nehmen und würde also der „von ihrem großen Hazart zu hoffen habende Profit, durch die lange Zeitverzögerung gänzlich „ihnen entzogen, Dennoch aber, weil sie allerseits starke Gewerken und selbst kein ander und „besser Mittel, indem das Werk ohne dergleichen gänzlich hülflos gelassen seyn würde, ausfinden „könnten, auch dem Werke gern geholfen wissen wollen, so zweifle nicht, daß sie hierunter wei„chen und gern mit vorstehenden Conditionibus die 15000 Ctr. einnehmen werden, zumal wenn „sie der Obligation erlassen würden, als worauf sie unter andern hauptsächlich bestehen, darin„nen auch wohl billig zu fügen, daß im Fall die Gaarkupfer so wohlfeil werden, daß der Ctr. „auf achtzehn Thaler oder darunter zeit währenden Contrakts der 4000 Ctr. fiele, sie die Gewerk„schaft in eum casum weiter nicht, als auf den wahrhaftigen Werth derselben gehalten seyen „sollten, worunter ihnen um so viel eher zu fügen, weil diese Besorgniß meines Vermuthens nicht „leicht sich ereignen dürfte.

„Gelanget dannenhero an Ew. Hochfürstl. Durchlaucht mein unterthänigstes Bitten," die„sen meinen ohnmasgeblichen Vorschlag des nächstens in Communication bringen zu lassen, da„mit ehestens mit Resolution versehen und dem Werke geholfen werden könnte. Ich hoffe, es „werde dieser mein Vorschlag gar leicht gebilliget werden, weil solche das Werk bei seinem Um„gange erhält, solches dadurch sich verbessert und die Ausbeute bei fünf Species Thalern, qua„taliter erhalten werden kann rc.

Um die Gewerken zu überführen, daß sie bisjetzt noch immer mit Vortheil gebaut hätten, wurde jedem eine Berechnung in folgender Form und gleichlautend übergeben, wovon die für den Herzog von S. Zeiz hier mitgetheilt wird.

„Der hochwürdigste Durchlauchtigste Fürst und Herr, Herr Moritz Wilhelm Herzog zu „Sachsen Jülich, Cleve und Berg, auch Engern und Westphalen postulirter Administrator des „Stifts Naumburg rc. hat zu dem hiesigen Bergwerk Zubuße auf funfzig Kure 7500 Thaler „bezahlen lassen. Hingegen haben Dieselben von Lucae 1693 bis und incl. Trinitatis 1697 „2400 Species Thaler Ausbeute empfangen, thun an Current 3200 Thaler. Nun sind die Kure

„werth 11250 Thaler, wie denn jeder Kux gern mit 225 Thalern bezahlt wird, ist also Profit „6950 Thaler.

Datum Ilmenau, den 20sten August 1697.

Weimar stellte nun den Herzogen von S. Gotha und S. Zeitz vor, daß man ein Werk das nahe an vier Tonnen Goldes gekostet, wegen der von ihnen prätendirten Abnahme der Utterodtischen Rechnung nicht in seinem Flor aufhalten könne und dürfe sondern aufs schleunigste Hülfe schaffen müsse. Daß es auch jetzo nicht sowohl auf Hoheit, (Vornehmheit) als auf die Anzahl der Gewerken und der Kuxe die sie baueten; ankäme und folglich keinem allein, sondern allen zugleich und in loco Rechnung abzulegen sey. Was also die Mehrzahl der Gewerkschaft besonders auch wegen dem neuen Utterodtischen Plane Geld herbei zu schaffen, belieben würde, würde man sich auch gefallen lassen müssen. Sie würden daher bei der ersten zu veranlassenden Bergwerks=Conferenz, wo sothane Rechnungen abgelegt werden würden, Jemand der Ihrigen, die sich vorher so viel und lange als gefällig in Ilmenau davon informiren könnten, abschicken. Es würde Weimar dabei nicht lieb seyn, wenn es in diesem und andern ähnlichen Fällen, so nicht die Hoheit und die davon abhängenden Jura, sondern aller und jeglicher Gewerken Interesse concernirten, genöthigt seyn sollte, wegen der diesen desfalls zustehenden Befugniß dasjenige was von dem größten Theile der Gewerkschaft für gut befunden werden möchte, auch ohne ihre Einwilligung, vermöge des ihm zustehenden Direktorii zu confirmiren.

Gotha und Zeitz willigten nun in die neuvorgeschlagene Anleihe und trugen selbst auf eine baldige Bergwerks=Conferenz an. Doch war Gotha über den sonstigen Inhalt des Weimarischen Communicats empfindlich und gab unter andern zu erkennen, daß es dem Bergbaue sogleich ein Ende machen könnte, wenn es den Berggraben durchhauen und ihn über Manebach nicht ferner durch sein Territorium gehen ließe.

Hierauf erfolgte den 7. Septbr. 1698 in Ilmenau eine Privatunterredung zwischen den Höfen S. Gotha, S. Zeitz und S. Weimar, wo präliminariter verabredet wurde, was auf einem nun festzusetzenden Gewerkentage verhandelt werden sollte. Auch wurde man dabei einig, statt der weitläuftigen Communicationen eine perpetuirliche Commission zu ernennen, welche auf Seiten des Direktoriums und der übrigen fürstl. Interessenten aus dem Geheimenrath von Schwarzenfels, dem Geheimenrath von Beust und dem Hofrath Mühlfort — auf Seiten der Gewerken aber aus dem Dr. Rappold oder einer andern beliebigen Person bestehen könnte.

Die vom Berghauptmann von Utterodt so oft in Erinnerung gebrachte Rechnung sollte durch Bergwerks= und Rechnungsverständige nach der Zahlwoche der bevorstehenden Leipziger Michaelis=Messe aufs genaueste untersucht, das Werk aber von den von ihnen mitgebrachten fremden Bergverständigen in Begleitung einiger ilmenauischen Officianten befahren und darüber ein Bericht eingereicht werden.

Zuerst wurde ein Anschlag verlangt, wie hoch sich bevorstehenden Winter über der Aufwand für sämmtliche Berg= und Hüttenwerke belaufen möchte? Nach eben diesem Anschlage belief sich derselbe wöchentlich über tausend Thaler. Der Fahr= und Grubenbericht wurde auch noch bei Anwesenheit der Abgeordneten überreicht und ist, da der Bergmeister von Saalfeld sich nicht zu der Befahrung einstellte, von einem gewissen Pabst und Thun unterzeichnet. Ein äußerst schlechtes Produkt, das bloß aus der Unterredung bei den Befahrungen zusammengesetzt zu seyn scheint! Die Verfasser sagen auch zum Schlusse selbst, daß ihr Bericht wohl ausführlicher hätte seyn sollen, aber in des Hrn. von Utterodt Berichten wäre schon alles enthalten und sie selbst machten auch keine Profession vom Bergbaue, sondern hätten nur einige Wissenschaft davon.

Und doch erfährt man aus diesem unvollkommenen Berichte Einiges, was bisher noch nicht berührt worden. Der obere Berggraben z. B., der aus den Freibächen über Manebach und den Gipfel der Sturmhaide nach Roda geleitet war, wurde zugleich als Flößgraben benutzt, um die Hölzer aus den Hinterbergen aufs Rodaische Werk zu bringen. Er war deswegen ganz mit Brettern ausgeschlagen, damit sich das Flößholz nicht stemmen konnte und gieng an der Sturmhaide hundert und zwanzig Lachter lang unter Tage in einem durch Porphyr gebrochenen Wasserlaufe. Seine Länge wird auf sechs Stunden angegeben, die auch wegen den großen Krümmungen, die an den Bergabhängen hier unvermeidlich waren, wohl herauskommen mögen.

An der Sturmhaide wurden auf neun Streben im Steinschachte die Schiefer einen halben Fuß, die Sanderze aber fünf Zoll hoch mitgenommen, was auch auf den acht Streben in der Gottesgabe geschahe. Hätte man damals schon Vorrichtungen zur Erzaufbereitung gehabt, so würden die Sanderze noch weit höher haben mitgenommen werden können. Endlich werden auch einige Differenzen mit dem Stadtrathe berührt und es scheint, daß man eine Factorei beabsichtigte, die auch das Brauen und Backen für die Knappschaft übernehmen wollte, ohne dabei vom Stadtrathe abhängig zu seyn. Eine Speculation, die gewiß sehr nachtheilig für die armen Bergleute ausgefallen seyn würde. Des untern Freibacher oder des großen Rödelsteiches wird in diesem Berichte noch keine Erwähnung gethan, woraus erhellt, daß er erst später angelegt worden.

Während dem war wieder ein ganzes Jahr verflossen, ohne daß es zu einer Conferenz gekommen wäre, daher auch wieder Geldmangel eingetreten war. Das Ausbringen war jetzt viel geringer, da die Rödlitzer Anbrüche und Erzbaue unter Wasser stunden und die Hüttenwerke nicht genug zu schmelzen hatten. Daher trug Hr. v. Utterodt unterm 10. September 1698 darauf an, abermals ein Capital von 60000 Rthlr. aufzunehmen. Weil die Sturmhaider Erze sich in jetziger Teufe silberreicher bewiesen, wie bisher und daher mehr Silber ausgebracht werden könnte meynte er; so könnte jede Mark Silber über die bisherigen $3\frac{1}{2}$ Thaler wohl noch mit noch einmal soviel beschwert werden. Wenn man nun die von Dato an fallenden ersten dreißigtausend Mark Silber mit $3\frac{1}{2}$ Rthlr. belegte, man eine von Jahr zu Jahre erfolgenden Einnahme von hundert und fünf tausend Rthlr. gegen Erlegung von sechzig tausend Rthlr. baaren Geldes daher wieder wegzunehmen wäre, oder mit andern Worten: man wollte jetzt sechzig tausend Thaler borgen und nach und nach hundert und fünf tausend Rthlr dafür wieder bezahlen, nämlich von jeder Mark $3\frac{1}{2}$ Rthlr. Herr v. Utterodt hielt dies deswegen für ganz billig, weil der Darleiher die Zeit erwarten müßte, bis er wieder zu seinem Capitale käme, das Risico übernehmen und das Capital ohne Interesse stehen lassen müsse, das liebe Bergwerk aber ohne Jemandes Zuthun unvermerkt die hundert und fünf tausend Rthlr. nach und nach wieder abführen und aus sich selbst bezahlen könnte.

Die Genehmigung zu dieser neuen Anleihe erfolgte sehr bald und die Sache hatte wieder ihren guten Fortgang. Den 20. März 1699 wurde von einer Commission untersucht, woher der bisherige Mangel an Kohlen und Aufschlagewasser entstanden wäre? Sämmtliche Dienerschaft ward dazu eingeladen und ihre einstimmige Aussage war, daß der letzte harte und anhaltende Winter beides veranlaßt hätte. Es wurden bei dieser Gelegenheit von dem Hrn v. Utterodt noch Vorschläge gethan, was zum Besten des Werks noch unternommen werden müßte und Hr. Dr. Rappold versprach am Ende noch alles anzuwenden, um das Bottendorfer Werk für hiesige Gewerkschaft zu erhandeln, weil die dortigen Kupfer die Ilmenauischen sonderlich verbessern sollten. Ein Plan, der ungemein viel sonderbares hatte, der aber nicht ausgeführt worden zu seyn scheint.

Doch wurden damals die Bottendorfer und Sangerhäuser Schwarzkupfer gegen einen gewissen Hüttenzins hier geseigert.

Man wird nicht wenig überrascht in einem Schreiben des Herzogs von Weimar an S. Gotha und S. Zeitz zu finden, ohne daß vorher davon mit einer Silbe gedacht worden, daß der Bau des großen Rödelsteichs im Jahre 1701 seinen Anfang nahm. Er gehört mit zu den wichtigsten und kostbarsten Unternehmungen, die beim ganzen Bergbaue vorfielen. Man erfährt dies bei der Gelegenheit, daß Weimar S. Gotha und S. Zeitz anzeigt, daß es einige hundert Mann Soldaten nach Ilmenau abschicken würde, um die Verfertigung des Unterfreibacher Teiches und des aus demselben zu leitenden Berggrabens zu beschleunigen. Sie würden nicht als Soldaten, sondern als gemeine Handarbeiter ihre Territoria betreten. Beide ließen es sich gefallen, doch behielt sich Gotha vor an dem Berggraben über Manebach, einen Theil seiner eigenen Miliz arbeiten zu lassen. Wahrscheinlich wurde damals auch der Graben in Arbeit genommen, der sowohl in Rücksicht der Flöße als auch zur Verstärkung der Aufschlagwasser aus der Schorte herübergeführt wurde und den man auf dem Wege nach Stützerbach zu passiren hat. Wenigstens wird er noch jetzt der Soldatengraben genannt. Er scheint aber nicht gebraucht worden zu seyn und soll die Wasser nicht gehalten haben.

Im December 1700 brachten die Sächsischen Höfe von neuem in Anregung, daß doch aufs baldigste die v. Utterodtischen Rechnungen untersucht werden möchten, da nicht eher eine Conferenz zweckmäßig gehalten werden könnte. Weimar antwortete hierauf, daß nur von jedem einige gute und bewährte Rechnungsverständige zu diesem Zwecke nach Ilmenau abgeschickt werden möchten, wo ihnen sogleich alles behufige vorgelegt werden sollte. So lieb man den thätigen und besorgten Hr. v. Utterodt haben muß, so ist doch unverkennbar daß er in diesem Falle und vielleicht zu seinem großen Nachtheil fast zu sehr protegirt wurde, indem man auch selbst kein gutes Zutrauen zu dieser Rechnung zu haben schien und dennoch die Untersuchung derselben nicht beförderte.

Unterm 27. Mai 1702 wurden drei Verordnungen an den Berghauptmann v. Utterodt ausgefertigt. In der ersten wurde ihm aufgegeben, auf die vorräthigen Kupfer drei tausend Rthlr. aufzunehmen und an die Contrahenten zu bezahlen, dagegen aber die Kupfer so hoch als möglich an Mann zu bringen suchen. Es scheint, daß man befürchtete dieselben zu achtzehn Rthlr. für den Ctr. zu wohlfeil an die Contrahenten überlassen zu haben und jetzt hinter den wahren Preis derselben kommen zu wollen. In der zweiten erhält er Befehl, wenn bei dermaligen bekannten Malheur des Kammerraths Rappold Arrest an dessen Bergtheilen gesucht werden sollte, dergleichen als dem Privilegio und dem herrschaftlichen Interesse zuwider nicht anzunehmen, sondern die Creditoren an das Direktorium zu verweisen. Dies läßt wohl auf nichts anderes als auf ein Wanken des Rappoldischen Hauses schließen; doch ist der Kammerrath Rappold nicht mit dem Dr. Rappold zu verwechseln. In der dritten wird Hrn. v. Utterodt aufgegeben, allen Fleiß anzuwenden, aufs Beste des Bergwerks zu sehen und dasselbe zu erhalten. Dieses veranlaßte seinerseits neue Vorschläge was noch zu thun sey, um den Bergbau in vollkommenen Stand zu setzen. Es ist ihnen zugleich ein Kostenanschlag beigefügt, der sich auf 27720 Rthlr. beläuft. Da er kurz gefaßt ist, so kann er hier nur wenig abgekürzt mitgetheilt werden und einen Ueberblick über die Lage der ehemaligen Schächte gestatten.

Vor allen Dingen heißt es darin, müsse der tiefe Martinröder Stollen, ohne weitern Aufschub nicht nur bis ins Rödlitzer Werk, sondern auch bis in die Sturmhaide fortgesetzt werden, nämlich:

Vom Gottlob oder dem 15. Lichtloche aus bis ans Neue=Jahr, von wo ein Gegen=ort anzusitzen 170 Lachter a 10 Rthlr. . . . . 1700 Rthlr.
Vom Neuen=Jahr bis Gott segne beständig, 80 Lachter, a 10 Rthlr. . . . 800 —
Vom Gott segne beständig bis Segen Gottes, 59 Lachter, a 10 Rthlr. . . . 590 —
Vom Segen Gottes bis Vertrau auf Gott, 160 Lachter, a 10 Rthlr. . . . 1600 —
Vom Vertrau auf Gott bis Getreuer Friedrich, 253 Lachter, a 10 Rthlr. . 2530 —
Vom Getreuen Friedrich bis König David, 190 Lachter, a 10 Rthlr. . . . 1900 —
Vom König David bis Johannes, 220 Lachter, a 10 Rthlr. . . . . . . 2200 —
Vom Johannes bis Eckhard *), 212 Lachter, a 10 Rthlr. . . . . 2120 —
Vom Eckhard bis Gott hilft gewiß, 94 Lachter, a 10 Rthlr. . . . . . . 940 —
Vom Gott hilft gewiß bis Wilhelm Ernst, 40 Lachter, a 10 Rthlr. . . . . 400 —
Vom Wilhelm Ernst bis Gottesgabe, 80 Lachter, a 10 Rthlr. . . . . . . 800 —

Ferner waren noch abzusinken:

Das Neue Jahr, 12 Lachter, wird sammt der Kunst kosten . . . . 250 —
Der Getreue Friedrich, 13 Lachter, das Lachter zu 30 Rthlr. . . . . . 390 —
Der König David, noch 56 Lachter, (also fast vom Tage nieder) a 50 Rthlr. incl. der Kunst . . . . 2800 —
Der Johannes, von gleicher Teufe . . . . 2800 —
Der Eckard, wie obige . . . . 2800 —
Gott hilft gewiß, ist mit dem Vorgesümpfe noch 26 Lachter bis aufs Flötz nieder zu bringen, das Lachter a 50 Rthlr. . . . . 1300 —
Der Wilhelm Ernst ist mit dem Vorgesümpfe noch 36 Lachter abzusinken, a 50 Rthlr. . . . . 1800 —

Dabei bemerkt Hr. v. Utterodt noch:

„Ob nun schon dieses ein groses Stück Geld machet, so sind doch folgende Nutzungen „dargegen zu halten, 1) daß mit diesem Stollen dem ganzen Werk vollkommen geholfen und „bei der Sturmhaide sieben Wasserkünste abgehen. 2) eine große Erzförderung geschehen und „dadurch 3) die großen Capitalien abgeführt und endlich 4) die sämmtliche resp. hochlöbliche Ge=„werkschaft einer stattlichen Ausbeute zu erfreuen hat, da hingegen wenn diese vorbeschriebene Ar=„beiten noch nachbleiben sollten, so ist vor menschlichen Augen nicht anders als Schaden zu ge=„warten ꝛc."

Das ist nichts weniger, als ein guter Trost, nachdem schon weit über vier Tonnen Goldes aufgewendet worden waren. Hätte man dem ersten Plane gemäß, gleich Anfangs den Stollen ins Rödlitzer Werk fortgebracht, die Sturmhaide noch ruhen lassen und nicht zu früh Ausbeute gegeben gewiß, man würde sich besser dabei gestanden haben.

---

*) Die Binge von diesem Schachte ist gegenwärtig der zur Porzellanfabrik gehörige Fischteich.

Diesem Gutachten folgt ein noch ausführlicheres, das aber nicht wohl eines Auszugs fähig ist. Es gehet daraus hervor, daß fast sämmtliche Schächte des Rödlitzer Werks, ehe der Stollen mit demselben durchschlägig wurde, nur bis aufs Schieferflötz seiger, hernach aber flach, dem Fallen des Flötzes nach niedergiengen. Die Gestänge mußten also gebrochen werden und auch beym Treiben hatte man viel Beschwerlichkeiten. In diesem Gutachten wurde daher auch mit in Anschlag gebracht, die Schächte bis in die Stollenteufe vollends seiger niederzubringen und von da mit Querschlägen nach dem Schieferflötz hinüber zu gehen, wodurch freilich große Vortheile zu erreichen waren, daher es auch auf alle Fälle ausgeführt werden mußte. Auch sollten die Teiche und Kunstgraben in solchen Stand gesetzt werden, daß bei Fluthen kein Schaden, bei trockener Witterung aber kein Mangel zu befürchten stände.

Wenn alle diese Arbeiten ausgeführt seyn würden, sagt Hr. v. Utterodt, so könnten binnen vier Jahren aus zehn Schächten Erze gefördert werden und es sey leicht zu erachten, was für ein herrlicher Segen dadurch zu erlangen wäre. Er giebt dabei auch Mittel an, wie man das Alles ausführen könne, ohne neue Capitalia aufzunehmen, wobei dennoch auch Hr. Dr. Rappold wieder zu seinem gutherzig gethanen starken Vorschuße gelangen konnte. Man könne nämlich auf die von S. Zeitz acquirirte Waldung zwanzig tausend Thaler aufnehmen und versuchen, Hrn. Dr. Rappold dahin zu vermögen, daß er von den Contrakten abgienge und sein Capital verzinset nähme, wobei man den Verkauf des Kupfers, dessen Preis auf vier und zwanzig Thaler gestiegen wäre, selbst übernehmen wolle.

Freilich war dieses Capital bis 1702 auf 610488 Rthlr. angewachsen, wobei auch von Lucä 1693 bis Reminiscere 1702 auf 1024 Kuxe über zwei Tonnen Goldes Ausbeute gegeben worden wären. Auf die Aeußerung einiger Gewerken, daß zu viel für Besoldung aufgienge, wurden einige Einschränkungen gemacht, wobei Hr. v. Utterodt freiwillig erklärte, daß er statt zwanzig Rthlr. wöchentlich in Zukunft mit zwölf Rthlr. zufrieden seyn wollte.

In einem sehr ausführlichen Berichte vom 25. April 1702 führt Hr. von Utterodt an, was er bisher zum Besten beider Werke ausgeführt hätte. Er habe nicht nur die Schächte tiefer niedergebracht und die Erzbaue erweitert, sondern auch die Teichdämme erhöhet und die Kunstgräben verlängert und erweitert, wobei er auch nicht umhin gekonnt hätte, noch einen sehr großen, auf hundert Acker haltenden Teich stoßen zu lassen, welcher mit wenigen Kosten vollends in Stand zu setzen wäre. Dies ist also der untere Freybacher oder sogenannte große Rödelsteich, dessen bisher noch nicht erwähnt worden und der in der Folge durchbrach und das Ende des Bergbaues beschleunigte. Ingleichen habe er auch andere Gräben fertigen lassen, um sowohl die Floßhölzer aus der Schorte herüber zu bringen, als auch die Wasser dieses Gebirgsgrundes für den Bergbau zu benutzen. Auch dieser Graben ist auf dem Wege nach Stützerbach noch sichtbar und oben unter dem Namen des Soldatengrabens berührt worden.

Durch diese Vorbereitungen seyen nun die Werke in einen solchen Stand gesetzt worden, daß, wenn sie nur noch mit einigem Vorschuße secundirt würden, die bisher verspürte Besserung sich immer mehr hervorthun würde. Dies sey auch daraus abzunehmen, daß auf dem Rodaischen Zuge die Grube: Segen Gottes, wenn sie gehörig belegt würde, allein vier Hohöfen mit Schiefern und Sanderzen fördern könne, welche gegenwärtig so edel und in solcher Menge anständen, daß mit einem Hohofen wöchentlich fünf Ctr. Gaarkupfer gemacht würden, die sieben und eine halbe Mark Silber hielten. Wenn seinen wohlgemeinten Vorschlägen gefolgt würde, so würde sich der ganze Zug von Roda bis zur Sturmhaide so gesegnet und ergiebig beweisen, daß die bisher aufgewendeten Kosten gegen die nunmehr zuverlässige Einnahme, in keine Consideration mehr zu ziehen wären. Auf den Kunstgräben könnten viele hundert tausend Klafter

Holz mit geringen Kosten herein geflößt werden, woraus erhellte, daß sich die darauf verwendeten Kosten schon dadurch wieder compensiren würden, vieler anderer Vorbereitungen nicht zu gedenken.

Schon unterm 30. August des nämlichen Jahres erhielt Hr. v. Utterodt Verordnung, alles, was er vorgeschlagen, in Erfüllung bringen zu suchen und darüber fernern Bericht zu erstatten.

In der bisherigen Manier hatte nun der Bergbau seinen Fortgang unter Sorge und des beträchtlichen Ausbringens an Silber und Kupfer ungeachtet unter Geldnoth und die Verwirrung wurde immer größer. Hierzu gesellte sich noch Zwietracht und Uneinigkeit. So veruneinigte man sich z. B. einstmals über den Gebrauch hoher und niedriger Kunstsätze und es entstand darüber ein weitläuftiger Prozeß, den eine Kaiserl. Commission noch beendigen mußte und der der Gewerkschaft an vierzig tausend Rthlr. gekostet haben soll. Unter den Gewerken sowohl, als unter den Dienern entstanden Parteyen, die dem Werke sehr nachtheilig waren. Selbst unter den fürstl. Hrn. Theilhabern entstanden Rang- und andere Streitigkeiten und bei mehr als einer Conferenz giengen die Abgeordneten unverrichteter Sache auseinander, was auch dagegen gethan und von Seiten des Directoriums nachgesehen werden mochte. Die Contrahenten hatten sich mehr Einfluß zu verschaffen gewußt, als ihnen zukam und der Betrieb des Bergwerks kam fast allein in ihre Hände, welches der Gewerkschaft zum größten Nachtheil war.

Doktor Rappold, der das Werk immer so thätig mit Geld unterstützt hatte, fallirte, woraus viele Verdrießlichkeiten entstanden und der brave, thätige Berghauptmann von Utterodt lebte auch nicht lange mehr.

Durch diesen Todesfall veranlaßt, ersuchte das herzogl. Direktorium in Weimar 1704 den Zehendner Pfeffer zu Zellerfeld, das Werk zu befahren, durch dessen Empfehlung die Leitung des Bergbaues in die Hände eines gewissen Georg Reichard Keller kam, der den 26. Januar 1705 seinen Dienst antrat. Er hatte als Steiger in Zellerfeld gestanden, hatte so gute Kenntnisse vom Bergbaue und wußte sich so geltend zu machen, daß er bald bis zum Bergmeister avancirte und endlich gar das Prädicat eines Bergdirektors erhielt. Er führte nach und nach alles das aus, was Hr. v. Utterodt zum Heil des Bergbaues vorgeschlagen hatte. Dabei war er aber doch nicht frei von dem Fehler vieler gemeiner Menschen. Er tadelte und verwarf Alles was sein Vorfahre, der Berghauptmann v. Utterodt gethan und veranstaltet hatte und dadurch entstanden wieder zwei Partheyen, die Utterodtsche nämlich und die Kellerische, die einander immerfort in den Haaren lagen. Doch wurde Keller am 15. Dezember 1719 auf Veranlassung einer eben in Bergwerks-Angelegenheiten anwesenden Kaiserlichen Commission arretirt und bis zum 24. Febr. 1720 Tag und Nacht von einem Unteroffizier und zwei Gemeinen bewacht. Endlich wurde er nach dreizehnjähriger Dienstzeit dimittirt und suchte nun sein weiteres Glück in Temeswar*).

Während dem ließ er sich zwar durch die Schrift: Gründliche Nachricht 2c. die oben ihrem ganzen Titel nach angezeigt worden ist, vertheidigen, es erfolgte aber auch bald eine

---

*) Der Sohn von dem Bergdirektor Keller kam als Geheimer Secretär bei den Herzog Ernst August von Weimar in Dienste. Er verließ dieselben aber plötzlich und kam im siebenjährigen Kriege als Preußischer General wieder zum Vorscheine. Er war der damalige berühmte Commandant von Leipzig und spielte in jenem Kriege überhaupt keine unwichtige Rolle.

Widerlegung in der Schrift: der Ilmenauischen Gewerken nöthige Anmerkungen &c. die ebenfalls oben angezeigt ist, und von der ein gewisser Ehrenberg der Verfasser gewesen seyn soll. Diese Widerlegung ist ganz gründlich abgefaßt, ob wohl auch nicht zu leugnen ist, daß Keller das Werk in der größten Unordnung angetroffen haben mag. Das Sturmhaider Werk ließ er 1706 ganz wieder eingehen. Die Schächte und Baue brachen zusammen, und Holz- und Eisenwerk von den Maschinen wurde von ihm verkauft. Nachdem er aber 1717 mit dem Stollen in die Sturmhaide durchgeschlagen hatte, fing er an, dieses Werk wieder zu gewältigen und neue Maschinen in dasselbe zu bauen.

Einer von den Vorwürfen, die Kellern wegen seiner Großsprechereien gemacht wurden, besteht darin: daß sogleich mit seinem Antritte das Ausbringen geringer gewesen wäre als beim Abgange des Berghauptmanns von Utterodt im Jahr 1705. In diesem, als dem letzten vor Kellers Antritt, war es, nach einem genauen Auszuge aus den Hüttenrechnungen vom 1. Jan. bis 18. September

433 Mark 15 Loth 3 Quentch. 2 Pf. Silber a $11\frac{2}{3}$ Rthlr.	5063 Rthlr.	6 Gr.	— Pf.
324 Ctr. $55\frac{1}{2}$ Pfd. Kupfer a 23 Rthlr.	7464 —	18 —	— —
Ferner: vom 19. Sept. bis ult. Dezember			
186 Mark 13 Loth 2 Quentch. 2 Pf. Silber a $11\frac{2}{3}$ Rthlr.	2179 —	22 —	6 —
119 Ctr. 62 Pfd. Kupfer a 23 Rthlr.	2752 —	6 —	6 —
Summa	17460 Rthlr.	5 Gr.	— Pf.

Im ersten Jahre nach Kellers Antritte, war es nur 11901 Rthlr. 12 Gr. 10 Pf. und folglich um 5558 Rthlr. 16 Gr. 2 Pf. geringer gewesen. Außerdem mußten aber auch die Herrn Verleger noch bis zum 1. Jul. 1710 137718 Rthlr. 17 Gr. 5 Pf. zubüßen, so daß der Receß in diesen wenigen Jahren auf 107840 Rthlr. 23 Gr. 8 Pf. anwuchs.

Keller betrieb indessen das Werk mit unglaublicher Gewalt und forcirte besonders den tiefen Martinröder Stollen und mit ihm das zehn Lachter höher befindliche Nasse-Ort, (das beim Rodaischen Werke nur als Wasserstrecke gedient und seinen Anfang bei dem Schachte Neujahr, genommen hatte, jetzt aber um die Wetter fortzubringen, mit dem Stollen zugleich betrieben wurde) mit Oertern und Gegenörtern, um nur recht bald damit ins Sturmhaider Werk zu kommen. Den 7. Dezember 1706 brachte er den Stollen ins Rodaische Werk. Nur geschahen alle diese Arbeiten nicht immer mit der größten Vorsicht und Genauigkeit, indem die Gegenörter nicht immer trafen und dem Stollen zu viel Ansteigen, nahe an funfzehn Lachter gegeben wurde. Oft trat Wettermangel ein, daher die Gesenke vom Nassen-Orte auf den Stollen nieder, größtentheils im Finstern getrieben worden seyn sollen. Das Gegenort vom Getreuen Friedrich, nach dem Vertrau auf Gott, war anderthalb Lachter zu hoch angesetzt und noch jetzt hört man das Rauschen, wenn man noch viele Lachter von diesem Durchschlage entfernt ist. Dennoch ließ Keller eine Gedächtnißtafel mit folgender Aufschrift dabei aufrichten:

> Allhier ist der Durchschlag gemacht den 16. Febr. 1712. Georg Reichard Keller, jetziger Zeit Bergdirektor. Joh. M. Aumeis, Geschworner. Friedrich Rodax, Geschworner &c.

Um zu zeigen, wie jene Herren sich vertheidigten und einander widerlegten, mag folgender kurzer Auszug dienen. Keller rühmt S. 24 die hier erwähnten Arbeiten folgendergestalt: „Wie viele Zeit ich dadurch gewonnen, ist leicht zu erachten, wenn man nur meine Mühe und „Arbeit, auch den großen Hazard, welchen ich über mich genommen, so vielfältige Oerter „gegen einander anzusetzen ohne einen Markscheider zu haben, wie leicht hätte ein Ort fehlen „können, so wären die andern alle umsonst gewesen und dennoch habe ich das Werk, Gott sey „Dank! glücklich vallführt und die Durchschläge so glücklich getroffen, daß der Stollen nicht ein „Viertellachter zu viel Fall bekommen, da man doch gar leicht fehlen und die Instrumente trü„gen können rc.

In der Gegenschrift wird aber bewiesen, daß 1709 allerdings ein Markscheider mit Namen Georg Andreas Schmied dagewesen und nach den Bergrechnungen wöchentlich zwei Thaler erhalten hat. „Wie glücklich er aber diese Durchschläge gemacht, heißt es ferner „und wie die Gegenörter so glücklich getroffen haben, will der Durchschlag, so zwischen dem Ver„trau auf Gott und dem Getreuen Friedrich, so im März 1712 geschehen, nicht beweisen; denn „derselbe war vom Getreuen Friedrich an anderthalb Lachter zu hoch angesetzt, gestalt denn das „der schöne Spektakel noch vor Augen und mehr als zu viel aus den zwei und mehr Lachter „hohen Thürstöcken zu sehen.

Unwahr und lächerlich ist, wenn Keller S. 23 erzählt — er habe ein Stollort von dem Neuen Jahre nach Gott segne beständig getrieben und hier etliche Oerter gefunden, wovon das eine ein Paar Lachter zu hoch, das Andere aber ein Paar Lachter zu tief gestanden hätte. Wie wäre das möglich gewesen, ohne daß er mit seinem Orte selbst ein Paar Lachter zu hoch, das andere Mal aber ein Paar Lachter zu tief gekommen wäre? In dieser Manier schildert er nun den Zustand, in welchem er die Sturmhaider- und Rodaischen Werke angetroffen mit den grellsten Farben, rühmt dabei seine Verdienste und Fähigkeiten so übertrieben und sucht auf des Hrn. v. Utterodts Verdienste so starke Schatten zu werfen, daß man seinem Gegner gern beypflichtet, wenn er die meisten seiner Angaben theils widerlegt, theils lächerlich findet. Indem z. B. Keller pag. 17 seine großen Thaten rühmt, setzt er ihm entgegen, daß die Herren Verleger, (ungeachtet des starken Silber- und Kupferausbringens) im Jahre 1707 53766 Rthlr. und 1708 56373 Rthlr. zum Verlag hätten hergeben müssen, da auf eine Woche über tausend Thaler Unkosten gekommen.

Da Keller auch pag. 18 die Frage auswirft, ob wohl Exempel vorhanden, wo in so kurzer Zeit so viel Reparatur, neue Schächte und Oerter verfertigt, in die Teufe abgesunken u. s. w. so äußert der Gegner, die Gewerkschaft habe billig auch zu fragen ob Exempel vorhanden wären, daß in so kurzer Zeit ein so übergroßes Geld auf ein Bergwerk wie das Ilmenauische, verwendet und doch der Zweck nicht erreicht worden sey. Ingleichen, ob Exempel vorhanden, daß ein Bergbeamter in so kurzer Zeit ein so merkliches und hervorstechendes Vermögen vor sich brachte?

Den 24. Dezember 1715 wurde der Rodaische Bergbau oder das Rödlitzer Werk ganz eingestellt, und unter dem Stollen alles herausgerissen, was noch brauchbar war. Die Veranlassung hierzu erfährt man nicht, im Gegentheil hat Keller sich noch kurz zuvor gerühmt, daß er noch jede Woche für vier Hohofen, Schiefer und Sanderze aus demselben liefern wollte. Der Stollen selbst aber nebst dem Nassen-Orte, wurden mit verdoppelten Eifer fortgesetzt, worauf man auch im Sommer 1717 mit den Schächten: Gott hilft gewiß und Herzog Wilhelm Ernst durchschlägig wurde. mit den Stollen aber weiter auf den Schacht Gottesgabe losgieng. Hier leistete

Keller wirklich viel und besonders auch deswegen, daß er den Stollen vom Getreuen Friedrich bis in die Sturmhaide, einer Distanz vor mehr als sechshundert Lachtern (die er selbst aber auf zwölfhundert Lachter angiebt,) ohne Lichtloch fortbrachte. Freilich müßte dieser Bau auch enorme Kosten verursachen, denn er trieb den obern Stollen, nämlich das Nasse-Ort beständig mit dem Martinröder Stollen fort. Sobald die Wetter zu stocken anfiengen, wurde ein Gesenke vom Nassen-Orte auf den Stollen niedergebracht, wodurch der Wetterwechsel wieder befördert wurde. Man hatte zwölf solcher Gesenke nöthig gehabt, jedes zu eilf Lachter Tiefe, beträgt hundert und zwei und dreissig Lachter. Diese Gesenke wurden auch fünf Lachter vom Stollen abgesetzt, was wieder unten und oben zehn Lachter, in Summa also hundert und zwanzig Lachter Ort ausmachte. Hierzu noch die Förderung bis unter den Getreuen Friedrich, die am Ende bis zu sechs hundert Lachter anstieg, welche Summe mußte dies erfordern! Dabei hatte er auch Wetter-Lutten, denn die Wetter fielen aus den obern Stollen auf den untern herab. Hier wurde ihnen durch Wetterthüren der Ausgang versperrt und sie wurden in die Lutten gezwungen. Die Gesenke aber wurden alle wieder verstürzt.

Damals schmelzte man immer mit vierzehn Hohöfen, und brachte dabei eine sehr beträchtliche Menge Silber und Kupfer aus. Dieser bemächtigten sich aber gleich die Contrahenten und hatten allein den Profit davon. Daher trieben sie nur immer, daß viel von diesen Metallen gemacht wurde, ohne sich drum zu bekümmern, ob es mit Vortheil oder mit Nachtheil für die Gewerken geschehe und so arbeitete man immer dem Ruin eines Werks entgegen, das sich bisher so vorzüglich bewiesen hatte.

Nach Kellers Abgange wurde das Werk von einem gewissen Ehrenberg administrirt, wobei aber doch die Verwirrung, die einmal herrschend geworden war, mehr zu- als abnahm. In einem Schreiben der Gewerken an den Herzog von Weimar vom 29. August 1718 wird angeführt, daß über die aus dem Werke gezogene Silber- und Kupfernutzung das Werk schon über eine Million Thaler gekostet habe. Damals bestand die Gewerkschaft aus drei tausend und zwei und siebenzig Kuxen.

Im Jahre 1728 starb der Herzog Wilhelm Ernst von Weimar, der sich durch seine ganze Regierung hindurch thätig für das Werk gezeigt und sich für dasselbe aufgeopfert hatte, um es nicht sinken zu lassen. Sein Nachfolger war Herzog Ernst August, ein Sohn seines Bruders Johann Ernst, ein sehr kluger und feuriger Herr. Dieser überzeugte sich sehr bald, daß auf diese Weise das Werk nicht lange mehr bestehen könnte. Um dem Falle vorbeugen zu können, wünschte er in die Contrakte einzutreten, die die damalige Gewerkschaft mit der Freyin von Gersdorf, als der wichtigsten Theilhaberin und Contrahentin, in Rücksicht des Kupfer- und Silberverkaufs abgeschlossen hatte und prätendirte als Dominus territorii den Verkauf. Ja seine Absichten schienen gar auf den Alleinbesitz des ganzen Werks hinaus zu gehen, welches von dem erwünschtesten Erfolg für dasselbe gewesen seyn würde. Es wurden daher Befehle gegeben, besonders die Seigerhütten-Rechnungen aufs genaueste durchzugehen und Auszüge davon einzuschicken. Ferner sollte auch über den Zustand des Werks einberichtet und angegeben werden, wie stark das Personale dabei sey, wie hoch sich die Dienerbesoldungen jährlich beliefen, wie viel seit dem Gersdorfischen Contrakte Kupfer und Silber gemacht und wo solches hin verwendet worden, wieviel Silberblicke jährlich gemacht würden? u. s. w.

Hierauf berichtete die herzogl. Cammer: 1) daß Sr. Durchlaucht mit zwei und siebenzig Kuxen beim Werke interessirt wären. Die Königin von Pohlen und Churfürstin von Sachsen aber acht und des Königs Frau Mutter, die Churfürstin von der Pfalz ebenfalls acht Kuxe gehabt habe, welche sechzehn Kuxe an den Stadtrath in Leipzig verkauft worden. Sr. Durchlaucht, der Herzog Wilhelm Ernst, habe dem Cammerrath Rappold soviel vorgeschossen, daß mit den verfallenen Interessen, die Summe über 250000 Rthlr. betragen dürfte — auf dem Bergwerke überhaupt aber hafteten an anderthalb Millionen Rthlr. Passivschulden, so vom Cammerrath Rappold, Winkler, Eckhold, Richter und Andern darein verwendet worden.

Das Bergamt beantwortete die ihm vorgelegten Fragen folgendergestalt: 1) würden, wenn mit zehn bis zwölf Rohfeuern geschmolzen würde, wöchentlich ein bisweilen aber auch in zwei Wochen drei Silberblicke gemacht, die 2) gewöhnlich zwischen zwanzig und dreißig Mark am Gewicht hätten. 3) Die Freyin von Gersdorf bezahle für jede Mark Silber eilf Thaler, für jeden Ctr. Kupfer aber zwei und zwanzig Rthlr. 4) Sey ihnen unbekannt, an wen und wie theuer sie Silber nnd Kupfer weiter verkaufe, weil nicht hier, sondern auf auswärtigen Handelsplätzen durch ihre Faktors Rechnung darüber geführt würde. 5) Das Silber würde nach der hiesigen Quardeins-Instruktion auf funfzehn Loth sechzehn Grän Feine gebrannt. Von 1733 bis Schluß, N. 10. Woche des Quartals Luciä 1735 seyen nach Abzug der Seigerkosten aus der Rohhütte zur Seigerhütte geliefert worden 2886 Mark und 14 Loth Silber und 3066 Ctr. 14½ Pfund Kupfer.

Die Seigerhütten-Officianten, die allein von der Freyin v. Gersdorf abhiengen, entschuldigten sich mit ihrer geleisteten Pflicht, nichts zu verrathen, was ihre Dienste beträfe und versicherten, daß sie nicht wüßten und nicht wissen könnten, wie theuer ihre Principale das Kupfer und Silber verkauften, daß sie auch ihre Rechnungen bereits eingeschickt hätten und sie keine Extrakte davon liefern könnten, doch überreichten sie einen Extrakt von den letzten drei Jahren, der mit dem so eben mitgetheilten vollkommen gleichlautend ist.

Wer wird nicht mit Verwunderung die Summen ansehen, die aus diesem wichtigen Werke genommen wurden, wem wird aber auch nicht unbegreiflich scheinen, daß bei solchem Ausbringen das Werk dennoch nicht bestehen konnte und überdies noch mit so großen Schulden belastet war! Eine Ursach davon dürfte wohl der große Aufwand seyn, den Teiche, Kunstgräben, Maschinen, der Stollenbetrieb und überhaupt der Bergbau erforderten. Es ist oben berührt worden, daß man wöchentlich allein tausend Thaler auslohnte. Die Seigerhütte soll allein hundert tausend Rthlr. gekostet haben, und was für Summen giengen nicht für Gruben und Kohlhölzer auf, die aus ziemlichen Entfernungen zusammengeschleppt werden mußten. Man kann rechnen, daß in den Rohhütten, in der Seigerhütte und auf den Röstplätzen jährlich allein an dreißig tausend Klafter aufgiengen. Und wie wurde dabei gewirthschaftet! Eine zweite Ursach und zwar die hauptsächlichste lag in den Metall-Contrakten. Eine dritte endlich dürfte nicht schwer in dem Betriebe und in der Behandlung eines Werks liegen, das sich bey besserer Wirthschaft und genauerer Einrichtung zu einem hohen Range hätte emporschwingen können.

Herzog Ernst August sah dies alles vollkommen ein, allein die Gemeinschaft stand ihm im Wege, die Sache auf einen bessern Fuß zu setzen, daher auch der Wunsch, mit den übrigen Herren Theilhaberen eine Uebereinkunft zu treffen und allein darüber disponiren zu können, höchst gerecht und für das Werk höchst heilsam war. Um sich zuvor auch eine vollkommene Kenntniß von dem Zustande und der bergmännischen Behandlung des Werks zu verschaffen und zu erfahren, was man sich für die Zukunft davon versprechen könnte, erbat er sich von dem Herzog von Braunschweig, den damaligen Viceberghauptmann von Imhof zu Cellerfeld um von demselben eine treue und vollständige Schilderung davon zu erhalten, zugleich aber auch ein Gutachten, wie demselben geholfen werden könne.

Dieser Herr von Imhof kam auch wirklich den 13. May 1736 mit dem Hüttenfaktor

Behr in Ilmenau an. Er war zu damaliger Zeit in allem Betracht ein Bergverständiger vom ersten Range, daher sein Gutachten auch als eins der vorzüglichsten Aktenstücke zu betrachten ist, das vom alten Ilmenauer Bergbaue auf uns gekommen ist. Der Bergmeister Behr, den er als den geschicktesten Bergbedienten vom Leder auf dem ganzen Harze schildert, wurde auf der Reise krank und konnte, was sehr zu beklagen an dem ganzen Geschäfte keinen Theil nehmen. Von den damaligen Ilmenauischen Bergbedienten waren dem Hrn. v. Imhof besonders der Berginspektor Trommler und der Bergrichter Krieger zur Seite.

In seinem Grubenberichte giebt er das Fallen des Flötzes von Morgen in Abend hor. $9\frac{1}{4}$ sein Streichen aber von Mitternacht in Mittag an. Es muß dies von dem Theile des Schieferflötzes gemeint seyn, der fast senkrecht einschießt, wie noch jetzt am Tage zu sehen ist. Aber man wird doch irre, wenn er vom Treppenschachte sagt, er sey der erste Schacht so von oben herab nach des Flötzes Fallen zu rechnen, auf dasselbe niedergebracht sey — hier habe sich der Sturmhaider Flachen-Gang auf das Flötz aufgesetzt (s. Fig. 3.) und sich mit demselben vereinigt. Es streiche dieser Gang von Morgen in Abend hor. $9\frac{1}{4}$. Er sey durch die Alten und auch in neuern Zeiten mit dem Stollort gegen die Ilm zu ausgefahren, gegenwärtig, aber nicht im Betrieb. Wenn hier das aufsteigende Flötz, das er den Sturmhaider Flachengang nennt, nicht eine sehr große Krümmung nach dem Manebacher Grunde zu macht, so ist hier ein bedeutender Irrthum vorauszusetzen. Denn oben ist das Streichen desjenigen Theils des Flötzes, der flach einschließt ganz richtig angegeben, aber der Theil des Flötzes wo es sich fast horizontal legt, hat nach vorhandenen Rissen sein Streichen von Morgen in Abend, sein Fallen aber von Mittag in Mitternacht.

Auf das Flötz gingen der Reihe nach fünf Schächte nieder. Diese waren:

1) Der Gott hilft gewiß. (Tab II.) Er war der äußerste auf dem Terrain, wo Bergbau getrieben wurde gegen Norden, ein Kunstschacht und bis aufs Schieferflötz nieder zwei und neunzig Lachter tief.

2) Herzog Wilhelm Ernst, vier und dreißig Lachter von jenem entfernt. Er ging noch zwölf Lachter unter das Schieferflötz nieder, welcher Wassersumpf aber damals ersoffen und verschlämmt war. Bei der v. Imhofischen Befahrung waren im Anbruch, zwei Spannen mächtige gute schmelzwürdige Schiefer und eine bis anderthalb Spannen mächtige Sanderze; von diesen ließ Hr. v. Imhof ein Stück abstufen und durch den mitgebrachten Faktor Behr sogleich probiren, der drei und dreißig und ein halb Loth Silber und fünf Viertelloth Kupfergehalt davon angab. Die Ilmenauer Bergbedienten, die dies doch längst hätten wissen sollen, waren über einen so hohen Gehalt sehr verwundert und Hr. v. Imhof sagt, aus offenbarer Schonung gegen sie, daß sich dieser hohe Silbergehalt erst im gegenwärtigen Gedinge eingefunden haben müsse. Doch wurde auf der Stelle Befehl gegeben, diese reichhaltigen Sanderze aus dem Wilhelmernster Tiefsten besonders und mit Fleiß auszuhalten und auf der Schmelzhütte unter Schloß zu nehmen.

Von Wilhelm Ernst aus war auf dem Schieferflötz nach der Stadt zu, fünf und siebzig Lachter ausgelangt und das Flötz auf beiden Seiten verhauen. Da sich aber vor Ort so starke Wasser gezeigt, so wurde es wieder eingestellt. Auch haben sich die Schiefer sowohl als, die Sanderze dahinwärts von schlechtem Gehalte und fast nicht schmelzwürdig gezeigt. Doch wurde von diesem Feldorte heraufwarts, noch immer im ganzen Mittel ausgehauen, wozu drei Gedinge mit drei und zwanzig Häuern belegt waren. Vom Wilhelmernster Schachte war das Flötz, auch nach der Sturmhaide zu acht und achtzig Lachter lang, mit einem Feldorte aufgefahren und von dassen beyden Seiten mächtig ausgehauen. Die Schiefer waren gering an Gehalt, die Sanderze aber, nach dem Imhofischen Ausdrucke noch so ziemlich.

Ueberhaupt war das Wilhelmernster und Gotthilftgewisser Revier mit sieben Gedingen und drei und funfzig Häuern belegt, welche wöchentlich gegen dreizehn Treiben Schiefer und neun Treiben Sanderze, im Wilhelmernster Treibeschachte zu Tage förderten. Da man auf Ein Treiben gewöhnlich sechszig Tonnen rechnet, so waren das wöchentlich sieben hundert und achtzig Tonnen Schiefer und fünf hundert und vierzig Tonnen Sanderz. Dieses Treiben wurde durch ein Kehrrad, mit hänfenem Seil bewirkt.

3) Der Gottesgaben-Schacht. Unter diesem Schachte ist das Schieferflötz, besonders gegen den Treppenschacht und den Flachen-Gang zu, bis zum Ausgehenden, fast ganz ausgehauen gewesen. Nach der Stadt zu war es aber mit dem Feldorte, hundert und vierzig Lachter lang, vom Schachte weg aufgefahren, und auf beiden Seiten, so weit die Schiefer- und Sanderze gut gefunden wurden, ausgehauen. Doch hat man dieses Ort eingestellt, weil die Schiefer nicht mehr bauwürdig gefunden wurden. Nur nach dem Wilhelm-Ernst zu fand Herr von Imhof noch drey Gedinge, die mit neunzehn Häuern und sechs Jungen belegt waren, von welchen wöchentlich ungefähr fünf Treiben Schiefer und vier und ein halb Treiben Sanderze, durch den Gottesgaber Schacht, ausgefördert wurden. Zwischen der Gottesgabe und dem Wilhelm-Ernst stand auch noch ein ganzes Mittel, um die im erstern Schachte befindlichen Wasser von den Wilhelm-Ernst abzuhalten, das auch wohl bis auf jetzige Zeit, unangegriffen vorhanden seyn dürfte. Herr von Inhof fand für nicht unmöglich, dasselbe, von Wilhelm-Ernst her, vollends mitzunehmen, und es scheint, daß die Reichhaltigkeit desselben, bedeutend gewesen.

4) Der Treppenschacht, und 5) die Güte Gottes, dermalen beides bloße Kunstschächte, in welchen die Wasser vom rothen Orte, einer Wasserstrecke Tab. II. 5. bis auf den tiefen Martinröder Stollen herausgehoben wurden.

In diesen fünf Schächten überhaupt stunden zwei hundert und sechs und zwanzig Kunstsätze, die auch in denselben mit allem was zu den Maschinenwesen gehörte, darin zurückgeblieben sind. Diese Schächte gingen ganz seiger, bis auf das Schieferflötz nieder und standen alle in guter Zimmerung. Außer den angezeigten fünf Schächten waren noch zwei vorhanden, nämlich Haus-Sachsen, Bergw. Ch. 45. und Herzog Ernst August, Bergw. Ch. 39. welcher auch Albrecht genannt wurde. Ersterer wurde auf dem daselbst durchstreichenden Sturmhaider-Flächen-Gange, oder dem aufsteigenden Flötze, abgesunken und acht und zwanzig Lachter, bis aufs rothe Ort niedergebracht, aber gegenwärtig nur als ein Stollen-Lichtloch gebraucht, da sowohl Schiefer- als Sanderze von zu geringen Gehalt waren. *)

Der Ernst Augusten-Schacht, der zuvor Herzog Albrecht geheißen hatte und vom Gotthilstgewiß siebenzig Lachter entfernt war, ging nur bis drei und dreißig Lachter, bis aufs Nas-

*) Um dergleichen Punkte nicht ganz in Vergessenheit kommen zu lassen, wird hier angezeigt, daß sich der Schacht, Haus-Sachsen, am linken Ufer des Mühlgrabens, hinter den Eschertschen und Wenzelschen Häusern Nr. 122 und 123 am Endleiche befand. Er wurde eingeebnet und dem Bürger Morgenroth, eigenthümlich überlassen, der einen Garten daraus machte. Die Halde desselben ward auf der rechten Seite des Mühlgrabens aufgestürzt und größtentheils zur Ausgleichung der Hohwiese verwendet, als sie gepflastert wurde. Sie bestund meistens aus Gyps, Zechstein und Oberschiefer, die ausgefördert worden waren. Gegenwärtig hat der Bürger Fleischacker den Platz, wo sie lag, in einen artigen Garten umgeschaffen.

fe Ort nieder, blieb aber liegen, weil man keinen eigentlichen Zweck dabei gehabt zu haben scheint. *)

Die Stollen fand Herr v. Imhof in gutem Stande, selbst den Stollen, der von der Ilm her bis in den Schacht, Gott hilft gewiß, getrieben worden war und daselbst vier und zwanzig Lachter Teufe einbrachte. (Tab. II. 1.) Da er mit dem Martinröder Stollen unterteuft war, so unterhielt man ihn blos noch um mit ihm Tagewasser abzufangen und solche nicht den Schächten zufallen zu lassen. Das Nasse-Ort (Tab. II. 3.) war bekanntlich mit dem tiefen Martinröder Stollen fortgetrieben, um Wetterzug zu befördern, doch ging es nicht weiter, als bis in die Gottesgabe, weil man dessen nicht weiter benöthigt war. Vom Martinröder Stollen aus, allernächst am Schachte, Wilhelm Ernst, war auch ein Querschlag auf drei und vierzig Lachter ins Liegende getrieben, um damit den vermeintlichen Sturmhaider-Gang zu überfahren. Für die Betreibung dieses Orts war Herr von Imhof gar sehr „maßen bekannt sey, daß die Alten bei dem Sturmhaider-Gang, so weit sie vom Flötz ab auf demselben fortgebauet, sich gar gut befunden." Weiter oben aber heißt es, es sei zu beklagen, daß dieses Ort die meiste Zeit unbelegt wäre, da es doch, seiner Meinung nach, für das beste Hoffnungsort im ganzen Werke zu achten sey und die Streichungslinie des Ganges nicht über sechszig Lachter davon entfernt seyn könne.

Daß dieser Gang nichts anderes, als das aufsteigende Flötz, Tab. I. Fig. 3. gewesen ist, ist aus des Herrn v. Imhof eigener, weiter oben angezeigter Beobachtung klar, wo er er sagt: der Treppenschacht sei der erste Schacht, der von oben herab, nach des Flötzes Fallen, auf dasselbe niedergebracht worden sei und hier habe sich der Sturmhaider-Gang aufs Flötz aufgesetzt. Zweitens sagt er auch von dem Sturmhaider Flachen-Gange, daß man anfänglich aus dem Schachte Haus-Sachsen Baue darauf angelegt, dabei aber sowohl Schiefer- als Sanderze nicht bauwürdig angetroffen und folglich diese Baue eingestellt habe. Und nicht weit vom Treppenschachte, unterm Manebacher Wege, in der jetzigen Wenzelschen Anlage, nahe am Salon, habe ich selbst das Ausgehende des Schieferflötzes in fast seigerer Richtung gesehen. Welcher Gang würde auch wohl Kupferschiefer und Sanderze enthalten?

Eine Unterbrechung des aufsteigenden Flötzes, das man den Sturmhaider Flachen-Gang nannte, mag statt gehabt haben, denn man findet von dem Treppenschachte an, wo es sich ordentlich legte, keine Nachricht wieder, daß darauf Baue verführt worden, im Gegentheil, daß es abgeschnitten worden sey. Daß Herr v. Imhof in diesen Irrthum verwickelt wurde, läßt sich auch entschuldigen, weil in damaligen Zeiten jede Erzlagerstätte, die vertikal, oder sonst unter einem hohen Winkel einschoß, ein Gang genannt wurde, so wie im Gegensatz jede Erzlagerstätte die sich der horizontalen Linie näherte, für ein Flötz galt, was aber schon längst nicht mehr statt findet. Ich glaube, hier alles anwenden zu müssen, um die Imhofische irrige Meinung zu berichtigen, oder zu bestreiten, weil man in Zukunft doch wohl durch dieselbe irre geleitet werden und von neuem vergebliche Kosten darauf wenden könnte. Nach seiner Anwesenheit wurde zwischen dem Treppenschachte und der Gottesgabe auch noch ein Querschlag nach diesem vermeintlichen Gange getrieben. Man erreichte mit demselben dessen Streichungslinie im drei und dreißigsten Lachter und ging noch achtzig Lachter über dieselbe hinaus, ohne ihn zu überfahren. Es war also alles gethan, um die Nichteristenz desselben zu beweisen, es ist alles auch deutlich zu sehen auf dem Grundrisse des Bergschreibers Krause, dessen Vorzüglichkeit oben gerühmt worden ist.

*) Im Jahre 1780 wurde dieser Schacht ganz eingeebnet und von dem Apotheker Kuhlow an dessen Stelle ein Garten angelegt, der auch noch unterhalten wird.

Es war vom Stollen aus auch ein Flügelort, vier und vierzig Lachter lang, nach der Stadt zu getrieben. Als Ursach wird angegeben, um die in der Tiefe hereinkommenden Wasser mit demselben abzufangen, wahrscheinlicher aber, um das vermeintliche Gegentrum zu überfahren. Weil zuvor aber in der nämlichen Absicht, vom Nassen-Orte aus ein Querschlag dahin getrieben worden war, ohne den Zweck zu erreichen, so hätten die Kosten dafür füglich erspart werden können.

Das Rothe-Ort, (Tab. II. 5.) zehn Lachter unterm Martinröder Stollen, (Tab. II. 4.) so wie das Schlapport, (Tab. II. 6.) acht Lachter unterm Rothen Orte, waren bloße Wasserstrecken. Alle diese Strecken fand Herr von Imhof in gutem Stande. Da fast alles im Gedinge ging, so hatten die Bergbedienten wenig Mühe damit. Desto mehr Aufmerksamkeit, meint er, hätten dieselben aber auf geschickte Abführung der Wasser, in und außer der Grube, wenden können, ferner auch auf eine zweckmäßige Ausscheidung der guten Schiefer von den Dachschiefern, so wie auch der schmelzwürdigen Sanderze von den unschmelzwürdigen, damit kein gutes Erz als Berg über die Halde gestürzt, so wie kein taubes Gestein zum Verschmelzen zur Hütte geliefert würde. Es scheint, daß er in diesem Punkte Bemerkungen gemacht haben muß, die auf den Diensteifer und den guten Willen der Officianten, von Leder, kein günstiges Licht werfen dürften, deren Anzahl ihm doch fast überflüssig schien. Sie bestunden nämlich in zwei Geschwornen, zwei Gruben-, zwei Unter- und zwei Stollensteigern, einem Ober- und drey Unter-Kunststeigern, mit vierzehn Kunstknechten, ferner, in zwei Graben- und zwei Haldensteigern.

Zum Behuf der Maschinen hatte man damals fünf Teiche, nämlich die drei Freibacher-Teiche, (Bergw. Charte, Nr. 71. 72. und 73.) die sehr beträchtlich, aber nicht im besten Stande waren. Der obere war sechs, die beiden untern aber sieben Lachter tief. Der Mittlere war der unbedeutendste, und dabei so schadhaft, daß er rieth, ihn lieber ganz abgehen zu lassen. Es war damals im Vorschlag, auch in der Taubach noch einen neuen Teich anzulegen, wozu es aber doch nicht gekommen ist. Aus diesen Teichen wurden drei Räder Wasser durch den mittlern Berggraben dem Werke zugeführt. Der obere Berggraben war schon längst verfallen, da er aufs Rodaische Werk ging, das eingestellt worden war. Aus dem Manebacher- und dem längst durchgebrochenen Zollteiche gingen die Wasser in den untern Berggraben auf den untersten Kunstfall des Ilmenauer Zugs, und von da auf die Räder der Schmelzhütten, wegen welchen sie auch gegenwärtig eigentlich noch erhalten wurden. Herr von Imhof glaubt, daß der Manebacher- und der Zollteich, der einen vortrefflichen Spiegel habe, allein hinreichend seyn dürften, zwey Künste vollkommen mit Wasser zu versehen. Doch hielt der untere Berggraben nicht gut Wasser und Herr von Imhof fand ihn näher am Werke ganz trocken, während er eine halbe Stunde weiter aufwärts, ein reichliches halbes Rad Wasser enthielt.

Die Wasser des mittleren Berggrabens, thaten ihre Dienste in fünf Fällen. Im ersten hing das Wilh. Ernster Kehrrad, nebst noch zwei Kunsträdern. Im zweiten das Gottesgaber Kehrrad, ebenfalls mit zwei Kunsträdern. Im dritten zwey Gottesgaber Kunsträder. Im vierten drei Kunsträder, wovon zwei in den Treppenschacht, und eins in die Gute Gottes schoben. Alle diese Räder hingen über Tage, und wirkten durch Gestänge. Keins war unter dreißig und keins über vier und vierzig Füß hoch, und die meisten hatten zwei Krummzapfen. Alle waren im besten Stande. Man hatte also jetzt neun Maschinen, anstatt, wie vormals, vierzehn, und Herr von Imhof versichert, daß er mit noch wenigern auskommen wollte, denn an diesen neun fand er alle Mängel, die sich bei Kunstzeugen nur denken lassen. Keins stand z. B. im rechten Winkel mit dem Schachte, in dem es wirken sollte. An allen war das Holzwerk zu stark, das Eisen aber zu schwach. An mehrern hingen ohne Noth zwei halbe Kreuze, statt eines Ganzen. Die Sätze waren nicht hoch genug. Alle Kunstsätze, enge und weite, hatten zwei Zoll weit

Ansteckröhren. Alle Sätze gossen zu hoch über den Sümpfen aus u. s. w. Aber auch keiner, weder ein Geschworner, noch ein Kunststeiger, hatte die nöthigen Kenntnisse vom Gezeugbau.

Imhofs Gutachten.

Dieses ging dahin aus, auf jeden Fall alles anzuwenden, dieses vortreffliche Werk noch lange zu erhalten und auf die Nachkommenschaft fortzubringen. Da es aber, so wie es gegenwärtig wäre, nicht wohl bestehen könnte, so wäre seine Meinung, dem Schieferflötze mit einem neuen Schachte vorzuschlagen. Da man diese Idee bereits auch schon gehabt hätte, und in dieser Absicht einen Schacht hinterm Gottesacker hätte niederbringen wollen; so könne er da nicht einstimmen. Vielmehr schlüge er vor, den bereits angefangenen Johannesschacht (Bergw. Charte, Nr. 34.) vollends niederzubringen, daselbst das Schieferflötz auf einem tiefern Punkte zu ersinken, und hernach von da an die Baue und Streben herauf, nach dem Gott hilft gewiß, zu richten. Da dieses aber auf einmal zu viel Kosten erfordern würde, so müßte der gegenwärtige Bergbau erst anders eingerichtet werden.

Um dies aber deutlich darzustellen, muß ich den Profilriß, Tab. II. hier mittheilen, den er seinem Gutachten beyfügte. Er ist zwar nicht mit einem Maaßstabe versehen, aber, mit andern ähnlichen Abbildungen vom Werke zusammengehalten, vollkommen verhältnißmäßig und übereinstimmend. Der Johannesschacht, den er für die Zukunft in Vorschlag brachte, konnte seiner Entlegenheit wegen, hier nicht mit angegeben werden. Er befindet sich weiter nach des Flötzes fallendem, dreyhundert Lachter von dem Gott hilft gewiß, gegen Norden. Um das Werk in den Stand zu setzen, die Kosten zu seinem fernern Niederbringen herzugeben, schlug er vor, überflüssige Kunstknechte und andere bey den Künsten angestellte Personen abzulegen, dafür aber dahin zu trachten, einen Mann herbeizuziehen, der das Maschinenwesen vollkommen inne hätte. Nun müßten die Maschinen nach und nach verbessert werden, worüber fünf Jahre hingehen könnten. Denn auf ein Mal dürfte diese Reparatur mehr Kosten erfordern, als das Werk hergeben könnte. Hierdurch würden die Künste bald mehr leisten können als gegenwärtig der Fall wäre. Die Maschine, die gegenwärtig in den Gott hilft gewiß schiebe, dürfte in Zukunft nichts zu thun haben, als ein Schlappgestänge zu bewegen, welches die Wasser aus den Bauen, die des Flötzes Fallen nach vorgerichtet würden, bis herauf unter diesen Schacht zu heben. Von da müßte im Liegenden noch eine Wasserstrecke, (welche durch die punktirte Linie Tab. II. 8. angezeigt wird,) vorgerichtet, und die Schächte vollends auf dieselbe niedergebracht werden, hierdurch würde man den Vortheil erhalten, die Wasser den Bauen im Tiefsten abzunehmen, und sie so gut vertheilen, daß sie viel leichter auf den Stollen (Tab. II. 4) gehoben werden könnten, als bisher. Man könnte auch die schon angelegte Schleppstrecke bis zum Treppenschachte und der Güte Gottes verlängern und den da befindlichen Maschinen auch einen Theil davon zufließen, und vollends bis auf den Stollen heraufheben lassen, u. s. w. Auf diese Art könnte man vom Gott hilft gewiß an, wohl noch hundert Lachter und drüber auf dem Flötze flach niedergehen, und dasselbe rein abbauen. Vergewisserte man sich nun, daß dahinwärts das Flötz fortsetzte, und edel verbliebe, alsdenn müsse man den Johannesschacht, der wohl an dreißig tausend Rthlr. kosten könnte, angreifen und das Schieferflötz von da herauf verhauen.

Mit mehr Behutsamkeit und Sachkenntniß konnte wohl schwerlich ein Plan zum Besten des Werks entworfen werden. Es ist dies schon aus diesem gedrängten Auszuge und der beygefügten Zeichnung zu ersehen, noch weit mehr aber aus dem extendirten Original des Gutachtens. Da sich aber alles vereinigt zu haben schien, den Untergang des Werks zu befördern, so wurde so dringend auch der Herr von Imhof die Eil empfahl, doch keiner seiner heilsamen Vorschläge beachtet und befolgt. Und wenn es auch nie an den Johannes-Schacht gekommen wäre, so war es doch schon der Mühe werth, noch hundert Lachter frisches Feld zu gewinnen, wobei der Bergbau noch viele Jahre hätte bestehen können, und wo vielleicht noch alles hätte abgewendet werden können, was demselben zum Nachtheil war. Wenn man über hundert Lachter dem Fallen des Flötzes nachgehen konnte, so versteht sich, daß man nach dem Streichen desselben die Baue eben so weit, wo nicht noch weiter extendiren konnte, ohne das Ansteigende-Flötz noch mit in Anschlag zu bringen. Welch eine Fläche gab dies znm Abbau! Denn was auf den beygefügten Imhofischen Profil nicht wohl mit anzugeben war, war das Aufsteigende-Flötz, das man sich als eine verticale Fläche hinter sämtlichen dargestellten Schächten, Stollen und Strecken denken muß, durch welche der Länge nach der Martinröder Stollen getrieben worden seyn mußte.

Dabei giebt er noch zu erkennen, daß das Ilmenauische Werk keinesweges als ein altes ausgebautes Werk zu betrachten sey, weil das Schieferflötz sich unter dem Gotthilfgewisser als dem tiefsten Schachte, in seinem Fallen noch sehr geschicklich und edel, ja wie sich bey seiner damaligen Anwesenheit gefunden, mit ganz besonders edeln und ergiebigen Anbrüchen bewiesen hätte und in mehrerer Teufe eher eine Verbesserung als Verschlimmerung verspräche. Auch verspricht er sich viel von den zwei streichenden Gängen in der Nähe, die aber in der Masse, wie er sich dieselben vorzustellen scheint, schwerlich vorhanden seyn möchten. Nur macht ihm die auf dem Werke haftende große Schuldenlast die zu erhaltende Menge von Teichen, Gräben, Künsten und die große Anzahl des dabey angestellten Personals Bedenken.

In einer Nachschrift zeigt er noch als vergessen an, daß vom Tagestollen, zwischen Hans Sachsen und dem Treppenschachte ein Querschlag nach der Stadt zu getrieben sei, um damit den Rödlitzer Gang, (nämlich das famöse Gegentrum) aufzusuchen, als von dem man vermuthete, daß er in solcher Gegend edel sei. Er glaube aber nicht, daß man sich etwas davon versprechen könne, weil er schon ganz aus dem Gebirge heraus seyn müsse, wo Gänge nicht mehr gut zu thun pflegten. Lieber wolle er rathen, die Kosten die die Fortsetzung dieses Querschlags erforderten, auf die Aufsuchung des Sturmhaider-Ganges zu verwenden. Auch hier kömmt er wieder auf dies non ens zurück, das nur in der Einbildung der damaligen Bergverständigen, keinesweges aber in der Wirklichkeit existirte.

Ueber das Hüttenwesen reichte der Hüttenfaktor Behr, den der Herr von Imhof mitgebracht hatte, einen Bericht ein. Er fand eilf Ungarische Hohofen und Einen Ungarischen Krummofen im Umgange. In den ersten wurden allein Schiefer und Sanderze geschmolzen, in dem letztern aber die Kupfer- und Eisenröste durchgesetzt, und nach deren Durchsetzung, in den übrigen Tagen der Woche auch Schiefer- und Sanderze. Die Beschickung war:

30 Centner ein Mal geröstete Schiefer.
16 — gepochte ungeröstete Sanderze.
3 — Kupferrostschlacken.
1 — Eisenrostschlacken.
5 — Flußspath.

Was er ferner von der Manipulation bey diesem Rohschmelzprozeß anführt, ist keines Auszugs fähig. Im ganzen lobt er aber das Verfahren dabey, so wie ich selbst auch noch im Jahre 1779. von einigen alten Hütten-Officianten im Mannsfeldischen, die Augenzeugen davon gewesen waren, rühmlich davon habe sprechen hören. Daß die Sanderze nicht aufbereitet, sondern ganz roh und ungeröstet mit dem Schiefer durchgesetzt wurden, möchte wohl eher als ein Fehler der ganzen Einrichtung gelten. Denn wie viel Hüttenkosten bey einer zweckmäßigen Aufbereitung hätten erspart werden können, ist kaum zu berechnen. Es mögen wohl sehr reiche Sanderze mit vorgekommen seyn, aber die gewöhnlichen scheinen doch auch sehr mittelmäßig gewesen zu seyn, wie die beweisen, die auf der Gottesgaber Halde zu einem künftigen Schmelzen aufgehaldet worden sind, und noch da liegen.

Die ungarischen Hohofen rühmt Herr Behr besonders wegen der großen Kohlenersparniß, indem einer davon in einer Woche nicht mehr als funfzehn Karren erfordert, da in einem Krummofen, namentlich im Quartal Crucis 1715, wöchentlich zwanzig bis sechs und zwanzig Karren Kohlen verbrannt worden waren. Dabey ging die Arbeit so rein, daß in den davon gefallenen Schlacken, weder Silber- noch Kupfergehalt zu finden war. Selbst in Schlacken, die Herr Behr selbst vor den hohen Ofen wegnahm und zwei Mahl probirte, fand er keinen Silber- und Kupfergehalt mehr, ob schon der Centner Rohstein neunzehn Loth Silber und vierzig Pfund Schwarz- oder fünf und dreißig Pfund Gaarkupfer enthielt.

Das mit abgestochene, sich in den vor den Schmelzöfen befindlichen Herden setzende Herdblei wurde abgeseigert und das davon fallende reine Werk, nachdem es abgewogen und probirt worden, in die Seigerhütte gebracht. Die auf dem Seigerherde stehen gebliebenen Kühnstöcke auf Kupfer probirt, der Silber- und Kupfergehalt mit dem Silbergehalt von dem in die Seigerhütte gelieferten reinen Werke in der Schmelztabelle angesetzt, und in selbiger das ganze Ausbringen dieses Herdbleies, als Silber, Kupfer und Blei berechnet. Dann mußte die Seigerhütte der Rohhütte den Centner Bley mit drei Thaler und achtzehn Groschen bezahlen und die in den Werken steckenden Silber zurückgeben, wofür die Rohhütte die Seigerkosten restituirte.

Ich habe dieses besonders deswegen ausgezogen, um auf den Bleigehalt der Schiefer- und Sanderze, der sichtbar ist, aufmerksam zu machen, der aber gar nicht beachtet wurde. Das mehreste Blei verkalkte im Feuer, und gieng in Dämpfen fort, da es durch Aufbereitung der Erze, und durch einen andern Schmelzprozeß zum großen Vortheile für das Werk hätte erhalten werden können. Die Seigerhütte mußte anbei das erforderliche Blei mit schweren Kosten von Goslar kommen lassen. Ich habe mich sehr gewundert, daß weder der Herr v. Imhof noch Herr Behr diesen Gegenstand nicht ernstlicher zur Sprache gebracht haben. Als ich vor ungefähr zwanzig Jahren den Rest eines Hochofens von Grund aus wegreißen ließ, fand sich in dem Abzüchten eine ziemliche Menge Werkblei, das zum Theil zu Menge verkalkt, wenigstens auf der Oberfläche damit überzogen war. Ich habe einige Stücke davon der Sammlung beigefügt, die ich von Stufen aus dem alten Werke zusammengebracht, und auf hiesigem Bergamte aufgestellt habe.

Das mit dem Rohstein aus dem Ofen gekommene Eisen, wurde stückweise gesammelt, und zu Ende ieder Woche gewogen. Nachher wurden unter zwei und zwanzig Centner davon sechzehn Centner Kieß, von Veßra, mit selbigem gemengt, zwei Mal geröstet, und nach beendigtem Rösten mit Ueberstreuung nöthiger Rohschlacken durch den Krummofen geschmolzen, wovon Kupfer und silberhaltiger Stein fiel. Was vom Eisen übrig blieb, wurde aufs neue so behandelt bis es nicht mehr schmelzwürdig war. An Kohlen, Röstholz, Silbern, Sanderzen, Roh- und Spurstein, Veßraischen Kieß, und andern Materialien waren bei Anwesenheit dieser Herren große Vorräthe vorhanden.

Herr v. Imhof bezieht sich in seiner Relation übers Hüttenwesen, besonders auf den Bericht des Hüttenfaktors Behr. Er fand sämmtliche Hüttengebäude nebst Zubehör, in vollkommen gutem Stande und bezeigte seine große Zufriedenheit über das Rohschmelzen. Nur bemerkte er, daß die Hüttenbedienten zwar ihre ordinäre Arbeit sehr gut verständen, dabei aber vom Hüttenwesen überhaupt, besonders aber von der Bleyarbeit gar keine Kenntniße hätten, daher folgte, daß sie bisher alle Erze ohne Unterschied, ja sogar die vor einiger Zeit auf der Gottesgabe vorgekommenen sehr reichen Sanderze, davon einige vier bis fünf Mark Silber gehalten auf eben die Art behandelt und in die weitläuftige Arbeit genommen hätten. Es würde aber vortheilhafter gewesen seyn, dieselben besonders zu halten und mit bleyischen Vorschlägen durchzusetzen. Wie denn auch die eingangs gedachten reichen Sanderze aus dem Tiefsten des Wilhelm Ernsts, zwar ausgehaldet aber doch aufgehoben werden sollten, bis man ein Mal die schlechten Mittel in der Gottesgabe belegen müsse, wo man denn die zu fördernden sehr geringhaltigen Schiefer damit gut zu machen gedenke. Welch widersinniges Beginnen! Es läßt sich denken, daß ganz unhaltiges Zeug verschmolzen und zum größten Schaden mit reichen Erzen versetzt wurde, um nur Metallgehalt hinein zu bringen. Hr. v. Imhof schlägt daher vor, die Schiefer und Sanderze auf verschiedenen Haufen wohl zu separiren, wozu auf den Halden überflüssiger Platz vorhanden wäre und sie hernach auch separat zu verschmelzen. Es würde sich alsdenn gar bald ergeben, was schmelzwürdig sey oder nicht, wo denn das letztere lieber gar nicht ausgefördert werden dürfte. Er berührt auch, daß man einen eigenen Stolz darauf blicken ließe, mit so viel Feuern zu schmelzen, denn im Ganzen hatte man vierzehn Schmelzöfen. Aber er bemerkt auch dabey ganz richtig, daß nicht darin der Vortheil bestände mit vielen Feuern wenig, sondern mit wenig Feuern viel zu schmelzen. Freilich giebt er auch zu, daß der Gehalt der Hüttenbedienten zu gering sey, als daß man viel dafür fordern könne. Es sey dies aber darum ein Hauptfehler, daß solche Leute aus Noth gar leicht in Versuchung gerathen und dem Seigerhüttenpachtern z. B. mit favorabeln Probiren der hiesigen reichen Schwarzkupfer, sich gefällig erzeigen könnten, u. s. w. was er jedoch nicht präsumiren wollte. Als einen Hauptfehler rügt er auch, daß gemeiniglich im Winter nicht so viel Kohlen, als erforderlich, vorräthig wären, daher oft im strengsten Winter gekohlt werden müsse, wovon der große Schaden leicht zu übersehen wäre. Zufällig wird auch berührt, daß seit 1719 die geführten Berg- und Hüttenrechnungen noch nicht revidirt worden wären, wozu es auch nie gekommen zu seyn scheint. Das heißt doch Liederlichkeit!

Was endlich den Wunsch des Herzogs Ernst August das Werk selbst zu übernehmen betrifft, so reichte Hr. v. Imhof, der während der Zeit zum Oberberghauptmann avancirt war, einen weitläuftigen Bericht darüber ein, von dem ein gedrängter Auszug hier folgt.

Der Berghauptmann von Imhof untersucht in demselben;

Blatt 111. I., welches Interesse Sereniss. Ernst August bei dem hiesigen Bergbau habe und

II., die Bewandniß der auf demselben haftenden Schulden und besonders des Gersdorf- und Richterl. Contraktes.

Zur Erörterung des

Isten Satzes sagt der Verfasser: „Sereniss. concurrire:

Bl. 112. 1) als Mitgewerke, wegen der ihm gehörigen zwei und siebenzig Kuxe,

2) als Creditor des Werks,

a) wegen der Rappoldschen Forderung von 269473 Rthlr., welche auf das Werk angewiesen worden wären und

b) wegen des im Jahre 1717 geleisteten baaren Vorschusses von 11828 Rthlr.

3) als Theilhaber an dem Berg-Regal in der Grafschaft Henneberg, welches den sämmtlichen Herzogen von Sachsen, Ernest. Linie (Gotha ausgenommen) gemeinschaftlich zustehe,

Bl. 113. 4) als Landesherr der Stadt und des Amtes Ilmenau und nach den Recessen als Direktor in Bergwerks-Sachen, der für die Erhaltung des Werkes verantwörtlich sey.

Bl. 114. Zu Auseinandersetzung des

II. Satzes fährt der Verfasser fort: die Schulden vor dem Gersdorf. Contrakte hätten in folgenden Posten bestanden:

Bl. 115. 1) in den durch den Rappoldsch. Verfall schuldig gebliebenen Löhnen und Material-Lieferungen von 14605 Rthlr. 9 Gr. 1 Pf.

Bl. 116. 2) in den Vorschüssen des Kammerrath Rappolds von 612000 Rthlr.

Bl. 117. 3) hätten die mit in den Rappoldsch. Concurs verwickelten Leipziger Kaufleute Winkler und Eckold während der Kellerschen Administration Vorschüsse geleistet, die nach deren Vermögensverfall von den Gläubigern derselben im Jahr 1728 mit den Interessen auf 560566 Rthlr. angegeben worden wären.

Bei dem letzten Gewerken-Tage 1733 hätten sich jedoch gedachte Gläubiger nicht gemeldet; es möchte daher weder diese noch die Rappoldsche Anforderung, ohngeachtet ihrer Größe, das Werk nicht sehr drücken dürfen und leicht ein billiger Vergleich zu treffen seyn.

Bl. 118. 4) hätte der Herzog Wilhelm Ernst bis 1719 11828 Rthlr. vorschießen lassen, und solche, sowie die Cammer in Schleusingen die rückständige Ausbeute von 24 Freikuxen mit 3 Spezies Rthlr. Quartal. seit 1703 und Gotha 1700 Rthlr. rückständige Teich- und Wasserzinsen zu fordern. Allein wegen dieser sämmtl. Forderungen sey man übereingekommen, so lange zu warten, bis die neuern auf das Werk gebrachten Gersdorffsch. und Richtersch. Forderungen würden getilgt seyn.

Bl. 119. Den Ursprung der letztern erzählt der Verf. Bl. 118b und 119 ausführlich.

Kurz die Freifrau von Gersdorf hätte mit Einschluß der Commissionskosten 14273 Rthlr. vorgeschossen und wegen der Wiederbezahlung sey der von Wil-

helm Ernst Durchl. nomine Directorii am 12. Jul. 1721 konfirmirte
Bl. 120. Contrakt abgeschlossen worden, dessen Inhalt der Verf. Bl. 120b und
121 erzählt und bemerkt, daß die ganze Forderung der Frau von Gersdorf und Cons. endlich in dem Contrakt auf 47878 Rthlr. festgesetzt und
Bl. 121. zugleich ein für letztere sehr vortheilhafter Saigerhütten Pacht-Contrakt abgeschlossen worden sey.

Zu dieser Zeit hätte sich die Dresdnische Gewerkschaft der Disposition im Bergwerke angemaaßt und dem Zehndner Ehrenberg und dessen Sohn die Direktion übertragen.

Alle Gegenvorstellungen wegen des schlechten Haushalts derselben wären fruchtlos ge-
Bl. 122. blieben, und die Ehrenberge wären in einem gar hart abgefaßten Schreiben der Königin von Pohlen eifrigst vertreten worden.

Bl. 123. Während dieser Zeit hätte man contraktmäßig die Gersdorfsche Schuld bis auf 24016 Rthlr. abgetragen.

Als Gründe zur Vernichtung des Gersdorfschen Contrakts giebt der Verfasser folgende an:

Bl. 124. 1) die Meynung der Contrahenten sey nicht dahin gegangen, daß Fr. von Gersdorf durch Ueberkommung des Kupfers hätte gewinnen sollen, vielmehr wäre ihr wegen des präsumirten Abfalls des Kupferpreises
cf. die Beil. und wegen ihrer Zinsforderung, die Mark Silber zu 11 Rthlr. über-
A. 149. lassen worden. Da nun aber das Kupfer zur Zeit des abgeschlossenen Contraktes schon 27 — 30 Rthlr. gekostet habe und nie unter dem
Bl. 125. Preis von 28 Rthlr gekommen sey, so liege offenbar

2) dem Contrakte Irrthum oder listige Ueberredung des Contrahenten, mithin ein wesentlicher Fehler zu Grunde.

3) wären bey Abschließung des Contrakts die Gersdorfschen Vorschüsse von den eingemischten Commissionskosten nicht separirt, die Rechnungen nicht geprüft, der Consens der Theilhaber und Gewerke nicht gesucht und überhaupt ohne rechtliche Bescheidenheit gehandelt worden.

Bl. 126. 4) sey nie wegen der gethanen Vorschüsse eine Hauptberechnung festgesetzt, solche nicht in den Nutzen des Werkes verwendet, sondern durch ihr eigenes unnöthiges Klagen und die verursachten Commissionskosten, durch den zum Theil unverbesserlichen Schaden, den das Werk durch die Direktion der aufgedrungenen Ehrenberge erlitten habe, veranlaßt worden.

5) könnte man wegen der Ehrenbergisch. schlechten Administration, den sich vorbehaltenen Regreß suchen, denn es beziehe sich der Gersdorfsch. Haupt-Contrakt auf den Saigerhütten-Pacht, den aber der Zehndner Ehrenberg so umgangen habe, daß, wie der Verf. Bl. 129 und 130 erzählt, ein Verlust von 11856 Rthlr. entstanden und noch zu ersetzen sey.

Bl. 131. Ferner habe Ehrenberg dadurch, daß er eigenmächtig den Saigerhütten-Pächtern (den Gersdorfsch. Erben) auf jeden Ctr. Schwarzkupfer 2 Pf. Aufgewichte zugestanden habe, einen Defekt von 11935 Rthlr. verschuldet, die gleich der vorigen Post, nach den Worten des Pachts nicht
Bl. 132. verstattet und folglich wenigstens von der Hauptschuld abgehen müßte.

6) stehe dem Contrakte die Einrede einer enormen Verletzung entgegen, die aus den Rechnungen leicht bewiesen werden könne. (Bl. 133 rühmt der
Bl. 133. Verfasser die Geschicklichkeit des Herrn Cammerrath Voigt nachdrücklich):

Die Richterl. Forderung von 74300 Rthlr. sey dadurch entstanden, daß sich Fr. v. G. (nach dem Abschluß ihres Contraktes) mit demselben vereinigt und letzterer dem Zehndner Ehrenberg verschiedene Vorschüsse mit und ohne höhere Genehmigung geleistet habe. Der Verf. spricht auch hier von den confusen Rechnungen, der schlechten Verwendung der Gelder und bemerkt, daß man nur, um neue Vorschüsse zu erhalten im Jahr
Bl. 135. 1728 die richterl. Forderung mit 36670 Rthlr. anerkannt, Richter aber in einem Schreiben solche nur mit 25577 Rthlr. angegeben und dem Werke
Bl. 137. durch die Errichtung der Freiberger Sätze einen Schaden von mehrern 1000 Rthlrn. zugefügt und zu erstatten habe.

Im Jahr 1728 nach der Entlassung der Ehrenberge und dem Richterl. Falliment wäre das Werk in so schlechten Zustand gerathen, daß 1730 und 31 die Arbeit, wegen Mangel der Lohngelder, h[illegible]gestellt werden müssen. Hier wäre die beste Zeit gewesen, das Werk allein in Besitz zu bekommen und die Eisenachis. Seits geschehene Proposition anzunehmen. Dies habe man aber nicht gethan, sondern mit der Fr. v. Gers-
Bl. 139. dorf einen neuen Contrakt nach dem Inhalte des ältern geschlossen, der 1731 ratificirt worden sey, worauf Fr. v. Gersdorf bis 1732 die Summe von 17854 Rthlr. vorgeschossen, jedoch durch contraktmäßige Abschlagszahlungen solche bis auf 10350 Rthlr. (1736) wieder erhalten und durch diese Vorschüsse wenigstens 9904 Rthlr. cf. Beilage C. Fol. 154 profitirt habe.

Bl. 140. Ob nun gleich dieser Contrakt vom Sereniss. ratificirt sey; so glaubt der Verf. doch, daß derselbe

1) weil er ohne Concurrenz der Theilhaber und Gewerke und sogar bei erfolgten Widersprüchen abgeschlossen worden wäre,

2) wegen der enormen Verletzung und

Bl. 141. 3) weil das Werk durch die Contraktmäßige Zahlungsweise der beiden Gersdorfsch. Forderungen zu Grunde gehen, nach Rechtsgrundsätzen aber der Vortheil der Privatpersonen dem öffentlichen Wohle nachstehen müsse, um so mehr umgestoßen werden könne, weil Eisenach und Hildburghausen sich schon gegen solchen bereits erklärt und man nun noch Sach-

Bl. 142. feld und Gotha beizuziehen brauche, um das Sächs. (Schleusingische) Votum zu überwiegen.

Wollte man über die gesammten Gersdorffsch. Forderungen, die bis 1736, 35316 Rthlr. betragen einen Vergleich schließen und als Extrem derselben gedachte Summe gegen Aufhebung der Contrakte bezahlen; so wäre Sr. Durchl. zu rathen, solches allein zu unternehmen: weil Sereniss. mehr,

Bl. 143. als allen andern, an der Erhaltung des Werks gelegen seyn müsse, das Werk jetzt schleunige Hülfe bedürfe, mithin weitläuftige Communicationen mit den übrigen Theilhabern nicht erlaube, ferner könnte auch Sereniss. dann auf eigne Rechnung den Gewinn des Gersdorffsch.

Bl. 144. Contraktes ziehen und mit mehr Nachdruck über die Direktion des Werks disponiren und dabei leicht eine Zeit zu Abfindung der übrigen Theil-

Bl. 145. haber finden. Jedoch fürchtet der Verf., daß Richter den vorgeschlagenen Vergleich hintertreiben werde, rathet auch, den Saigerhütten-Contrakt an sich zu bringen mit der Bemerkung, daß außer der Vergleichs-Summe dann noch eine Verlags-Casse von 16 bis 20000 Rthlr. nothwendig sey, indem die Saigerhüttenkosten erst so lange bezahlt werden mußten, bis die Silber aus der Saigerhütte ausgebracht und die Garkupfer in Geld gesetzt wären. Diese Summen könnten aber wohl

Bl. 146. leicht aufgebracht werden, da von dem Werke viel Gutes zu hoffen sey.

Sollte der vorgeschlagene Vergleich nicht zu Stande kommen, so müsse man doch suchen in Gemeinschaft der übrigen Theilhaber dem Gersdorffsch. Contrakt ein Ende zu machen, damit das Kupfer und Silber nach seinem wahren Werthe in Geld gesetzt und solches Anfangs zu den nöthigen Vorrichtungen des Werks, sodann aber zu Bezahlung der Schuldner verwendet werden könne.

In dieser mißlichen und verwirrten Lage erhielt sich der Bergbau noch bis 1739, wo am neunten May in der Nacht, der große Rödelsteich durchbrach. Diese reißende Fluth verwüstete alles was ihr vorlag und die Wasser giengen augenblicklich in den Schächten auf. Ein Schlag, der die Stadt und ganze Gegend hart traf, am härtesten aber die armen Bergleute, die in großer Zahl auszuwandern gezwungen waren. Aber an schleunige Herstellung des Teichdamms war nicht zu denken. Hierzu gesellten sich noch andere widrige Zufälle und alles schien sich zu vereinigen, die Wiederaufnahme eines Werks zu verhindern, das so wichtig war. Im Jahre 1748 starb der Herzog Ernst August, der immer noch an der Herstellung des Bergbaues gearbeitet hatte. Im November 1752 erfolgte der große Brand, der nur den unbedeutendsten Theil der Stadt verschonte. Den 31. Dez. 1753 machte es in der Nähe des jetzigen Johannesschachtes einen Bruch, wodurch das obere Drittel des Stollens verloren gieng. 1756 gieng der siebenjährige Krieg an, wo auch die Coburgische Obervormundschaft zu Ende gieng, die sich für die Herstellung des Bergbaues thätig bewiesen hatte.

Außer einigen großen Berghalden bleibt die ungeheure Schlackenhalde ein ewiges Denkmal eines colossalen Bergbaues. Ihre Grundfläche enthält drei und einen halben Acker und zwei und dreissig Ruthen, oder fünfhundert und zwei und zwanzig sechzehnschuhige Quadratruthen und ihre Höhe ist im Durchschnitt auf vierzig Fuß anzunehmen.

Und doch hielt sich das Flötz bis auf den letzten Augenblick gut, was aus nachstehendem Extrakte mit mehrern zu ersehen ist.

Summarischer Extrakt der von dem Sturmhaider Bergwerk allhier zu Ilmenau zur Saigerhütte gelieferten Schwarzkupfer und darin befundenen Gehalte an Garkupfer und Silber, von den Jahren 1730 bis 1739 aus Nro. Repos. XIV. des hiesigen Amtsarchivs genommen.

Anno.	Eingeliefert Schwarzkupfer.		Gehalt an Garkupfer.		Gehalt an Silber.		
	Centner.	Pfund.	Centner.	Pfund.	Mark.	Loth.	Grad.
1730	552	56	496	66	236	9	6
1731	203	—	179	$28\frac{1}{2}$	751	7	11
1732	205	$12\frac{1}{2}$	184	22	257	7	9
1733	1117	$55\frac{1}{2}$	1075	$57\frac{1}{2}$	1646	3	3
1734	1294	55	1221	$54\frac{1}{2}$	1831	13	$5\frac{3}{4}$
1735	951	33	878	40	1317	8	$16\frac{7}{8}$
1736	1524	$64\frac{1}{2}$	1428	$46\frac{1}{2}$	3492	—	$4\frac{3}{3}$
1737	1429	69	1345	39	2800	10	16
1738	1157	56	1058	8	2362	14	$2\frac{3}{4}$
1739	1013	68	927	$95\frac{1}{2}$	1611	9	8
Summa.	9449	$62\frac{1}{2}$	8777	$57\frac{1}{8}$	16398	9	$10\frac{3}{4}$

Extrahirt den 9. Julius 1776.

Johann Wilhelm Löffler,
actuar. jurat.

Rechnet man den Centner Kupfer nur zu acht und zwanzig Thalern und die Mark Silber zu 13 Rthlr. 8 Gr. wie sie ausgemünzt wird, so beträgt die Summe der baaren Einnahme auf diese zehn Jahre:

288873 Rthlr. 21 Gr.

Aber welcher Vortheil fiel hiervon in Ausbeuten an die Gewerken? Er würde auf diese zehn Jahre sehr ansehnlich haben seyn können, wenn nicht Herkommens gewesen wäre, den Metallhandel durch Contrakte an Privatleute gegen sehr geringe Preise für Silber und Kupfer und also die ganze Ausbeute an die Contrahenten zu überlassen. Der Centner Kupfer war damals contrahirt um 22 Rthlr. und die Mark Silber um 11 Rthlr. Hierbei war der Gewinnst der Contrahenten auf angesetzte zehn Jahre:

93657 Rthlr.

Hätte man aber diesen Bergbau nicht auf das allerfehlerhafteste betrieben, so würde auf diese zehn Jahre ein noch weit grösseres Metallausbringen möglich gewesen seyn.

Ehe ich noch zu der Geschichte des neuern Bergbaues übergehe, muß ich noch einiger Versuche gedenken, die demselben vorangiengen. Der erste wurde 1752 gemacht, als Weimar unter Coburgischer Obervormundschaft stand, die nach den Ableben des Herzogs Ernst August, im Jahre 1748 begonnen hatte. Auf ein Rescript vom zwölften Julius 1752 wurden alle Anstalten zu einem Hauptgewerkentage getroffen, Kunstverständige und ehemalige Interessenten und Gewerken zusammenberufen. An den Berghauptmann von Imhof schrieb der Herzog Franz Josias von S. Coburg eigenhändig. Herr v. Imhof rieth, daß man sich vor allen Dingen mit den Gläubigern des Werks setzen möchte, um es einer neuen Gewerkschaft ganz rein und schuldenfrei übergeben zu können. Er bat dabei besonders auch, einen Beschluß über folgende drei Hauptfragen, wenn? von wem? und auf was für Art? zu fassen. Wegen der letzten Frage stellte er frei, ob man seinen eigenen oder des Bergrichters Krieger gethanen Vorschlag, oder beide zugleich wählen und ausführen wollte. Beide aber waren dergestalt mißlich und zweckwidrig, daß man es als ein Glück ansehen konnte, daß damals die ganze Sache nicht zur Ausführung gebracht wurde.

Imhof wollte nämlich, man sollte den verbrochenen Schacht, Herzog Wilhelm Ernst bis auf den tiefen Martinröder Stollen wieder aufmachen und von da einen Querschlag in die Sturmhaide treiben, um (in diesem Porphyrgebirge!) das edle Sturmhaider Flötz wieder auszurichten. Krieger hingegen hatte sein Vertrauen mehr auf das Gegentrum vom Rodaischen Gange (Schieferflötze) gesetzt, das er von dem Schachte, Gottesgabe aus, unter der Stadt aufsuchen wollte. Da ich in der naturgeschichtlichen Abtheilung dieses Werks, auf diesen Gegenstand wieder zurückkomme, so unterlasse ich gegenwärtig, mehr darüber zu sagen.

Dies Unternehmen begann auch wirklich ein wenig zu früh, denn die Freyin v. Gersdorf lebte noch und mit ihr viele andere von den Gewerken, Contrahenten und von der Dienerschaft, die zum Theil enorme Ansprüche auf das Werk machten und die, wenn man sie hätte beseitigen wollen, gewiß jede Unternehmung in der Geburt zu ersticken, geeignet waren.

Herr v. Imhof beginnt sein Gutachten mit dem gegründeten Vorwurfe, daß, wenn man seine im Jahre 1736 gethanen Vorschläge befolgt hätte, das Werk sich gegenwärtig noch in dem blühendsten Zustande befinden würde. Die Summe von 17560 Rthlrn., die in einer Zeit von fünf bis sechs Jahren würden aufgegangen seyn, also jährlich nur gegen drei tausend Rthlr. würden vielleicht aus dem Werke selbst haben genommen werden können.

Der achtzehnte September 1752 war zur erwähnten Hauptzusammenkunft der Interessenten und Kunstverständigen angesetzt. Zu Commissarien waren ernannt der Herzogl. Hof-Regierungs- und Consistorialrath Hr. Wolfgang Paul Bürgermeister von Deyzisau und der Cammer- und Kriegsrath Christian Friedrich Rosenfeld. Die Kunstverständigen waren der Bergschreiber und Markscheider Krause von Saalfeld und der Bergmeister Ullmann von Wunstebel, im Bayreuthischen. Sie statteten zusammen ihren Bericht ab, der jedoch ziemlich mager ausgefallen war und nach dem nicht leicht Etwas mit Erfolg unternommen werden konnte. Sie fanden die noch übrigen Teiche und Kunstgräben in schlechtem Zustande und die Schächte zum Theil schon verbrochen. Der tiefe Martinröder Stollen war aber auf Kosten herzoglicher Cammer in Weimar, in gutem Stande erhalten worden.

Was einen neuen Angriff betrifft, so hielten sie sich an die beiden, von Imhof und Krieger gethanen Vorschläge. Den Imhofischen das Schieferflötz durch Querschläge in dem Porphyr der Sturmhaide aufzusuchen, verwarfen sie — nicht aus geognostischen Gründen, sondern weil man bereits schon so viele, nämlich acht und achtzig Lachter danach aufgefahren sey, ohne es zu finden. Aber Kriegers Vorschlag, das Gegentrum des Flötzes aufzusuchen, war nach ihrem Sinne und das um so mehr, als man bey jetziger Befahrung vermittelst der Wünschelruthe, gleich andern Ruthengängern befunden, daß jenseits der Ilm unweit des Schortenweges, der Rodaische und Sturmhaider Flache=Gang zusammenschaarten, miteinander fortgiengen und den Weg hinaus an dem Gehänge des Gebirgs, ihr ordentliches Streichen behielten, welches auch schon die Alten müßten gemerkt haben, weil sie wo diese Gänge zusammenkommen, einen Schacht abgesunken, wovon die Binge noch zu sehen wäre. Jetzt könne man nun dieses Gegentrum noch in mehrerer Teufe aufschließen, indem der tiefe Martinröder Stollen bereits mit dem Glückauf durchschlägig gemacht und von da noch acht und zwanzig Lachter ins Feld, dem Gegentrum näher getrieben worden sey, so daß nur acht und vierzig Lachter aufzuführen wären, um das Gegentrum zu erreichen. Man könne also binnen Kurzem und mit leichten Kosten (?) erfahren, wie diese zwei edlen Gänge sich mit einander vereinigten. Man vermuthete um so viel mehr einen höfflichen Bau dahier zu erobern, anerwogen sich insgemein, wenn edle Gänge miteinander rammten (sich rammelten) und in einem sanften Gebirge, wie dergleichen hier anzutreffen, ihr Streichen behielten, ein mächtiger Anbruch und Fall sich zeige.

Wäre es möglich, etwas Unsinnigeres anzurathen! Und überdies liegt, soviel sich mit Grunde beurtheilen läßt, der Punkt, wo die Rammlung der beiden Schieferflötze vor sich gehen und sie sich schaaren sollen, nämlich jenseits der Ilm am Schortenwege, schon außer den Gränzen der Flötzformation im Urgebirge. Es scheint aber als ob der Bergrichter Krieger, bei dem sich diese lächerliche Idee einmal fixirt hatte, den beiden Fremdlingen die Sache so weis gemacht und sie dafür eingenommen und gestimmt habe. Der Grundriß von dem Bergschreiber Krause, der dem gemeinschaftlichen Berichte beygefügt ist, ist eine sehr gelungene Arbeit und verbreitet besonders viel Licht über den Imhofischen Plan, das Schieferflötz in den Prophyr der Sturmhaide aufzusuchen.

Uebrigens wurde von herzogl. Bergwerks=Commission wenig verhandelt, weil weder die Freyin von Gersdorf noch andere Interessenten erschienen, daher man Zeit hatte mit der Jägerei zu überlegen, ob man im Fall der Bergbau hergestellt würde aus den Ilmenauischen Revieren genugsames Holz dazu würde erhalten können? Das Forstmannische Gutachten fiel aber nicht eben tröstlich aus; denn man berechnete, daß jährlich nicht mehr denn zweihundert Klaftern an das Bergwerk würden abgegeben werden können. Da man nun zu einem Feuer wöchentlich sechs und zwanzig Clastern und folglich jährlich 1350 Klaftern gutes Holz brauche; so wäre dies so viel wie nichts. Doch äußerte die Commission Bedenken gegen diese Angaben und es scheint, als habe schon damals die Jägerei Abneigung gegen bergmännische Unternehmungen in sich verspürt. —

Noch wurden zwei Berichte eingereicht und zu den Akten genommen, wovon der, von dem Geschwornen Kutscher seiner bittern Wahrheiten wegen, einiger Erwähnung verdient. Unter andern sagt er spöttisch: der Schacht in der alten Ilm, wo sie auch ein Gegentrum hätten suchen wollen, wäre zwei und zwanzig Lachter tief. Sie führen da nach des Ganges Ausgehendem und nach dem Flötze — würden da auch zwei Gegentrümmer antreffen eins die Ilm und das andere der Mühlgraben, weil sie nicht Wasser genug auf dem Stollen hätten. Es sey da schon viel Geld verbauet worden, weil sie nichts verstanden von Klüften und Gängen. Wenn aber die Herren Gewerken einen Dockenspieler zu einem Berginspektor und einen Kuhhirten, der nicht schreiben und lesen könnte, zu einem Berggeschwornen machten, da müsse ein Bergwerk ruinirt werden, wie es denn auch mit dem hiesigen geschehen wäre. Ihn, den Geschwornen Caspar Nicol Kutscher hätten sie auch nicht leiden können, weil er ihnen immer die Wahrheit gesagt habe. Er sey daher schon über neun Jahre von dem Werke weg, habe aber auch wegen der entwendeten Vorräthe keine Verantwortung. Der Bergschreiber Liens in Suhl, habe 1749 allein 306 Centner geschmiedet Eisen für 2 Rthlr. 12 Gr. und 339 Ctr. Gußeisen für 1 Rthlr 4 Gr. gekauft ꝛc. Das ist gewiß, daß es nach dem Erliegen des Bergbaues barbarisch zugegangen seyn mag, denn man stößt in den Akten oft auf Klagen, daß Kauen, Radstuben, ja selbst Kunsträder und Gestänge sammt dem daran befindlichen Eisenwerk zusammengehauen und fortgeschleppt würden. Sogar die Knappschaftscasse die doch sehr bedeutend gewesen seyn muß, scheint von einem damaligen Obereinfahrer für eine gute Prise erklärt worden zu seyn.

Ein zweiter Versuch wurde auf Veranlassung und Kosten einiger übrig gebliebenen Theilhaber des alten Werks im sogenannten Mittelfelde gemacht und ein gewisser Bergmeister Häcker dabei angestellt. Er fieng vom Ehrenberge her, wo das Schieferflötz ebenfalls zu Tage ausgehen soll an zu bohren. Er traf das Schieferflötz bald und setzte die Bohrversuche, mit welchen er es von Punkt zu Punkt tiefer antraf bis nahe an die Stadt fort, wo der Neuhoffnungsschacht (s. Bergwerkscharte) abgesunken wurde, welchen Punkt er für seine Absicht am bequemsten fand. Im Jahre 1765 wurde damit auch wirklich das Schieferflötz im zwei und funfzigsten Lachter ersunken, auch unter demselben Sanderze, beide aber nicht reichhaltig genug um diesen Bergbau mit Vortheil fortzusetzen. Doch haben sich schätzbare Notizen von der innern Beschaffenheit dieses Punktes erhalten, die mir der damals angestellt gewesene Steiger Paul mündlich noch mitgetheilt hat. Unter der Dammerde hat man bald den Stinkstein getroffen, der auch noch auf mehrern Punkten in der Nähe zu Tage ausgeht. Unter dem Stinkstein fand sich im sechzehnten Lachter vom Tage nieder, der ältere Gips. Zwischen beiden fand sich eine schwache Schicht rothes sandiges Gebirge und bis dahin hätte man auch nur Wasser, die durch Pumpen bis auf den Stollen gehoben wurden. Dieser Stollen, der auf den Wiesen hinterm Schloßgarten angesetzt worden war und dessen Mundloch noch sichtbar ist, brachte sieben Lachter Teufe ein. Das Gipsflötz war drei und dreißig Lachter mächtig und der darunter liegende Zechstein fünf Lachter. Das Schieferflötz war sechzehn bis zwanzig Zoll hoch und die Sanderze wurden drei Fuß hoch mitgenommen.

Im Gipsflötze selbst, so wie in den darunter liegenden Flötzschichten hatte man keine Wasser angetroffen. Unter dem Schachte und nach der Stadt (gegen Abend) zu, hat das Schieferflötz fast ganz söhlig gelegen und zwar auf vier und zwanzig Lachter weit, dann aber ist es unter ungefähr fünf und vierzig Grad gegen Abend eingeschossen, so daß kein Karrenläufer auf demselben mehr fortkommen konnte. In dieser gestürzten Lage hat man es nur noch anderthalb Lachter verfolgt, dann aber den Bau liegen gelassen, weil bis dahin die Anbrüche sich nicht verbessert hatten, obgleich Schiefer und Sanderze dabei immer metallhaltig blieben. Nur ein Streif eines Zolles mächtig, sey edel und gut befunden worden — und das müssen doch wohl die echten Strebschiefer gewesen seyn? Es ist sehr zu bedauren, daß unter solchen Umständen der Bau nicht fortgesetzt wurde, da doch bekannt war, daß auch in den ältern Zeiten taube und reiche Mittel oft abwechselten und man wohl besser Anbrüchen hätte entgegensehen können. Auch wären die Sanderze, wovon noch viele Stufen auf der Halde herumliegen, wohl der Aufbereitung werth gewesen.

II.

Geschichte

des

neuern Ilmenauischen Bergbaues.

Geschichte

des neuern Ilmenauischen Bergbaues.

Nach dem gänzlichen Erliegen des alten Werks, ließ die Landesherrschaft den tiefen Martinröder Stollen nebst dem Nassen-Orte, mit einem Aufwande von beinahe 20000 Rthlrn. offen und in fahrbarem Stande erhalten. Während dem erwartete man immer einen günstigen Zeitpunkt, um das Werk wieder anzugreifen, es stellten sich dabei aber auch immer neue Verhinderungen und gegründete Bedenklichkeiten ein, die dieses verhinderten. Enorme Anschläge, den durchbrochenen Teichdamm wieder herzustellen, die sich auf achtzig und mehr tausend Rthlr. beliefen*) sehr bedeutende Forderungen, die vormalige Gewerken und Contrahenten noch an das Werk machten, und endlich der siebenjährige Krieg waren davon nicht die Kleinsten.

Doch kam kurz nach dem Regierungs-Antritt unseres durchlauchtigsten Großherzogs die Sache wieder in Anregung und auf diesen Zeitpunkt mochte sie wohl auch in den letzten Jahren aufgespart worden seyn. Man erbat sich vom Chursächsischen Hofe den Oberberghauptman von Trebra, um von ihm ein Gutachten zu erhalten. Er kam auch wirklich im Jul. 1776 mit dem nachherigen Maschinendirektor Mende und dem Steiger Schreiber, der ein guter Flötzbergmann war und auch sogleich als Berggeschworner in hiesige Dienste genommen wurde, zu Ilmenau an. Mit rastlosem Eifer erforschte er mit diesen Männern Alles, was zu vollkommener Befriedigung seiner Absicht dienen konnte. Er durchlas die im großen Brande geretteten Bergrechnungen und Akten, befuhr den Stollen, untersuchte die alten Teiche und Graben, entwarf eine Charte und hatte sich dadurch in den Stand gesetzt, ein Muster eines vollkommenen Gutachtens mit Planen und Anschlägen zu liefern, das wohl verdiente hier wörtlich eingerückt zu werden.

Bei einem Besuche, den ich diesem vortrefflichen Manne hier machte, wurde ich von seinem Geschäfte so ergriffen, daß mir der Entschluß nicht schwer wurde, mich demselben ganz zu

*) Nach der Ausmessung des Maschinendirektors Mende, beträgt der Inhalt dieses neuaufzuführenden Stück Teichdammes 1512 Cub. Lachter und ist ein Cub. Lachter zu 1 Rthlr. 8 Gr. gerechnet, zu 2016 Rthlr. in Ansatz gebracht, wobei noch 200 Rthlr. auf Nebenkosten gerechnet worden sind.

widmen und mit ihm sogleich nach Freiberg zu gehen, wo ich die dasige Berg-Akademie drei Jahre lang frequentirte.

Das Gutachten selbst gieng dahin aus, daß das Werk, das nicht nur sehr bedeutende Summen für ausgebrachtes Kupfer und Silber gegeben, sondern auch bei den besten Anbrüchen stehen geblieben sei, allerdings eines Wiederangriffs würdig wäre. Dieser Wiederangriff sollte auf folgende Art bewirkt werden. Man solle nämlich den Johannes-Schacht, der nach den Ilmenauischen Gewerkentags-Conclusum, von 1726 durch den Bergmeister Stiebner von Freiberg und Hartzig von Clausthal, schon in Vorschlag gebracht und schon von den Alten an vierzig Lachter niedergebracht, aber verbrochen war, wieder aufmachen und ihn vollends bis auf das Schieferflötz niederbringen. Zugleich sollte auch der verbrochene Neuhoffnungs-Schacht, der 1766 von dem Bergmeister Glaßer angegeben worden, wieder aufgemacht werden, weil sich die Anbrüche, die sich so viel man davon in Erfahrung habe bringen können, doch nicht ganz schlecht bewiesen hätten, bei fernerm Betriebe leicht verbessern könnten. Den tiefen Martinröder-Stollen müsse man bis unter diesen Schacht verlängern. Endlich würde sich auch nöthig machen, den durchgebrochenen Damm des Rödels-Teichs, nebst den mittlern Kunstgraben wieder herzustellen, um jederzeit hinlängliche Aufschlagwasser für anzulegende Maschinen und Treibewerke zu haben.

Von gnädigster Landesherrschaft wurde nun eine eigene Bergwerks-Commission ernannt, die aus dem Herrn Geheimen-Rath von Göthe, dem Herrn Cammerpräsident von Kalb und dem Herrn Hofrath von Eccard, nach Abgang der beiden letztern aber, aus dem Herrn Geheimen-Rath von Göthe, und dem Herrn Geheimen-Rath von Voigt bestund. Diese Männer verabsäumten nichts um den nun beschlossenen Wiederangriff zu befördern. Zuerst übernahmen sie das mühsame Geschäft, die alten Gläubiger an dem Werke abzufinden, wo selbst auch die Herzogl. Cammer zu Weimar ihre großen Forderungen und sogar auch den Aufwand für die bisherige Erhaltung des Stollens fallen ließ, um der neuen Gewerkschaft das Werk ganz frei zu übergeben. Ein Fräulein von Gersdorf erhielt für ihre Ansprüche 6000 Rthlr. baar, und auf Lebenszeit 300 Rthlr. Pension, einiger kleinern Vergütungen nicht zu gedenken. Zugleich wurde eine Conferenz verabredet, zu welcher sich den 25. Jun. 1781 Abgeordnete vom Churhause Sachsen und Sachsen Gotha einfanden. Sie erklärten sich besonders dahin, daß man sich von Seiten ihrer Höfe nur den ihnen zukommenden Antheil vom Zehend vorbehalten, alles andere aber dem Hause Weimar überlassen wollte. Dabei wurden auch die Grundstücke der alten Gewerkschaft wieder in Besitz genommen und zum Theil auf Laßzins ausgethan. Man verschrieb den damaligen Chursächs. Markscheider Schreiber, nachherigen Bergdirektor zu Allemont in Dauphiné, um von ihm nicht nur den tiefen Martinröder Stollen, sondern das ganze Terrain, mit Teichen und Gräben aufs genaueste abziehen und aufnehmen zu lassen. Das Resultat der Bemühungen dieses geschickten Mannes ist die hier beigef[illegible] Bergwerks-Charte, zu welcher der damalige Bergcommissionsrath von Charpentier zu Freiberg die Vignette zeichnete. Den Stich besorgte der Professor Zingg in Dresden; zu Allem aber gab die Herzogl. Cammer in Weimar die Kosten her.

Nunmehro erließ die Herzogl. Bergwerks-Commission 1783 eine Nachricht ans Publikum, wovon der Herr Hofrath von Eccard der Verfasser war und welcher die neue Bergwerks-Charte beigefügt wurde. Sie enthielt eine gedrängte Uebersicht der ältern Geschichte, des gegenwärtigen Zustandes, Plan und Anschläge und eine Einladung ans Publikum zum Mitbau. Die Zahl der Kure, oder Aktien, wurde auf tausend bestimmt. Da nun nach den Anschlägen zwanzig tausend Rthr. erforderlich waren, um aufs Schieferflötz nieder zu kommen; so setzte man den Ankaufspreis für Einen Kur, auf zwanzig Thaler, wovon zehn Thaler gleich bei der Uebernahme, die andern zehn Thaler aber in zwei auf einander folgenden Terminen zahlbar waren. Man

Man bezeigte in und außer Landes ein so großes Vertrauen zu dieser Unternehmung, daß diese tausend Kuxe in kurzer Zeit untergebracht wurden, ja es würde etwas leichtes gewesen seyn, noch einige hundert mehr zu vergewerken. Das Gewerkenbuch wurde endlich auch eingerichtet, und ich wurde, nachdem ich als Sekretair bei Herzogl. Bergwerks-Commission angestellt worden war, besonders zu Führung desselben verpflichtet.

Als auf diese Weise alles vorbereitet war, geschahe den 24. Februar 1784 die solenne Eröffnung des Bergbaues, zu welcher einige Tage zuvor sich Herzogl. Bergwerks-Commission nach Ilmenau begeben hatte. In dem großen Zimmer des dasigen Posthauses versammelten sich nämlich, auf vorhergegangene Einladung, die Herren Honoratioren der Stadt und der Herr Geheime-Rath von Göthe hielt daselbst eine passende Rede, die auch gedruckt und ausgetheilt wurde, während dem aber paradirte die gesammte Knappschaft, mit ihrer hundertjährigen Fahne, vor dem Posthause. Hierauf war ein feierlicher Gottesdienst veranstaltet und nach demselben zog Alles in Prozession, an welche sich die ganze Bürgerschaft und die geschmückten Schulkinder mit ihren Fahnen anschlossen, nach dem Punkt, der durch einen Markscheiderzug des Herrn Berggeschwornen Schreiber für den Johannes-Schacht bestimmt und mit grünen Tannen-Reis umflochten war. Der Herr Geheime-Rath von Göthe that mit einer zierlichen Keilhaue den ersten Hieb, wozu hernach aus jedem Stande Einer aufgefordert wurde, und selbst die Schulkinder wurden davon nicht ausgeschlossen. Von diesem Augenblicke an ging nun die Arbeit fort, und der Tag wurde mit einigen Feierlichkeiten beschlossen.

Man war hierbei insofern vom ersten Plane abgegangen, daß nicht der alte Johannes wieder aufgemacht, sondern ein ganz neuer Schacht, unter dem Namen, Neuer Johannes, abgesunken wurde. Man setzte sich mit demselben sieben und dreßig Lachter näher an das Gebirge, wo das Schieferflötz unter ungefähr achtzig Grad einschießt und sich in einer Teufe von hundert und achtzehn Lachter alsdann flach legt. Man wußte aus alten Nachrichten, daß man hier, in der Biegung, das Schieferflötz am bauwürdigsten antreffen würde. Es machte diese Abänderung des Plans auch gar keinen Unterschied in den Kosten, denn man hätte die vom Stollen und nassen Orte herüber zu treibenden Querschläge auch um so viel verlängern müssen, was im Ganzen vier und siebenzig Lachter ausmachte, und dadurch wurde nun auch eine bedeutende Summe erspart, die weite Förderung nach dem Getreuen Friedrich ungerechnet. Ueberdieß hatte der alte Johannes auch eine unbequeme Form, die man so oft bei alten Schächten antrifft, denn er bildete ein gleichseitiges Viereck und war zu einem Fahr-Treibeschachte zu kurz, wobey er eine überflüssige und unschickliche Weite hatte. Endlich machte es auch fast eben so viel Kosten, ihn wieder aufzuziehen, als einen neuen Schacht abzusinken. Diese Abänderung des Plans war daher äußerst vortheilhaft und zweckmäßig.

Da der neue Schacht ausgemauert werden sollte, sobald man aufs ganze Gestein, den ältern Gips niedergekommen seyn würde; so wurde er dreizehn Lachter tief, wo ein loses, lettiges Gebirge herrschend war, nur in Bolzenschrot gesetzt und mit Pfählen verschossen. Man mauerte aber nur einige Lachter vom Gipse herauf, denn die Arbeit im Abteufen, wurde dadurch zu sehr aufgehalten und der Zimmerung traucte man mit Grund eine lange Dauer zu, um für die Maurerarbeit einen günstigern Zeitpunkt abzuwarten.

So wie man den Gips erreichte, gab man dem Schachte auch eine gehörige Länge und Weite, nämlich zwölf Fuß lang und fünf Fuß weit, bis auf den Stollen. Unter demselben aber gab man in jedem Stoße, noch ein halbes Lachter für zwei Kunstschächte zu, so daß er von da an neunzehn Fuß lang wurde. Alles ging vortrefflich. Im Monat April 1785 wurde man im zwei und vierzigsten Lachter schon mit dem Querschlage vom Nassen-Orte herüber und im Junius desselben Jahres, im zwei und funfzigsten Lachter, mit dem tiefen Martinröder = Stollen durchschlägig und den neunten August 1787. erreichte man im hundert und funfzehnten Lachter den Zechstein, ohne bisher im Gipse, nur einen Tropfen Wasser angehauen zu haben.

Es war auch sogleich beim Angriffe ein Bergbauamt eingerichtet, wo nichts verhandelt wurde, als was den praktischen Bergbau anging. Die Besetzung eines wirklichen Bergamts wurde noch ausgesetzt, unterdessen aber doch eine Bergjurisdiktions = Commission bei dem Herzogl. Justiz = Amte etablirt.

Während dem Abteufen wurde von dem dazu aus Marienberg verschriebenen geschickten Werkmeister Otto auch der Wassergöpel gebauet, wozu der mittlere Berggraben, eine halbe Stunde über Manebach, (Bergwerks = Charte Nr. 60.) aus der Ilm gefaßt und von seinem bisherigen Endpunkte, über dem Zechenhause, bis an den Johannes = Schacht verlängert, so daß seine ganze Länge 4668. Lachter betrug. Seinen Ausfluß erhielt er durch eine unter der Schachthalde hin getriebene Rösche und ferner durch den Chauseegraben, bis in die vor der Stadt gelegenen Oberthor = Teiche. Das Treibewerk wurde im November 1786. angeschützt, nachdem man bis ins neunzigste Lachter die Förderung mit einem dreimännischen Haspel gethan hatte. Die Herstellung des durchgebrochenen Rödelsteichs wurde noch aufgeschoben und zum Glück waren die Sommer 1787 bis 1790, so feucht, daß die Klagen der an der Ilm liegenden Müller = und Hammergewerken über die ihnen entzogenen Aufschlagwasser nicht sehr laut wurden.

Doch ich kehre zum Schachtabteufen zurück. Man hatte den Zechstein im mittägigen kurzen Stoße angehauen und setzte nun das Abteufen in der gegründeten Hoffnung nun auch das Schieferflötz bald zu erreichen, fort, als man im September 1787 im hundert und achtzehnten Lachter, mitten im Schachte im langen östlichen Stoße, Wasser anhieb. Die Bergleute mußten eilen, auf die Fahrt zu kommen, denn anfänglich gingen die Wasser ziemlich schnell auf, doch nachher immer langsamer und es gingen einige Wochen hin, ehe der Schacht bis auf den Stollen herauf voll wurde. Das Schrecken hierüber war allgemein, denn bis hierher war man noch durch keinen widrigen Zufall unterbrochen worden. Indessen hatte man bei Erbauung des Treibegöpels die Vorsicht gehabt, dessen Welle auf der Seite nach dem Schachte zu, mit einem Krummzapfen zu versehen. An diesen wurde zu Anfange des Octobers ein leichtes Gestänge angeschlossen und mit vierzehn achtzolligen Kolbenröhren der Schacht vollkommen wieder gewältigt, so daß er im Dezember desselben Jahres wieder belegt werden konnte.

Kaum hatte man aber wieder einige Schichten im Tiefsten gelegen, als neue Wasser angehauen wurden. Sie kamen stärker und gingen schneller auf als die ersten, und mit der an die Kehrradswellen angeschlossenen Interims = Maschine, war man nicht mehr vermögend, auch nur bis auf den dritten Satz nieder zu kommen. Aber noch ließ man den Muth nicht sinken, sondern faßte den Entschluß, nunmehro ein starkes und vollständiges Kunstgezeug zu bauen, wozu man alle Mittel in Händen hatte. Es wurde daher über dem Stollen, im ganzen Gipsgestein, eine Radstube gebrochen, womit man zu Anfange des Jahres 1788 den Anfang machte, und in dieselbe ein Kunstrad von zwei und dreißig Fuß Höhe hing, dessen Welle mit zwei Krummzapfen versehen wurde. Die Aufschlagwasser wurden aus der Kehrradstube in gebohrten Lutten in dem Fahrschachte hinab geleitet und gingen auf dem Stollen wieder ab. In beiden Stößen des Schachtes gingen doppelte Gestänge nieder und statt der achtzölligen Kolbenröhren, wurden zwölfzöllige eingewechselt. Im August 1788 wurde hierauf die Maschine angeschützt.

Bis auf den sechsten Satz ging nun die Gewältigung ohne Anstoß, aber hier mußte man wieder Halt machen, es war nicht möglich, auch nur um Einen Schuh weiter nieder zu kom=

men. Gott, welche Verlegenheit! Man hatte der vollkommenen Gewältigung mit dieser starken Maschine so zuversichtlich entgegen gesehen, hoffnungsvoll Zeit und Kosten aufgewendet, und mit einem Mal war Alles dahin. Es war nun kein anderer Rath, als eine zweite ähnliche Maschine vorzurichten, wozu die Radstube der vorigen gegenüber, auf der östlichen langen Seite des Schachtes, gebrochen wurde, wobei man auch anfänglich Rücksicht auf ein vier und vierzig Schuh hohes Rad nahm. Der ältere Gips ist zu solchen Anlagen, wie gemacht. Er bildet einen dichten ganzen Körper, ohne Abtheilungen in Schichten, daher er keiner Unterstützung bedarf. Dabei ist er auch weder zu fest, noch zu gebräch und die Sprengarbeit ist von der besten Wirkung. Daher waren diese Radstuben, so wie selbst auch der Schacht, der über hundert Lachter in diesem Gipse stand, die schönsten Arbeiten dieser Art, die man sehen konnte.

Im April 1786 war der Werkmeister Otto abgegangen. Man wollte einem, übrigens geschickten, hiesigen Zimmermanne einen so wichtigen Bau allein nicht anvertrauen und erbat sich den damaligen Geschwornen Baldauf von Schneeberg, dessen großes Talent im Maschinenbau damals schon bekannt war. Er entwarf einen Plan zur zweiten Maschine und auf unmittelbare Verwendung des regierenden Herzogs Durchl. bei Sr. Churfürstl. Durchl. zu Sachsen, erhielten auch zwei geschickte Zeugarbeiter, Steiger Schreiber und Steiger Süß Erlaubniß, hierher in Arbeit zu gehen, wo sich schon auch Zimmerlinge gebildet hatten, die ihnen vollkommen an die Hand gehen konnten. Im October 1789 fanden sie beim Werke ihre Anstellung und mir selbst auch wurde von dieser Zeit an, mein beständiger Aufenthalt hier angewiesen.

Die neue Maschine wurde im Quartal Crucis 1790 fertig und den 17. September angeschützt. Man kam aber mit nunmehro zwei Maschinen nur einige Lachter unter den dreizehnten Satz nieder. Allein hier standen die Wasser wieder unbeweglich und es war ihnen nichts weiter anzuhaben, obgleich nach der Schreiberischen Berechnung, in vier und zwanzig Stunden über 37968 Cubikfuß Wasser herausgeschafft wurden. Die Anstrengungen sind unglaublich, die man zu ihrer Bekämpfung anwendete. Die Räder wurden sieben Mal in der Minute umgetrieben, auch richtete man die Treibetonnen zum Wassertreiben vor, aber alles umsonst.

Hier fing nun der Muth an zu sinken und dies um so mehr, als man im Kunstschachte nicht Raum genug fand, mehrere Gestänge hinein schieben zu lassen. Und da man nicht wagte etwas Wichtiges zu unternehmen, ohne auch andere Sachverständige darüber zu Rathe zu ziehen, da Baldauf aber nicht geschwind zu bekommen war, so wurde ich mit dem Kunststeiger Süß, den 26. Januar 1791, nach Schneeberg an denselben abgeschickt, um mit ihm die Sache weitläuftig zu überlegen. Dringende Geschäfte hatten ihn aber nach Freiberg gerufen und als wir ihn daselbst aufgesucht hatten, war er eben im Begriff, nach Dresden zu reisen, wo ein nicht minder wichtiges Geschäft seiner wartete. Es blieb uns daher nur ein einziger Abend, um uns über den Gegenstand zu besprechen. Wir zeichneten, wir rechneten, aber alles umsonst, der Schacht wurde dadurch nicht weiter und nicht länger und wir kamen immer vom Neuen wieder auf die Idee zurück, neben den Johannes noch einen Kunstschacht zu setzen. Aber auch jedes Mal schreckte uns der Gedanke zurück, daß wir da noch ein Mal so viel Wasser anhauen könnten, als wir schon hatten, der großen Kosten nicht zu gedenken, die ein neuer Schacht erfordern würde. Nach langem hin und her Sinnen fragte Baldauf noch ein Mal nach der Weite des Schachtes, die fünf Fuß betrug. Jetzt, sagte er, habe er einen Gedanken, der uns aus aller Verlegenheit reißen dürfte. Anstatt, daß die Treibetonnen jetzt geräumig neben einander gingen, wollte er sie hinter einander gehen lassen und dadurch müsse noch Raum für die Gestänge zu zwei neuen Maschinen zu gewinnen seyn. Diese Idee wurde sogleich gezeichnet und vollkommen ausführbar befunden. Wir sprangen auf und umarmten uns vor Freude über den glücklichen Gedanken, dem die Einfachheit gar nichts von seinem großen Werthe benimmt.

Wir besprachen uns nun über das Detail dieses neuen Plans, der auch in der Folge von Allen gebilligt wurde, denen man ihn mittheilte und der auch bei Herzogl. Bergwerks-Commission in Weimar vollkommenen Beifall fand. Man wurde dadurch gesichert, daß man, wenn ja im Zechstein oder unter demselben, noch ein Mal Wasser angehauen werden sollten, solche durch vier so starke Maschinen für immer in der Gewalt zu behalten wären.

Auf den 6. Junius 1791 war der erste Gewerkentag ausgeschrieben. Die Herzogl. Bergwerks-Commission begab sich einige Tage vor demselben nach Ilmenau, wo sich auch eine ansehnliche Menge gewerkschaftlicher Deputirten einfand. Als sich dieselben, besonders die Kunstverständigen, durch die Besichtigung der Tagegebäude und durch Befahrung des Johannes-Schachtes und des tiefen Martinröder Stollens, vorläufig über die ganze Angelegenheit instruirt hatten, wurden die Verhandlungen des Gewerkentags selbst in Gegenwart der erwähnten Herrn Deputirten und einer ansehnlichen Zahl von übrigen sich eingefundenen Gewerken, auf der Bergamtsstube im Rathause zu Ilmenau, durch einen zweckmäßigen Vortrag eröffnet.

Schon bey der ersten Formirung der Gewerkschaft war festgesetzt worden, daß bey Gewerkentagen zwar kein einzelner Gewerke ausgeschlossen seyn sollte, dabei zu erscheinen, aber nur der sollte ein Stimmenrecht haben, der für sich selbst zehn Kuxe besäße und noch für wenigstens neunzig Aufträge hätte, so daß er für hundert Kuxe sprechen könnte. Bei gegenwärtigem Gewerktage nun wurde vornehmlich beschlossen, unverzüglich zu dem Baue der beiden neuen Maschinen, nach dem Baldaufischen Plane zu schreiten. Man hatte die Summe zu Ausführung dieser wichtigen Baue sowohl, als der gemeinen fortlaufenden Kosten, auf dieses Jahr zu 7800 Rthlr. berechnet, wozu der durch die vierte Nachricht bekannte Receß des Werks von 5000 Rthlr. noch hinzu kam.

Leider war durch die Erbauung der Maschinen die Summe bereits überschritten, die man anfänglich berechnet hatte, daher auf jeden Kux noch ein Friedrichsd'or hatte nachgezahlt werden müssen. Und auch diese Nachzahlung war, wegen dem Baue von noch zwei Maschinen, nicht auslangend, wodurch viele Gewerken mißmuthig wurden und ihre Nachzahlungen zurück hielten. Es mußte also an diesem Gewerkentage ein Beschluß deshalb gefaßt werden, der vorerst dahin ausging, daß noch ein Carolin auf jeden Kux nachgezahlt werden sollte. Die Frist zur Bezahlung wurde bis Michaelis 1791 erstreckt, wo sodann alle diejenigen, welche ihren Beitrag nicht eingesendet, präcluirt und ihre Kuxe caducirt werden sollten. Um aber doch die ganze Summe, als worauf man gerechnet, nicht zu entbehren, so wurde einmüthig beschlossen, sämmtliche caducirte Kuxe nicht wieder zu verleihen, sondern diesen Nachtrag von Seiten der Gewerkschaft selbst zu übernehmen und die Societät dadurch ins Enge zu ziehen. Indessen erschien der Termin Michaelis und es mußten hundert und sieben und vierzig Kuxe caducirt werden.

Noch in dem nämlichen Monate wurde der Bau der zwei neuen Maschinen begonnen, die zwei Radstuben sogleich mit einander belegt und über Tage die Kunsträder, Hauptschwingen und übriges Zubehör zugelegt. Es war eine Geschäftigkeit ohne Gleichen, die man daraus mit beurtheilen kann, daß beide Maschinen schon nach Verlauf eines Jahres angeschützt werden konnten. In jeden langen Schachtstoß kamen nun zwei Kunsträder, die so über einander gehängt wurden, daß die aus der Kehrradsstube herabfallenden Aufschlagwasser, bequem von einem auf das andere geleitet werden und auf den Stollen abgehen konnten.

Die drei obersten von Baldauf angegebenen Kunsträder hatten jedes vier und vierzig Fuß Höhe und lagen nach Freibergischer Art, auf zusammengesetzten Wellen. Baldauf führte dabey noch eine neue Idee aus, die den Gang der Maschinen sichtbar erleichterte. Anstatt, daß gewöhnlich horizontal liegende Kurbstangen in die über den Kunstschächten hängenden Kreutz greifen, ließ er die Kurbstangen vertical in die Höhe schieben. Hier griffen sie in große Balanciers oder liegende Schwingen an deren äußersten Enden sie durch Kugeleisen angeschlossen waren. Hierdurch wurde nach und nach, jemehr die Gestänge an Schwere zunahmen, die Schwere der Kunsträder selbst null und sie schienen in freier Luft zu schweben. Der einzige Nachtheil zeigte sich zuletzt, als die Last der Gestänge, nebst der Friktion von vierzehn zwölfzölligen Kunstsätzen an jedem Rade die Last der Räder überwogen. Sie fiengen an sich auszuheben und die darauf gesetzten Stoßstempel konnten dies auch nicht ganz verhindern und sollten die Krummzapfen auch nur einen Viertelzoll Flucht gewinnen. Sie wurden daher oft los und des Verkeilens war kein Ende.

Mit vier Maschinen, die wohl eben soviel leisteten als in alten Zeiten die dreizehn, gieng nun die Wassergewältigung vollkommen von statten und nur der Einbau der Kunstsätze und die Veränderungen an der Schachtzimmerung und der Tonnenleitung verursachte noch einigen Aufenthalt. Man kam wieder ins Tiefste, durchbrach den Zechstein der nur zwei Lachter mächtig war und den dritten September 1792 am Geburtstage unsers durchlauchtigsten Herzogs, wurde die erste Tonne Schiefer herausgetrieben.

Ob man gleich durch die angehauenen Wasser und deren Gewältigung über fünf Jahre aufgehalten worden war, so vergaß man doch an dem heutigen Tage aller gehabten Angst und Noth. Die untersten Lachter des eisernen Treibeseils, wurden mit Blumen geschmückt. Sämmtliche Honoratioren nebst der Bürgerschaft, wurden eingeladen, sie heraustreiben zu sehen. Unter Trompeten- und Paukenschall wurde sie ausgestürzt und auf die Halde gelaufen und der Tag, doch nicht auf gewerkschaftl. Kosten mit einigen Feyerlichkeiten beschlossen.

Da nach den Bergrechnungen der alten Bergverständigen, besonders der Bergmeister Stichner und Harzig unterm Johannesschachte das Schieferflötz hundert und vier und dreißig bis vierzig Lachter tief liegen sollte, worauf auch bisher alle Pläne gerichtet worden waren; so war man nicht wenig erfreuet, dasselbe schon im hundert und zwanzigsten Lachter zu ersinken. Man trieb vom Schachte weg, auf demselben drei Haupt-Oerter, nämlich:

1) Das Carl-Augusten Ort, gegen das aufsteigende Flötz, gegen Westen.

2) Das Louisen-Ort, nach dem Streichen gegen Süden.

3) Das Prinz Bernharden-Ort aber nach dem Fallen des Flötzes, gegen Norden.

Von diesen Oertern aus wurden ordentliche Streben oder Krummhälserbaue vorgerichtet.

Die Schiefer unterm Schachte fanden sich ganz ohne Kupfergehalt und man war überzeugt, auf ein taubes Mittel niedergekommen zu seyn. Und doch wollte ein Probierer auf der Saigerhütte Hettstedt, den selbst der Faktor Böse als den einzigen empfohlen hatte, der eine Schieferprobe im Kleinen machen könnte; 1 Pfd. Kupfer und 2 Loth Silber darin gefunden haben. Ich probirte in der Folge alle Theile dieses Schieferflötzes, oben, in der Mitte und unten und jedes Schieferchen, das sich nur in Etwas auszeichnete, mit Scheidewasser und Ammonium: beyde aber veränderten die Farbe nicht einmal, wenn sich in dem danebenstehenden Glase, worin sich eine gleiche Quantität Riegelsdörfer oder Eisleber Schiefer befand, ein hohes Grün oder Blau bemerken ließ. So ungern ich diese Bemerkung machte, so ließ ich mich doch dadurch noch nicht niederschlagen, weil ich mit Grund erwartete, daß sich das Flötz veredeln würde, wenn man mit dem Carl-Augusten-Orte dem aufsteigenden Flötze oder dem Winkel näher kommen würde. Ein gewisser Bergmeister Mühlberg zu Blankenburg, ein alter schätzenswerther Mann, der in seiner Jugend als Markscheidergehülfe beym Ilmenauer Bergbau angestellt gewesen war und sehr gründliche Kenntnisse davon hätte, wurde bald nach Eröffnung des neuen Bergbaues von herzogl. Bergwerks-Commission über Alles vernommen, was ihm davon noch erinnerlich sey. Eine seiner Aussagen war: daß das Schieferflötz eigentlich nur an den Winkel, oder wie er sich ausdrückte, nur an dem Rücken hin recht edel gewesen wäre. Weiter davon habe es immer an Metallgehalt verloren.

Der untere Theil des Schieferflötzes wurde von den Bergleuten Schalerz genannt, vielleicht deswegen, weil er sich wie eine Schale von dem Liegenden ablösen ließ. Diese Schalerze waren einen bis zwei Zoll stark, hatten die nämliche Farbe und Bestandtheile, wie der Schiefer, ohne jedoch schiefrig zu seyn. Bleiglanz war ihm äußerst zart eingesprengt. Wenn aber auch das Auge gar nichts davon entdecken konnte, so gaben doch alle Stufen davon Schliech. Eben so verhielt es sich auch mit den Sanderzen oder der obersten Fläche des Weißen-Liegenden. Sie glichen einem feinkörnigen weißlichtgrauen Sandstein und enthielten zarteingesprengte Erztheilchen. Da die genannten drei Oerter eine ziemliche Höhe und Weite erhalten sollten, theils wegen der Förderung, theils des Wetterwechsels wegen; wurden die Sanderze an drei Fuß hoch mitgenommen. Unten wurden sie freilich ärmer an Gehalt, aber doch gaben sie immer noch Schliech. Nur dadurch unterschieden sie sich von den obern, daß sich Geschiebe von schwarzgrauen Hornsteinporphyr von Größe einer Haselnuß bis zu einer geballten Faust, darin einfanden. An Härte und Ansehen näherten sie sich dem schwarzgrauen Feuerstein und ließen sich leicht aus der feinsandigen Hauptmasse herausschlagen.

Alles kam nun bei dem neuen Bergwerke recht ordentlich in Gang und da man mit Grunde täglich auf die Veredlung des Schieferflötzes hoffen konnte; so war es eine Freude, dabei beschäftigt zu seyn. Der Johannisschacht nebst dem Stollen, waren im besten Zustande, die Maschinen thaten ihre Dienste so gut, daß man jetzt die vierte hätte abschützen können und täglich wurden auch vier und zwanzig Tonnen oder zweihundert und vier und sechzig Ctr. Schiefer und Sanderze getrieben. Durch fortgesetzte Aufbereitungs-Versuche ergab sich und dies bestätigte sich auch in der Folge im Großen, daß ein Ctr. von den Sand- und Schalerzen durcheinander, vier Pfd. Schliech gab.

Indessen spürte man vor den beiden Oertern Louise und Bernhard, immer noch keine Veredlung und wendete sich mit ihnen so, daß sie nun mit den Orte Carl August parallel gegen das aufsteigende Flötz oder den sogenannten Rücken getrieben wurden. Hier sollten sie, wenn derselbe erreicht seyn würde, mit einander durchschlägig gemacht und ein rechter Hauptbau vorgerichtet werden.

Gegenwärtig bilden diese drei Oerter drei große Luftblasen und das auf ewige Zeiten. Denn da sie gegen die Sturmhaide zu, sämmtlich ansteigen, so wurde wenn die Wasser im Schachte aufgiengen, die Luft in ihnen gleichsam gefangen und gegen die Oerter zu gewaltsam zusammengepreßt, da sich kein Ausgang für sie fand. So natürlich dies erfolgen mußte, so hätte doch Niemand daran gedacht, wenn nicht folgender Umstand darauf geführt hätte. Der Schacht war mehrmals ersoffen und einige Mal so schnell, daß die Bergleute nur auf ihre Rettung bedacht seyn und ihr Brod, ihre Kittel, die Blenden und alles im Stiche lassen mußten. Wenn sie, nach der Gewältigung ihre Oerter wieder befuhren, fanden sie alles ganz trocken wieder, denn bis dahin hatten die Wasser nicht ansteigen können.

daß. Es war nun nichts mehr übrig, als einen Theil der alten fast verfallenen Schmelzhütte wieder herzustellen und Schmelz- und Wäschversuche im Großen anzustellen. Schon einige Jahre zuvor war ein geschicktes Berg- und Hüttenverständiger, Namens Langer angestellt worden, aber der Tod raubte ihn dem Werke zu früh — er starb den 15. Febr. 1788 in Cassel. Mit ihm gieng auch die Hoffnung verloren, das vollständige Personal für Schmelze- und Wäscharbeiten von Riegelsdorf und Bieber, bei Hanau, zu erhalten, was eine Hauptbedingung bei seiner Anstellung gewesen war. Doch erhielt man von Riegelsdorf den Hüttenmeister Schrader, der das Schieferschmelzen, besonders aber das Kupfer-Garmachen vollkommen inne hatte und mit ihm kamen auch einige Schmelzer. Für das Waschwerk wurde der Kunststeiger Schreiber, der während seines Hierseyns bis zum Einfahrer avancirt war, bestimmt, der von Kindheit an in Scheidebänken, Poch- und Waschwerken gearbeitet hätte und besonders auch den hungarischen Sichertrog geschickt zu führen und zu behandeln wußte. Zu ihm kam noch Steiger Fischer aus dem Sächs. Erzgebirge, den man als Wäschsteiger anstellte und der ebenfalls dies Geschäft gut inne hatte.

Der Schmelzhüttenbau begann also. Man überbauete vor der Hand nur zwei Schlöte, die von dem alten Werke noch da standen und wo in jedem zwei Hohofen Raum hatten; den übrigen Raum wendete man zu einem trocknen und nassen Pochwerke an, wovon das erste fast vollständig noch vorhanden war. Den Platz der von der alten Schmelzhütte noch übrig blieb, bestimmte man für die Arbeiten der Saigerhütte, wenn es dahin kommen würde.

Der Hüttenbau wurde im Sommer 1793 angefangen und vollendet, und den neunzehnten August des nämlichen Jahres der Anfang mit Schmelzen gemacht. Was aber das Ammonium im Kleinen angezeigt hatte, bestätigte sich nun leider auch im Großen. Das Schieferschmelzen gieng vortrefflich. Ohne die mindeste Beschickung, außer vorhergegangenem Rösten, flossen die Schlacken gleichsam wie Wasser aus dem Auge des Hochofens, aber an Kupferstein war nicht zu gedenken. Das Schmelzen wurde mehrere Tage fortgesetzt, aber mit nicht glücklicherm Erfolg. Schrader wurde nun ängstlich, machte allerhand Versuche und Beschickungen, schlug Fluß zu, ließ Schiefer aushalden, der doch in der ganzen Masse nichts taugte und die Schalerze ausgenommen, auch durchgehends von einerlei äußerm Ansehen war. Kurz das Schieferschmelzen, um nicht Kohlen und Arbeitslöhne vergeblich zu verschwenden, mußte einstweilen wieder eingestellt werden.

Nun kam es an das Schliechschmelzen, wozu ein Krummofen eingerichtet wurde. Hier giengs besser, man sammlete in wenig Tagen eine ganz hübsche Quantität Rohstein der noch vorhanden ist, doch ließ sich bei diesem Schmelzen nicht bestimmen, wie viel eine gewisse Quantität Schliech in Zukunft Rohstein geben würde. Denn es fand sich gar bald, daß eine große Menge davon durch das Gebläse in die Luft getrieben worden war. Auf den Rändern des Ofens und wo nur ein Absatz im Schlote war, lag er Zoll hoch und ich zweifle nicht, daß selbst der Rand des Schlotes damit bedeckt gewesen ist. Hier zeigte sich nun freilich, daß dieser Schmelzprozeß dem guten Schrader, der nur Schiefer gut zu schmelzen verstund, nicht geläufig war und es war jetzt nichts zu thun, als dieses Schmelzen ebenfalls wieder einzustellen, da der Schliech eine theure Waare war und man überhaupt auch noch nicht so viel davon vorräthig hatte, um das Schmelzen fortsetzen zu können.

Man glaubt nicht, wie schwer es ist, ein Werk ganz neu einzurichten und Officianten, die bei alten gangbaren Berg- und Hütten-Werken angestellt sind, haben davon kaum Begriffe. Bei ihnen ist alles im Gange und geht nach der Weise, die durch lange Erfahrung als die beste anerkannt ist, seinen Gang fort. Alle einzelne Theile des Geschäfts sind mit geübten Subjekten besetzt und geht eins davon ab, so sind schon wieder andere da, die sein Geschäft sich zuvor schon zu eigen gemacht und sich für dasselbe ausgebildet haben. Dies Alles ist an Orten, wo ein Bergbau neu angeht, oder wo alles abgestorben ist wie hier, ganz anders. Selbst Handwerksleute als Seiler, Schmiede u. s. w. müssen erst dazu abgerichtet werden. Freilich hält es auf alten Werken immer auch schwer, etwas Neues einzuführen und da kommen wohl auch Fälle vor, wo man sich nach Fremden umsehen muß. Aber diese bekommen allemal einen schweren Stand, denn die Alten die nicht an das Neue wollen, thun ihnen alles Herzeleid an und machen vorsätzlich alles verkehrt um es nicht aufkommen zu lassen.

Zu dieser Zeit war das Personal des Bergwerks an hundert Mann angewachsen. Man hatte nämlich:

1. Kunststeiger,
1 Grabensteiger,
2 Zimmerlinge,
6 Kunstwärter,
39 Häuer,
2 Kalbennäher,
7 Treibeknechte und Anschläger,
8 Karrenläufer,
12 Jungen und Erzscheider,
18 Mann, mit einem Steiger auf dem Stollen.

Summa 96 Mann.

Diese Zahl vergrößerte sich bisweilen, besonders wenn es am Kunstgraben Arbeit gab, bisweilen verminderte sie sich aber auch. Das Hüttenpersonal ist dabei gar nicht mit gerechnet worden, weil das Schmelzen von so kurzer Dauer war.

Durch Schrader war also nur das Schieferschmelzen und Garmachen gehörig besetzt gewesen, aber nun fehlte es noch an einem Subjekte, das die Bleyarbeit vollkommen inne hatte und an dem ganzen zum Saigerwesen gehörigen Personal bis zum geringsten Arbeiter hergab. Alle Bemühungen, dieselben bald zu erhalten blieben fruchtlos, doch hoffte man einen geschickten Hüttenverständigen vom Harze zu erhalten, schickte Schradern selbst nach Clausthal und war auch um einen tüchtigen Klaubesteiger bemüht. Dabei wurde das Hüttenwesen bis zu einer zweckmäßigern Anstellung des Hüttenpersonals einstweilen wieder eingestellt.

Desto lebhafter wurde indessen die Wäscharbeit betrieben, ja man legte über dem Johannesschachte auch noch eine Stoßherdwäsche an, zu welcher sich die Sanderge vortrefflich eigneten. Man hatte dazu die ganzen Wasser aus dem Kunstgraben, mit denen man alles das ausrichten konnte, ehe sie auf die im Schachte hängenden Kunsträder fielen. Mit ihnen wurde nun im Umtrieb erhalten:

1) Das Pochwerk.

2) Das Rad, zu den vier Stoßherden.

3) Das Kehrrad zu dem Treibegöpel.

4. }
5. } Die vier Kunsträder.
6. }
7. }

Man war doch jetzt so weit gekommen, nachstehende Berechnung zu machen, die verdient wörtlich hier eingerückt zu werden.

Von dem zu erwartenden Ertrage des Ilmenauischen Bergwerks.

Aus den von mir eingereichten und einem großen Theile der Gewerkschaft bekannten Berechnungen und Plans über die zu machenden Verbesserungen bei dem Betriebe des hiesigen Bergwerks ist bekannt, daß in einem halben Jahre oder in 182 Tagen 72072 Ctr. Schiefer und Sanderz aus dem Johannesschachte gefördert werden können*). Nach den damit angestellten Poch- und Wäschversuchen hat sich auch ergeben, daß man im Durchschnitt genommen, aus jedem Ctr. dieses gegenwärtig so armen Haufwerks 4 Pfd. Schlieche von der erforderlichen Reinigkeit erhalten wird. Aus dem ganzen Haufwerk von 72072 Ctr. sind also 2882 Ctr. Schlieche zu erwarten. Wenn die Schlieche so rein gewaschen werden, daß man aus 100 Pfd. nur 4 Pfd. erhält, 96 Pfd. Unreinigkeiten aber durch Pochen und Waschen davon bringt, so ist ihr Metallgehalt im Ctr. zum allerwenigsten**)

25 Pfd. Blei,

2 — Kupfer und

3 Loch Silber.

In der ganzen Quantität also oder in 3882 Ctr. sind enthalten:

---

*) Man darf gegenwärtig deswegen nur auf halbjährige Förderung rechnen, weil man die Baue nur in den Wintermonaten belegen kann. Mit dem Mai schon tritt Wettermangel (Luftmangel) ein, wo kein Licht brennend zu erhalten ist. Diesem Uebel wird jedoch durch eine Wettermaschine oder durch Absinkung eines Wetterschachts aus vom Stollen nieder, worüber ich bereits Vorschläge eingereicht habe bald abgeholfen werden können. Indessen wird sich aus gegenwärtiger Berechnung doch ergeben, daß auch bei halbjähriger Förderung noch einiger Vortheil zu erwarten stehet.

**) Obgleich sämmtliche Schliechsorten im hiesigen Laboratorio auf das sorgfältigste probirt worden, so hat man doch die Resultate auswärtiger geschickten Probirer angenommen, namentlich des Herrn Hüttenschreibers Schönian in [illegible], des Herrn [illegible] [illegible] in Freiberg und des Herrn Bergprobirer Reimann in Bieber.

720 Ctr. 50 Pfd. Blei	a 8 Rthlr.	. . . 5764 Rthlr.	— Gr.	
57 — 64 — Kupfer	a 30 —	. . . 1725 —	— —	
8646 Loth Silber	a 18 Gr. *)	. . . 6483 —	18 Gr.	
		Summa 13972 Rthlr.	18 Gr.	

Dies wäre die Einnahme von der Menge Erz, die in einem halben Jahre ausgefördert werden kann. Mag aber auch jährlich bei dem Schmelzen noch für 972 Rthlr. 18 Gr. Blei verbrannt werden, so bleibt die Summe dieser Einnahme desto gewisser.

13000 Rthlr.

Um nun zu erfahren ob man bei dieser Einnahme werde bestehen können, so sind nachstehende Auszüge von der Ausgabe aus den Bergrechnungen gemacht worden **).

1) Gruben- und Förderungskosten, wie auch Aufwand beym Stollen und dem Berggraben.

Rthlr.	Gr.	
11	15	an Löhnen auf 4 Kunstgezeuge,
6	—	für Kunstschmiere,
10	—	für Leder,
60	12	für Häuerlöhne, 48 Häuern.
8	—	Schmiedekosten,
13	3	Treibelohn,
2	12	Auf den Graben,
12	13	Auf den Stollen,
3	15	für Karrenläufer.

Summa 127 Rthlr. 22 Gr.

Dieses auf 26 Wochen, oder ein halbes Jahr berechnet, beträgt:

3325 Rthlr. 20 Gr.

---

*) Ein Loth Silber hätte zu 20 Gr. gerechnet werden sollen, da die Mark zu 13 Rthlr. 8 Gr. ausgemünzt wird. Dies erhöhet die Einnahme um 720 Rthlr. 12 Gr. Um aber diesen Aufsatz gleichlautend mit jenen zu erhalten, die schon ins Publikum gekommen sind, so hat dieses hier nur angemerkt werden sollen.

**) Man hat eine Woche herausgenommen, wo alles am stärksten belegt und bei vollem Betriebe war. Mancherlei, als Leder, Kunstschmiere und Grabenkosten rc. dürfte im Durchschnitt genommen, wohlfeiler zu erhalten seyn.

2) Pochwerk[illegible]

Wenn das Pochwerk gehörig vorgerichtet wird, so müssen 3 Stempel in 24 Stunden 60 Ctr. Schiefer und Sanderz durchpochen, denn in Bieber bei Hanau pocht man in eben dieser Zeit 90 Ctr.

Das hiesige Pochwerk hat 9 Stempel, folglich muß es in 24 Stunden 180 Ctr. fördern, und es gehören nicht ganz 365 Tage dazu, um eine Menge von 72072 Ctr. durchzuarbeiten. Hierzu sind zwei Pochknechte nöthig, einer für die Nachtschicht und der andere für die Tagschicht. Jeder soll wöchentlich 1 Rthlr. 6 Gr. Lohn erhalten, so beträgt dieses jährlich:

130 Rthlr.

3) Wäschkosten.

Bei den im Eingange erwähnten Berechnungen war der Anschlag auf 60 [illegible] gemacht, die ein ganzes Jahr würden zu thun gehabt haben, um die Schlämme von 72072 Ctr. durchzuwaschen und der Kostenbetrag würde sich auf 1600 Rthlr. belaufen haben.

Anstatt dieser habe ich nach der Zeit Stoßherde in Vorschlag gebracht, wo man mit einem einzigen in 24 Stunden 80 Ctr. Schlämme, folglich mit dreien in einem Jahre recht füglich 72072 Ctr. durchwaschen kann. Jeder braucht in der zwölfstündigen Schicht einen Mann und einen Jungen zu 30 und 12 Gr. Wochenlohn. Dies beträgt wöchentlich 10 Rthlr. 12 Gr. und jährlich:

546 Rthlr.

4) Hüttenkosten.

Da das Hüttenwesen noch nicht ganz regulirt ist, so läßt sich hierüber nichts mit Gewißheit in Anschlag bringen. Doch dürfte nach gemachten Ueberschlägen sämmtlicher Aufwand die Summe von

1500 Rthlr.

nicht übersteigen, indem einem Jeden von selbst einleuchten wird, daß um 2880 Ctr. leichtflüssigen Schliech zu schmelzen und die dreierlei daraus erhaltenen Metalle voneinander zu scheiden, keine unverhältnißmäßigen Summen und kaum mehr als drei Monate Zeit erforderlich seyn werden.

5) Sonstige Ausgaben:

570 Rthlr. Diener-Besoldungen,
465 — Intressen und Nebenaufwand.

Summa 1035 Rthlr.

Summarische Wiederholung der sämmtlichen Ausgaben.

Nro. 1)	3325	Rthlr.	20 Gr.
Nro. 2)	130	—	— —
Nro. 3)	546	—	— —
Nro. 4)	1500	—	— —
Nro. 5)	1035	—	— —
Summa	6536	Rthlr.	20 Gr.

Diese Summe von der, gewiß sehr gering angesetzten, Einnahme a 13000 Rthlr. abgezogen, so ergiebt sich ein Ueberschuß von:

6463 Rthlr. 4 Gr.

Es mögen davon aber auch noch 463 Rthlr. 4 Gr. für unvorhergesehene Ausgaben weggehen, so bleibt doch immer eine Summe von:

6000 Rthlr.

übrig, die wenn sie unter die nach wirklichen 800 Kuxe vertheilt wird, jedem 7 Rthlr. 12 Gr. trägt — ein Interesse, das für den Aufwand der Gewerken immer sehr beträchtlich ist.

Sollte indessen aber auch die hier berechnete Einnahme ohne Grund noch in Zweifel gezogen werden, so hoffe ich dadurch doch wenigstens so viel dargethan zu haben, daß sich das hiesige Werk auf alle Fälle gut stehet und sich bald frei bauen dürfte. Bei dem bisherigen starken Aufwand war natürlicherweise auf keine Einnahme zu rechnen; denn alle Ausgaben betrafen die Niederbringung des Schachtes, die Erbauung der kostbaren Maschinen, die Herstellung und Erhaltung des zwei Stunden langen Berggrabens, die Erbauung der Schmelzhütte, des Pochwerks u. s. w.; dieses alles ist nun in vollkommen gutem Stande und der einzige bevorstehende Bau ist noch die neue Stoßherdwäsche nebst einigen Oefen in der Schmelzhütte. Sobald diese vollendet und noch einige Vorräthe Erz zu den schon vorhandenen ausgefördert sind: so wird und muß Einnahme erfolgen.

Nur einiger Vortheile will ich hier noch erwähnen, die die Gewerkschaft in Zukunft noch haben wird und die aller Achtung würdig sind, denn:

1) sobald noch ein Wetterschacht niedergebracht oder den Wettermangel auf andere Art abgeholfen worden ist und das Werk das ganze Jahr hindurch belegt werden kann, so wird natürlicherweise noch einmal so viel, nämlich eine Menge von 144144 Ctr. jährlich ausgefördert, woraus ebenfalls noch einmal so viel Schlich, nämlich 5764 Ctr. zu erhalten und [illegible] Rthlr. Einnahme zu machen sind. Die Einnahme steigt hierdurch um das alterum tantum, da hingegen die Ausgabe höchstens um ⅓ erhöhet wird, indem die Besoldungen, die Erhaltung des Grabens und des Stollens ꝛc. fortgehen, es mag ein ganzes oder nur ein halbes Jahr gefördert werden.

Es ist gewiß, daß man mit dem Johannesschachte gerade auf einen Punkt niedergekommen ist, wo Schiefer und Sanderze unschmelzwürdig seyn würden, wenn man ihnen nicht durch die Aufbereitung zuvorkommen könnte. Die Alten schmelzten beide ohne alle Aufbereitung, wie sie solche ausförderten und machten in den letzten 9 Jahren ihres Bergbaues beinahe eine halbe Million Rthlr. Einnahme. Dies mag wohl hinlänglich beweisen, daß ihre Schiefer und Erze reichhaltiger waren, als die unsrigen. Indessen bebaueten sie eben dasselbe Flötz in einer Teufe von etlichen 90 Lachtern, welches wir gegenwärtig in einer Teufe von 120 Lachtern bearbeiten. Mit unsern Bauen gehen wir bekanntlich aufwärts, den Alten entgegen. Wir haben schon jetzt beträchtliche Veredlung verspürt und werden dieses noch mehr gewahr werden, wenn wir uns ihnen noch mehr nähern. Unsere gegenwärtigen geringen Anbrüche geben im Centner 4 Pfd. Schliech. Eben diese Menge wird bei zunehmender Veredlung, die uns gewiß ist, sechs, acht und mehr Pfd. Schliech geben und die Einnahme wird sich dadurch verdoppeln und verdreifachen, ohne daß die Ausgabe sich im mindesten erhöhte.

Einige mindere Vortheile, die die Zukunft für die Gewerkschaft aufbewahrt, übergehe ich, indem mein jetziger Zweck eigentlich nur dahin gerichtet war, einige Zweifel hinwegzuräumen, die Unkundige gegen den Erfolg dieser Bergmännischen Unternehmung haben konnten.

Ilmenau, den 16. Jan. 1794.

Joh. Carl Wilh. Voigt.

Eine solche Aussicht konnte schon den Muth des Bergmanns anfeuern, zumal da man sich edlern Anbrüchen sehr nahe glaubte und der Bergbau sich im besten Zustande befand. Am 9. Decbr. 1793 war ein zweiter und am 28. April 1794 ein dritter Gewerkentag gehalten worden. Bis dahin blieb noch ein ansehnlicher Theil der Gewerkschaft und an beiden Tagen zeigte sich besonders der gute Willen lebhaft das Werk nicht sinken zu lassen, und es wurden die zweckmäßigsten Beschlüsse gefaßt. Doch hatten die ungünstigen Schmelzversuche und das taube Mittel, auf welches man mit dem Johannesschachte niedergekommen war, dem Werke wieder eine bedeutende Anzahl von Theilhabern abgeneigt gemacht und entzogen. Mit verdoppeltem Eifer betrieb man daher die Versuchsörter, besonders aber das Carl Auguster Ort nach dem Punkte hin, wo das Flötz sich in die Höhe richten mußte. Auf letztern fiengen die Sanderze auch wirklich an sich zu veredeln, obgleich das Schieferflötz noch immer taub blieb, ein Fall, der bei den Alten öfter vorgekommen seyn soll, wo aber auch die Sanderze allemal an Gehalt zugenommen hatten. Man war mit dem Carl Augustern Orte an sechs und sechzig und ein halb Lachter vorwärts gekommen und noch blieb es unerklärbar, daß man den Winkel wo das Flötz sich aufrichtet, noch immer nicht erreicht hatte, da doch nach Fig. I. dasselbe dem Schachte zufiel und man sogar hoffen konnte, mit demselben gerade darauf niederzukommen. Doch wie sich das verhielt, werde ich unten in dem naturhistorischen Theil dieser Schrift anzeigen — das Flötz hatte ein widersinniges Fallen angenommen. Gegenwärtig beklagte man nur, Zeit verlieren zu müssen, denn an ferneres Unglück dachte nun Niemand mehr — und doch war es so nahe.

In der Nacht zwischen den vier und zwanzigsten und fünf und zwanzigsten October 1798 machte es einen Bruch auf dem Stollen und war [illegible], daß dieser Unfall dem neuen so viel versprechenden Werke das Ziel setzen würde. Es sei mir erlaubt, diesen traurigen Fall bei dieser Gelegenheit ganz ausführlich zu erzählen, um auch ein Beispiel beizubringen, in welche Lebensgefahren die armen Bergleute bisweilen kommen können.

Es war früh um zwei Uhr. Die Bergleute, an der Zahl zwölf, arbeiteten fleißig vor ihren Oertern und erwarteten nun bald das Ende ihrer Nachtschicht. Der Kunstknecht Eichel wartete mit seinem Helfersknechte die Maschinen. Er selbst hatte den schwersten Theil, nämlich, aus dem Tiefsten, bis herauf auf den zehnten Satz übernommen, wo immer etwas vorfiel, letzterer aber von dem zehnten Satze bis herauf auf den Stollen. Alle sieben und funfzig Sätze hoben und gossen ordentlich aus, so daß Eichel auf einem Bänkchen ruhte, das sich die Kunstknechte auf der Liederbühne des zehnten Satzes gemacht hatten, denn es kamen oft Perioden vor, wo diese Leute unmenschlich arbeiten mußten und einiger Ruhe bedurften. Man sahe sie selten anders auf- und abfahren, als mit ein Paar Kolben auf den Köpfen, die Hände voll Gezähe und dabei durchnäßt bis auf die Haut.

Plötzlich stürzte eine Menge Wasser den Schacht herein. Eichel springt auf, glaubt der Helfersknecht habe oben etwas versehen, untersucht ohne Licht, denn die Wasser hatten ihm schon die Blende aus der Hand geschlagen, Satz vor Satz, bis auf den Stollen herauf, findet aber da alles in der Ordnung. Wie er aber den Stollen erreicht, sieht er die Wasser von demselben herkommen, anstatt daß sie da abgehen sollten. Ein alter Bergmann, der eben einfahren wollte, stand erschrocken da und hatte zum Glück noch Licht. Jetzt nimmt Eichel seine letzten Kräfte zusammen, fährt noch die zwei und funfzig Lachter zum Tageschachte heraus, schlägt die Aufschlagwasser weg, macht Lärm und fährt in dieser Hast auch sogleich wieder ins Tiefste, um die da befindlichen zwölf Bergleute zu retten und es war hohe Zeit. Die Wasser durften noch zwei Fuß hoch steigen, so wären die drei Oerter, die schon auf zwei Lachter anstiegen, nicht mehr zugänglich, die Bergleute dahinter gefangen und ohne Rettung verloren gewesen. Eichels Geistesgegenwart hatte sie gerettet und er erhielt auch wie billig, eine gute Belohnung.

In dieser augstvollen Stunde wurde auch ich aus dem Bette geholt. Es war eine stürmische Herbstnacht. Als ich in den Schacht hineinfuhr, begegnete mir der Einfahrer-Schreiber, der schon auf dem Stollen gewesen war, um den Bruch zu untersuchen, er hatte ihn aber nicht mehr zugänglich gefunden. Der Stollen hatte dahinwärts viel Fall, die Wasser waren daher schon bis an die Förste herauf angestiegen. Er fuhr nun, mit einigen Bergleuten den Getreuen-Friedrich-Schacht, (Bergwerks-Charte Nr. 31.) der drei hundert Lachter weiter unterwärts auf den Stollen niedergeht, hinein und da fand sich denn der Bruch zwei hundert Lachter vom Schachte weg, ungefähr unter dem verbrochenen und jetzt eingeebneten Schachte, König David. Er lag vor, wie eine Mauer und nur aus der Förste träufelte etwas Wasser herab. Schon den andern Tag wurde Anstalt zu seiner Hinwegräumung getroffen, aber eingetretener Wettermangel erlaubte nicht mehr, vor denselben zu kommen. Einige Bergleute wollten es auf Kosten ihrer Gesundheit zwingen, aber Uebelkeit und Erbrechen waren die Folgen ihrer Anstrengung. Der Wettermangel wurde immer stärker und das schien deswegen sonderbar, weil man zuvor, ehe der Johannesschacht mit dem Stollen war durchschlägig gemacht worden und folglich auch kein Wetterzug statt finden konnte, bis vor Ort hätte fahren können. Und jetzt, kaum halb so weit, war dies nicht mehr möglich. Vielleicht kann das mit dazu beigetragen haben, daß jetzt die Wasserseige mit durchgebrochen und verschüttet war, die zuvor zum Wetterwechsel beigetragen haben konnte.

Man fing nun an Wettermaschinen zu brauchen, um vor den Bruch zu kommen, Wetterlutten, eine Wettertrommel, Blasbälge und endlich gar die neue Humboldtische Wettermaschine;

aber alles umsonst. Endlich schritt man zu dem unfehlbarsten, aber auch kostbarsten Mittel. Man gewältigte nämlich das Nasse-Ort, das zehn Lachter über dem Stollen getrieben worden, wieder auf, um über den Bruch zu kommen, ging mit einem Gesenke darauf nieder und erreichte ihn endlich. Kaum hatte man einige Schichten davon weggesaubert, als die dahinterstehenden Wasser die Gewalt bekamen und ihn den Stollen hinab mit sich fortrissen. Es geschahe dies im Quartal Trinitatis 1798. Man hatte also beinahe zwei Jahre damit zugebracht. Man wunderte sich nun daß, der Durchbruch nicht eher erfolgt war, denn der Bruch war gar nicht von Bedeutung gewesen, so viel Noth und Arbeit, so viel Zeit und Geld er gekostet hatte.

Jetzt war nicht nur die ganze Baarschaft erschöpft, sondern man hatte auch unter der Garantie des Landesherrn mehrere tausend Rthlr. zum Betrieb des Werks aufgenommen, und die Gewerken mußten sich nun um so eher noch eine Nachzahlung gefallen lassen, da in den zwei Jahren des Stillstandes an den Maschinen viel zu Grunde gegangen war und man doch immer noch ein Jahr Bergbau treiben mußte, ehe das Schmelzen mit Erfolg wieder angefangen werden konnte. Zwölf tausend Rthlr. möchten dazu hinreichend gewesen seyn. Aber durch das letzte Unglück war auch die standhaft gebliebene kleine Zahl der Theilhaber vollends abgeschreckt worden und keiner leistete ferner Zahlung. Man hoffte anfänglich zwar, daß die Sache sich wieder einrichten lassen würde, man verschwendete gute Worte an abgesprungene Gewerken, man negociirte privatim und wendete alles an, um neue Theilnehmer zu erwecken, aber vergebens. Krieg und bedenkliche Zeiten kamen hinzu und so verging ein Jahr nach dem andern, wo Grosherzogl. Cammer zwar den Stollen und die Schächte offen und in den fahrbaren Stande erhalten ließ, wo aber auch nicht die kleinsten Fortschritte gethan werden konnten.

Endlich wurde unterm 12. Jul. 1812 Bericht erfordert, „ob bei dem beträchtlichen Aufwande, welchen die Erhaltung des tiefen Martinröder-Stollens verursachte und den zweifelhaften Aussichten des darauf gegründeten Bergwerks, es nicht rathsam sei, den Stollen eingehen und das Bergwerk auflässig werden zu lassen?

Wenn ein Bericht Schwierigkeiten hatte, so war es gewiß dieser. Denn wer konnte bestimmen, ob sich in zwanzig, funfzig, hundert Jahren, oder nie eine Gesellschaft finden würde, die einen neuen Angriff wagen möchte. Und konnte man dies nicht, so wäre es doch auch ein hartes für die Grosherzogliche Cammer gewesen, so aufs Ungewisse hin, Stollen und Schächte im Bau zu erhalten, was jährlich einen so bedeutenden Aufwand erforderte, für den mit Bestimmtheit, kein Ersatz zu hoffen war. Auf der andern Seite war aber doch auch nicht alle Hoffnung aufzugeben, diesem schwerköstigen Werke noch etwas abzugewinnen und die Wohlfahrt der Stadt Ilmenau hing zum großen Theil von dem Gange dieses Bergwerks ab und sollte es auch nur bis zum Freibau gebracht werden können. Bis zum Schmelzen war es doch wirklich gekommen und die aufgewandten Kosten, mehr als siebenzig tausend Rthlr., gingen ganz verlohren, wenn man nicht fortbauete. Aber was half das alles, wenn Niemand zum Fortbau zu bewegen war.

So viel ergab sich jetzt mit Gewißheit, daß dieser Bergbau auch bei den günstigsten Umständen, nie viel Ueberschuß geben konnte, wenn er auf die bisherige Art betrieben werden sollte, das heißt, wenn man das Schieferflötz zu erreichen suchte und die Wasser durch Maschinen gewältigen und auf dem Martinröder Stollen abziehen lassen wollte. Eben diese Maschinen erforderten einen zu großen Aufwand. Denn außer dem, was sie selbst zu bauen und zu unterhalten kosteten, erforderten sie auch Schutzteiche und Kunstgräben, die meilenweit hergeleitet werden mußten. Es war zwar möglich, daß sich das Werk frei bauen konnte, aber auf vielen Ueberschuß war, der großen Kosten wegen, nicht zu rechnen. Wo sind aber die großmüthigen

Unternehmer, die nur den Wohlstand der Stadt Ilmenau berücksichtigen, für sich selbst aber nichts gewinnen wollten!

Es ist möglich, mit einem neuen Stollen von der Gera her alle alten Baue, ja selbst das Schieferflötz zu unterteufen, was in der vierten Abtheilung dieser Schrift näher bestimmt wird. Würde dieser Plan dereinst genehmigt, so fielen bei dem neuen Werke alle kostbaren Maschinen, Kunstteiche und Kunstgräben weg und es ließ sich dabei nicht ein Mal ein Fall denken, der den tiefen Martinröder Stollen noch nöthig machen könnte; wozu also seine Erhaltung? Sie könnte, je nachdem sie von Dauer wäre, so viel Aufwand erfordern, als die Ausführung des neuen Plans.

Alle diese Umstände wohl erwogen und gegen einander gehalten, bestimmten endlich die Landesherrschaft, die Sistirung des Stollens anzuordnen und dessen theure Unterhaltung der Cammer zu ersparen. Hiernach wurden die beiden Hauptschächte, nämlich der Neue-Johannes- und der Getreue-Friedrich mit starker Wölbung, die noch offenen Lichtlöcher aber, nämlich das zweite, fünfte, sechste und achte, nur mit Holzwerk verbühnt, wozu man die geräumigen Kauen nahm, da kein frisches Holz mehr vorräthig war. Die herzogl. Cammer die in sehr bedeutenden Vorschüssen steht, übernahm die Erhaltung sämmtlicher Grundstücke und Gebäude und das bewegliche Inventarium wurde veräußert. Die vorräthigen Schlieche, an 300 Centner, wurden in sichere Verwahrung gebracht. Die bemittelten Bergleute ergriffen andere Handthierungen, die armen bekamen Gnadengehalt und noch andere erhielten Arbeit auf dem herrschaftlichen Schieferkohlenwerke bei Cammerberg. So endete abermals der Ilmenauische Bergbau, nachdem er unter günstigen Auspicien große Erwartung erregt und 76036 Rthlr gekostet hatte. Auch hier bestätigte sich das Beltheimische Motto:

> Aerzte, Maulwürfe und Bergleute haben vieles mit einander gemein. Sie tappen allesammt im Finstern und das Ende ihrer Arbeiten sind Erdhaufen.

Natürliche Beschaffenheit des Ilmenauischen Flötzgebirges.

Von Allem, was den Alten beim Betriebe des Ilmenauischen Bergbaues abgieng, war ihnen nichts so nachtheilig und verderblich, als die gänzliche Unkunde von der natürlichen Beschaffenheit ihres Gebirgs und es bleibt immer begreiflich, wie nach so langem und vielfachem Betriebe dieses Werks auch nicht ein einziger darauf verfiel aus dahin einschlagenden Erfahrungen und Beobachtungen Vortheil zu ziehen. In den Akten wenigstens findet sich davon keine Spur und eben so wenig in den Arbeiten, die von ihnen noch übrig sind.

Sie hielten das Schieferflötz, das vom Tage nieder theils senkrecht, theils flach, theils überhängend einschießt, in gewisser Teufe aber sich flach legt, für einen Gang und selbst noch unter Roda, wo es wohl 45 Grad Fallen hat, behielten sie diese Benennung und auch den Irrthum bei, daß sie auf einem Gange baueten. Und dennoch hätte dieser Irrthum noch nicht einen so nachtheiligen Einfluß auf den Betrieb ihres Werks gehabt, wenn sie das Flötz in beiderlei Richtung nur ordentlich abgebauet hätten. Aber mit demselben noch nicht zufrieden, suchten sie sowohl zu Roda, als an der Sturmhaide mit unendlichem Aufwande, erst noch das rechte Flötz — und wo suchten sie es? im rothen Todliegenden, und wohl noch tiefer, im Porphyrgebirge selbst. Das war gewiß unverantwortlich!

Im Rodaischen oder Rödlitzer Werke brachte der Bergdirektor Keller einen Schacht, Seegen Gottes genannt, 184 Lachter tief im Liegenden nieder und bahnte darin noch 36 Lachter um das rechte Sturmhaider Flötz zu kriegen, aber natürlicher Weise umsonst. Um zu zeigen, wie sehr es ihm Ernst war, nehme ich das Nachstehende aus seiner gründlichen Nachricht ꝛc. wo er S. 16 davon sagt: „Weilen der Gang an etlichen Orten flach fiel, so hatten die Vorfahren „zwey Schächte vom Tage hinein, nehmlich ein Seyger Schacht, ohngefähr 40, 50 bis 60 Lachter in die Tiefe geführt, und zwar auf allen Gruben, wo man nun mit dem Seyger-Schacht „den Gang (nämlich das Schieferflötz,) getroffen, da wurde im Flachen auf den Gang alles mit „Haspeln und Menschen-Händen gezogen, und inzwischen mit dem Seyger-Schacht in liegenden „abgesunken, und wenn man 10 bis 11 Lachter nieder gekommen, ist allezeit ein Querschlag „durchs liegende, aus dem flachen nach den Seyger-Schacht getrieben worden, damit die Haspel „nicht zu hoch, und zu schwer zu ziehen sey, aus den Seyger-Schacht hat man so dann mit „Pferden getrieben ꝛc.

Es ist noch bis auf diese Stunde auf den Stollen zu sehen, daß unterm Kupferberge, wo das Rodaische Werk eigentlich bebauet wurde, das Schieferflötz unter ungefähr vierzig Grad einschießt und mit allen Schächten getroffen worden seyn muß, die auf dasselbe niedergiengen. Es war daher jeder Schlag überflüßig der gethan wurde, um in mehrerer Teufe, nämlich im Liegenden, ein zweites oder das sogenannte rechte Sturmhaider Flötz, zu ersinken.

Seite 20. heißt es ferner in der Kellerischen Schrift: „Es ist aber das Rothische Werk „nicht etwa um deswegen eingestellt worden, weil man die Wasser nicht mehr gewältigen und „tiefer kommen können, maßen ich meine Ehre und alles dran setzen wollen, noch 50 Lachter „abzuteufen, sondern weil ich endlich alle Hoffnung, das Flötz des Orts zu treffen verlohren, indem in den 36 Lachter, so ich über die Abteufung gebohrt, sich davon nichts geäusert, und der „klare Beweiß dessen dagewesen, indem das Liegende röthlich, sandig, hornsteinigt Gebürge, an „etlichen Orten Eisen feste, (das war nämlich der Hornsteinporphyr,) hingegen das hangende festes Kalk-Gestein, (nämlich der ältere Gips,) welches insgemein auf des Flötzes Dach lieget, „hinter den Kalk-Gestein aber, wenn man solches ins hangende naus mit einem Orte überfuhr, „ordentlich Sand-Gebürge war, so hatte sich auch von Ilmenau, oder dem Dorffe Ober-Pörlitz „das Sandgebürge allmählig nach Roda zu herein geschoben, und das Kalk-hangende je länger „je schmäler gemacht, also, daß an selbigen Orte, wo man das tiefste hatte, das Kalk-hangende „nicht drei Lachter mehr stark war, dahero aus solcher Raison da auch kein Flötz seyn kunte, ja „es war kein Gang mehr zu sehen, auch keine Saal-Band vom Gange mehr vorhanden noch „zu sehen, sollte auch jemand auf die Gedanken fallen, daß es vielleicht ein Sand-Rücken gewesen, so weise selbigen auf die 36 Lachter, welche gebohrt, und auf die Querschläge, die ich „ins hangende und liegende getrieben, 18, 20 auch 30 Lachter lang."

Man wird aus dieser Schilderung zwar nicht recht klug, doch scheint es, als ob das Schieferflötz weiter nach Elgersburg hin, auf eine gewisse Distanz gefehlt hätte und gleichsam verdrückt worden wäre. Der Umstand gehet aber klar daraus hervor, daß Keller im Liegenden ein zweites Schieferflötz suchte, welcher unverzeihliche Irrthum damals aber allgemein zu seyn schien und großen Aufwand verursachte. Daß aber auch durch diese anscheinende Verdrückung das Schieferflötz hier seine Endschaft nicht ganz erreicht hat, wie es gegen das Ende der Keller'schen Werke den Anschein haben möchte, beweißt der Augenschein, indem es jenseits Elgersburg wieder zu Tage ausgehet und zwar kupferhaltig.

Bei dieser Verwirrung der Begriffe von Gang und Flötz that man immer auch noch den Mißgriff, daß man allemal, wenn fremde Bergverständige zu Rathe gezogen werden sollten

Gangbergleute vom Harze oder aus dem Sächs. Erzgebirge dazu verschrieb, denen der Flötzbergbau völlig unbekannt war, daher immer auch falscher Rath ertheilt wurde, der das unnütze Untertreiben und Abteufen im Liegenden veranlaßte.

Vom Sturmhaider Werke findet sich ein Beispiel in den Akten, worüber man erstaunt und wirklich die guten Alten wegen der Unwissenheit bedauern muß, die in jenen Zeiten noch allgemein zu seyn schien.

Im Sommer 1752 nämlich ward, wie oben schon berührt, der Berghauptmann v. Imhof aus Cellerfeld ersucht, seinen guten Rath zu ertheilen, wie dem liegen gebliebenen Bergbaue am vortheilhaftesten wieder aufzuhelfen sey. Der Bergrichter Krieger, der von den blühenden Zeiten dieses Werkes übrig geblieben und noch am Leben war, hatte bereits Vorschläge deshalb gethan, wo er für besonders zuträglich hielt, das Gegentrum vom Rodaischen Gange (ich kann nicht oft genug wiederholen, daß man das dasige Kupferschieferflötz irrig einen Gang nennte,) von der Gottesgabe, einem Schachte des Ilmenauischen Werks aus, unter der Stadt aufzusuchen. Kann man sich etwas Tolleres denken! Ein Gegentrum von einem Flötze zwischen jüngern Flötzschichten!

Herr v. Imhof war nicht dieser Meinung. Er schien das Widersinnige derselben zu fühlen, ohne jedoch aus der Natur der Flötzgebirge hergenommene Gründe zu haben, ihn ganz niederschlagen zu können. Er that aber einen andern eben so mißlichen Vorschlag: Man sollte nämlich den damals schon verbrochenen Schacht, Herzog Wilhelm Ernst, bis auf den tiefen Martinröder Stollen nieder, wieder aufmachen und in Stand setzen und ihn bis auf den Stollen herauf verstürzen. Vom Stollen aus sollte man aber ein Ort ins Liegende treiben, um den eigentlichen Sturmhaider Gang (der doch gar nicht existirt,) damit zu überfahren. Auf diese Art würde man ein ganz neues Werk erhalten, ohne wie bisher von den Wassern belästigt zu werden, die ihren freien Abzug auf den Stollen hätten.

Dem Herrn von Imhof war vielleicht unbekannt, daß seit seinem Hierseyn im Jahre 1736 bereits Versuchsörter, aber ohne Erfolg, in die Sturmhaide getrieben worden waren. Ob er in jenem Jahre gleich das Werk selbst befahren und sich, was er in seinem Aufsatze ausdrücklich anführt, durch den Augenschein überzeugt hatte, daß der Gang sich aufs Flötz aufsetze, oder daß das Schieferflötz, welches bisher fast vertical eingeschossen war, in einer gewissen Teufe in eine mehr söhlige Richtung kam — so konnte ihm dies doch nicht ganz klar geworden seyn, sonst hätte er den scharf einschießenden Theil des Schieferflötzes gewiß nicht für einen Erzgang gehalten und dessen Aufsuchung im Liegenden angerathen. Und doch glaube ich die Veranlassung zu diesem Irrthume gefunden zu haben.

Es findet sich in den Akten ganz kurz berührt, daß in der Gegend des Treppenschachts ganz unerwartet das Liegende hervorgetreten sey und den vermeintlichen Sturmhaider-Gang dergestalt abgeschnitten oder verdrückt habe, daß auch keine Spur davon übrig geblieben sey. Man nahm also sein bisheriges Hauptstreichen Stunde 7$\frac{7}{8}$ ab, um ihn nach demselben wieder aufzusuchen. Unglücklicher Weise führte aber diese Linie die Irregewordenen gerade in's Porphyrgebirge der Sturmhaide und dies um so weiter, als dieses von dem Punkte an merklicher in's Flötzgebirge hervortrat. Ob nun gleich der Martinröder Stollen vom Johannesschachte her großentheils auf dem vermeintlichen Sturmhaider-Gange oder dem aufsteigenden Flötze hergetrieben worden war und man den Schluß machen konnte, daß man ihn weiter dahinwärts wieder ausrichten würde, so scheint es doch, als ob man geglaubt hätte, in der Sturmhaide einen ganz andern Gang zu haben als bei Rodo, und vielleicht glaubte man auch, daß beide Gänge paralele mit einander fortstrichen. Und darin hatte auch wohl der Irrthum seinen Grund, daß man in Rodaden Sturmhaider, in den Sturmhaider aber den Rodaischen Gang zu finden hoffte. Dies war also wohl der Beweggrund, einen Gang im Liegenden des Sturmhaider Flözgebirgs zu vermuthen. Man trieb vom Stollen aus nicht nur zwischen dem Treppenschachte und der Gottesgabe, sondern auch vom Herzog Wilhelm Ernst aus, Oerter nach demselben. Mit dem erstern erreichte man, nach einem in den Akten befindlichen Risse, die Streichungslinie schon im drei und dreißigsten Lachter, da man aber da den Gang noch nicht überfahren hatte, so setzte man diese Arbeit noch auf achtzig Lachter weiter, gegen Südwest fort, aber, wie sich leicht denken läßt, ohne allen Erfolg.

Ob man nun wohl durch diesen verunglückten Versuch hätte können klug geworden seyn, so unternahm man doch noch einen zweiten, nämlich mit einem Orte, vom Wilhelm Ernst aus. Man trieb es über hundert Lachter gegen Südwest, war damit aber nicht glücklicher. Bei den Akten findet sich ein recht sauberer Grundriß von dem oben erwähnten Markscheider Krauß aus Saalfeld, von 1742, der dies alles recht deutlich und getreu darstellt. Hätte man das durch eine vorliegende Masse des Todtliegenden abgeschnittene Schieferflötz aber mit Erfolg wieder aufsuchen wollen, so durfte man dieselbe nicht durchbrechen, sondern man mußte mit einem Orte drum herumgehen, wo es eher möglich gewesen wäre es wieder auszurichten. Zum Glück kam es indessen weder an den v. Imhofischen Vorschlag, den vermeintlichen Gang in der Sturmhaide aufzusuchen, noch an den des Bergrichters Krieger, auf den Gegentrum des Rodaischen Schieferflötzes sein Heil zu versuchen. Doch wollte dieser seinen Plan nicht aufgeben, denn in einem besondern, in den Akten befindlichen Aufsatze, rechtfertigt er denselben auf folgende Weise: Man habe, führt er an, nicht nur alte Urkunden von dem unter der Stadt befindlichen Gegentrum des Rödlitzer Ganges, sondern auch dadurch den augenscheinlichen Beweis, daß schon vor Alters die St. Laurenzer Gewerken nicht hätten zugeben wollen, daß sich eine andere Gewerkschaft da einlegte und diesem ihrem Felde zu nahe komme. Auch zeigten alte Pingen und Halden, daß in solchem Gegentrum Baue angestellt gewesen und auch Schiefer und Sanderze wären gefördert worden. Endlich fiel auch dieses Gegentrum dem Sturmhaider Gange zu und nach bergmännischen Dafürhalten pflegte in einem solchen Falle ein Gang den andern zu veredeln u. s. w. Alle diese Gründe aber sind mit Nichts unterstützt und es würde auch ganz wider die Natur der Flözgebirge und namentlich des hiesigen seyn, eine solche Erzlagerstätte hier vermuthen zu wollen. Die Veranlassung zu einer solchen Hoffnung war eine alte schriftliche Nachricht von 1585, von einem Churpfälzischen Bergbereiter, mit Namen Hans Fischern, der dies Wunder durch die Wünschelruthe herausgebracht hatte.

Und doch glaube ich noch eine Veranlassung in den Akten gefunden zu haben, warum man so fest an ein Gegentrum glaubte, ob ich gleich auch nicht begreife, wie die Alten bei ihrer geringen Kenntniß darauf verfallen konnten.

Das Wort Gegentrum ist eigentlich nur beim Gangbergbau gebräuchlich. Wenn nämlich ein Gang an einem Bergabhange sein Ende erreicht, aber in dem gegenüber stehenden Berge wieder ausgerichtet wird, so wird diese Fortsetzung das Gegentrum von jenem Gange genennt. In einigen Gegenden ließe sich es wohl auch von Flötzen anwenden, die aus einem Berge in den andern fortsetzen und die bei der Thalbildung getrennt worden seyn könnten. Kurz, es scheint eine vorhergegangene Trennung vorausgesetzt werden zu müssen, um das Wort Gegentrum richtig anwenden zu können.

Hier bei Ilmenau nun ist der Fall, daß sich das Sturmhaider Flötz unter der Stadt wieder emporhebt, so daß es jenseits derselben mit dem Neuhoffnungsschachte im zwei und funfzigsten Lachter wieder ersunken werden konnte und am Ehrenberge wieder zu Tage ausgehen soll. Ob man sich nun gleich erst im Jahre 1765 davon vergewisserte, so scheinen die Alten doch auch Notiz davon gehabt und den Theil des Flötzes, der sich unter der Stadt emporhob, wiewohl unschicklich, das Gegentrum benennt zu haben. Wenn sie daher die vom Sturmhaider Werke aus dahin getriebenen Oerter continuirt hätten, so wäre es vielleicht möglich gewesen, in diesen Theil des Schieferflötzes zu kommen: In diesem Fall wäre es doch aber auch nicht das Gegentrum vom Rodaischen vermeintlichen Gange gewesen, wie sie sich ausdrückten. Man siehet hieraus, daß die Alten ihr Flötz gar nicht kannten, sich dadurch unendlich schadeten und durch das eben so kostbare als zwecklose Oertertreiben nur die Kosten vermehrten und sich immer stärkere Wasser zuzogen.

Doch ich wende mich zu der wahren Beschaffenheit des Ilmenauischen Flötzgebirgs, die ganz offen daliegt und gar nicht schwer zu ergründen ist. Das beigefügte Profil, Fig. 1. entwarf ich 1779 nach Befahrung des tiefen Martinroder Stollens und nachdem ich mich über Tage umgesehen hatte, und noch hat sich dasselbe so bestätigt, daß ich jetzt, nach ein und vierzig Jahren, nichts Wesentliches daran zu ändern weiß.

Nur das muß ich noch bemerken, daß der Stollen nicht, wie es auf diesem Profil das Ansehen hat, in gerader Linie, von Martinroda herauf, auf den Johannesschacht zu geht. Er kommt wol vierzehnhundert Lachter, weiter unterwärts (bei Nr. 12. auf der Bergwerkscharte) in's Schieferflötz und ist auf demselben bis auf den Punkt, Tab. I. Fig. 1. e. herangetrieben, wo er mit dem Johannes durchschlägig gemacht wurde. Das eilf Lachter über den Stollen befindliche Nasse-Ort ist von Roda her auch beständig auf dem Flötze getrieben worden. Auch haben die Flötzschichten auf der Linie des Stollens, vom Mundloche an, bis dahin, wo er das Schieferflötz erreichte, weit mehr Fallen, wie bei Fig. 4. zu sehen ist.

Das Ilmenauische Flötzgebirge ist an den östlichen Fuß des Thüringer Waldgebirgs angelegt, der auf mehrere Meilen weit hauptsächlich aus Porphyr besteht. Uebrigens aber findet in diesem weitläuftigen Gebirge, eben die Abwechselung von Gebirgsarten statt, wie in andern ausgebreiteten Urgebirgen. Man findet nämlich außer den verschiedenen Porphyrarten, noch Granit, Syenit, Hornblendeschiefer, Thonschiefer, Glimmerschiefer, Grünstein, Gneuß u. s. w., die ich jedoch gegenwärtig, als zu meinem Zwecke nicht gehörig, nicht weiter berühre *). Nur des Umstandes will ich noch gedenken, daß das bituminöse Mergelschieferflötz den Thüringer Wald ringsum umgiebt und auch auf vielen Punkten bergmännisch behandelt worden ist. Ich nenne davon nur die bekanntesten, von denen gegenwärtig doch kein einziges mehr bebauet wird, nämlich die Kupferschieferwerke bei Großen-Camsdorf im Neustädter Kreise, die Saalfeldischen, Schwarzburg-Rudolstädtischen bei Blankenburg, wo man zwar abwärts das Schieferflötz hat, aber doch nur die Flötzrücken bebauet, die man dort unrichtig Gänge nennt. Ferner bei Königsee.

Nun folgen in der Reihe die hiesigen, darauf die im S. Gothaischen bei Dürenberg, Catterfeld und Friedrichsroda — die Eisenachischen bei Heiligenstein Eckardshausen und Walldfischa — die Meiningischen bei Schweina, im Sächsischen bei Benshausen, Albrechts u. s. w. Auf andern Punkten um dieses Gebirge herum, die hier nicht genannt worden sind, giebt der

---

*) Ueber die mineralogische Beschaffenheit dieses Gebirgs sind nachzulesen: 1) Heims geologische Beschreibung des Thüringer Waldgebirgs ꝛc. Hildburghausen bei Hanisch. 2) Anschütz, über die Gebirgs- und Steinarten des Chursächs. Henneberg's. 3) Voigts mineralogische Reise durch das Herzogthum Weimar und Eisenach, 2 Bände. 4) Dessen mineralogische und bergmännische Abhandlungen, 3 Theile.

Augenschein, daß das Schieferflötz in der Tiefe vorhanden seyn muß, wenn es auch noch nicht entblößt worden ist, denn die Flötzschichten, die dasselbe gewöhnlich bedecken, sind vorhanden und sichtbar und lassen mit Grunde auf das schließen, was unter ihnen verborgen liegt.

Ob dieses Schieferflötz auch ringsum bauwürdig ist, hat sich noch nicht bestätigt. Bei Ilmenau indessen hat es sich seit mehrern Jahrhunderten nicht nur am bauwürdigsten, sondern wegen der vorzüglichen Sanderze und dem hohen Silbergehalte der Kupfer, bisweilen auch ungemein reich gezeigt, daher es auch nirgends so ernstlich bearbeitet worden ist, leider aber auch nirgends mit so großen Schwierigkeiten. Die Kupfer hielten selten unter zwei Mark Silber im Centner, bisweilen aber auch besonders in Roda, drei Mark einzelner sehr reicher Anbrüche nicht zu gedenken.

Das Porphirgebirge schießt bei Ilmenau nicht durchgehends flach unter die darauf liegenden Flötzgebirgsarten ein, sondern bisweilen auch senkrecht, ja sogar überhängend und in allen diesen Richtungen folgt ihnen am Fuße der Sturmhaide sowohl das Schieferflötz als die übrigen Flötzgebirgsarten, die in der Folge näher angezeigt werden sollen. Ich wünschte mich über dieses Fallen oder Einschießen recht deutlich expliciren zu können, weil ohne ein deutliches Bild davon zu haben, vieles unverständlich bleiben würde, was ich davon anzuführen habe. Doch versuche ich, es durch folgendes Gleichniß anschaulich zu machen.

Wenn ich Jemand das Einschießen des hiesigen Schieferflötzes versinnlichen will, nehme ich ein länglichviereckiges Stück Pergament oder Pappe und halte die eine der langen Seiten nach oben, die kurzen Seiten in beiden Händen. Nun biege ich mit der linken Hand die kurze Seite nach unten von mir ab, mit der rechten aber die andere kurze Seite nach mir zu und so bringe ich es in eine Richtung, wie ich mir die des Schieferflötzes denke, wie es aber unmöglich zu zeichnen ist. Der mittelste Theil des Pergaments oder des Pappestreifens, wird in senkrechter Richtung bleiben. Auf der Seite nach der linken Hand wird es nach Abend, auf der rechten Seite aber nach Morgen einschießen.

Das Profil Tab. I. Fig. 1. habe ich zwischen dem Sturmhaider und Rodaischen Werke genommen, wo das Flötz fast senkrecht einschießt. So wie hier ist es auf dem tiefen Martinröder Stollen, wo er diesen Punkt trifft, noch jetzt zu sehen. Die First und die Sohle dieses Stollens bestehen, bis unter Roda wo er sich wendet und die übrigen Flötzschichten fast rechtwinklicht durchschneidet, aus bituminösen Mergelschiefer das Liegende aus dem Todtliegenden oder den Sanderzen das Hangende aber aus Zechstein. Im Rodaischen Werke schießt es, wie ebenfalls auf dem Stollen noch zu sehen, unter ungefähr 45 Grad gegen Morgen ein, wie auf Fig. 4. und in dem alten Sturmhaider Werke schießt es wahrscheinlich, gegen Abend ein, wie auf Fig. 3. wenn es hier nicht fleckweis ganz fehlt. Ich muß sagen, wahrscheinlich, weil ich es nicht gesehen, doch sollen die Gründe dazu noch folgen. Auch die Grade unter denen es einschießt, sind verschieden, denn von der Gegend des Johannesschachts bis unter Roda, kömmt es auf dem Stollen nach und nach von neunzig bis gegen fünf und vierzig Grad herunter. Zeichnen läßt sich das nicht, wenn man nicht an dreißig Profile hintereinander stellen will.

Weil das Schieferflötz nicht horizontal oder der Horizontal-Linie nahekommend liegt, sondern senkrecht überhangend und unter hohen Winkeln einschießt, hielten es die Alten, wie schon berührt, für einen Gang und bedienten sich dieser Benennung auch unausgesetzt fort. In gewissen Teufen aber legt es sich flach, wie auf Fig. 1. 2. und 3 und von hier an ist sein Fallen in zehn Lachtern Ein Lachter. Es macht also da wo diese Veränderung vorgeht, einen Winkel, welche Benennung ich der Kürze wegen beibehalten werde, so oft ich diesen Punkt in der Folge verfahren muß. In den alten Bergwerks-Akten heißt es davon — hier habe der Gang sich aufs Flötz aufgesetzt*) was auch der Berghauptmann v. Imhof in seinem Gutachten von 1536 davon berichtete.

Man weiß also von den Alten selbst, was man sich unter der Benennung: Gang, zu denken hat, nemlich den Theil des Schieferflötzes der sich gleichsam aufgerichtet hat. Der Winkel oder das Knie, das sich dadurch gebildet hat, ist von der Oberfläche hinab nicht gleich tief, sondern ziehet sich längs der Sturmhaide und den benachbarten Bergen hin gegen Norden oder nach Roda zu ein wenig abwärts, auch ungefähr in zehn Lachtern um eins. Daher ersinkt man den flachen Theil des Schieferflötzes mit dem Johannesschachte (Fig. 1 a) im 118ten Lachter. Weiter aufwärts unterm Schachte, Herzog Wilh. Ernst (Fig. 3 b) hatte man es zwei und neunzig Lachter tief gehabt, noch weiter aufwärts unter der Gottesgabe fünf und sechzig und endlich unter der Güte Gottes zwey und vierzig Lachter.

Das Schieferflötz fand sich unterm Johannesschachte (Fig. 1 a) drittehalb Schuh mächtig. Zunächst darauf lag der Zechstein, 4, zwei Lachter mächtig, über diesem der ältere Gips 5, an vierzig Lachter mächtig, auf diesem der Stinkstein 6, gegen zwanzig Lachter mächtig und auf diesem endlich der Flötzsandstein 7, den einige auch den bunten Sandstein nennen. Dies Alles sieht man deutlich auf dem Martinröder Stollen, (s. die Bergwerkscharte) den ich mehrmal befahren habe und mit dem diese Schichten sämmtlich durchschnitten sind. Weiter gegen Osten legt sich auch das Flötz- oder Muschelkalkgebirge auf den Sandstein und so hätte man hier die jüngere Flötzformation, wie ich sie in meinen drei Briefen über die Gebirgslehre ꝛc. näher geschildert habe, in einem reinen Profil und ganz vollständig.

Im Grundrisse auf der Bergwerkscharte zeigt sich, daß der Stollen von Martinroda herauf gegen Südwest vierzehnhundert Lachter im Sandstein, zwanzig Lachter im Stinkstein, hundert Lachter im ältern Gips und drei Lachter im Zechstein bis ins Schieferflötz getrieben worden ist, auf dem er noch zwei tausend Lachter gegen Südost bis ins alte Werk fortgeht. Ist man in den letzten zweitausend Lachtern hin und wieder auch damit vom Flötze abgegangen, so sind dies meistens Umbrüche, um Punkten auszuweichen, wo man auf Triebsand oder rolliges loses Gebirge kam, das zu starke Zimmerung erforderte.

Auf der Charte ist auch unter Martinroda, noch das Flötzkalkgebirge, unter dem sich noch eine mächtige Thonschicht, in der sich meistens auch der jüngere Gips in großer Masse befindet, durch das Zeichen ♃♀ angegeben mit den Stollen aber nicht berührt worden. Uebrigens ist die auf der Charte befindliche Anmerkung, daß unter dergleichen Kalkgebirge gemeiniglich Silber und Kupferflöze liegen sollen, nicht an ihrem Orte, auch würde auf solchen Punkten gewiß das Schieferflötz, der großen Tiefe wegen, unerreichbar seyn.

Es ließe sich kaum noch ein Wort über diese allgemein bekannten Flötzschichten sagen, wenn ihr verschiedenes Einschießen unter die Oberfläche nicht von so großer Wichtigkeit für den Bergbau sowohl als für die Geognosie wäre. Hätten die Alten nur im mindesten darauf geachtet und das, was sie vor Augen hatten, zu benutzen und auf ihre Arbeiten anzuwenden gewußt, ihr Bergbau würde vielleicht noch fortgehen oder doch wenigstens ein glücklicheres Ende genommen haben. Gewiß aber würden sie im rothen todten Liegenden des Rodaischen Werks nicht das rechte Schieferflötz, unter der Stadt im Gipse, nicht das Gegentrum vom Rodaischen

*) Auch in Brückmanni magnal. Dei act. T. II. pag. 173 findet sich dieser Ausdruck.

Flötze und im Porphyr der Sturmhaide nicht den Sturmhaider Gang oder das aufsteigende Flötz mit so großen Kosten und mit Zuziehung so starker Grundwasser, gesucht haben.

Ich muß hier noch bemerken, daß das Schieferflötz am Abhange der Sturmhaide wirklich senkrecht zu Tage ausgehet. Ein alter Bergmann hatte es im Jahre 1780 aufgeschärft und ich sahe es als ich damals nach Ilmenau kam in dieser Richtung, in der es auch vom Treppenschachte bis Haus = Sachsen geblieben ist und in der Gegend der Gottesgabe scheint es unterbrochen worden zu seyn, denn in den Akten steht, daß da der Gang dergestalt abgeschnitten worden sey, daß auch keine Kluft mehr sichtbar gewesen. Nach der Zeit ist dieser Schurf wieder verschüttet worden und gegenwärtig wird sich, so viel ich mich erinnere nahe an diesem Punkte, der Salon der Wenzelischen Anlage befinden.

Als am 24. Febr. 1784 Anstalten zur Niederbringung des Johannesschachts gemacht wurden, setzte man ihn absichtlich so, um mit demselben da niederzukommen, wo sich der Winkel befindet, oder wo das Schieferflötz aus einer fast senkrechten Richtung in eine flache kömmt (Fig. 1) Als man damit aufs Schieferflötz nieder kam, wurde es ganz taub und ohne Kupfergehalt befunden. So nahe am Winkel und dennoch taub! das war wider alle Erwartung!

Doch tröstete man sich damit, daß man mit dem dahin zu treibenden Carl Augusten = Orte den Winkel in wenigen Lachtern erreichen müßte, wo die Anbrüche schon nach Wunsche seyn würden. Das Ort wurde ein Lachter ums andere länger und immer noch keine Veredlung — noch immer kein Winkel! Auf den Stollen hatte man vom Flötze bis zum Johannesschachte herüber, dreißig Lachter. Im Tiefsten war man aber mit dem Carl Augusten Orte vom Johannesschachte nach dem Winkel zu schon 66½ Lachter vorgerückt und hätte es längst haben anhauen müssen, wenn es auch ganz senkrecht niedergegangen wäre. Hier war daher kein anderer Fall denkbar, als daß auf diesem Punkte das Flötz vom Stollen widersinnig einschießen mußte, wie auf Fig. 2. Und doch in den alten Akten kein Wink davon, als von einem höchst seltsamen Falle!

Das widersinnige Einschießen des Schieferflötzes bestätigte sich in der Folge auch dadurch, daß, was mir immer räthselhaft geschienen hatte, der Schacht Herzog Wilhelm Ernst Fig. 3. durchs Porphyrgebirge aufs Schieferflötz niedergegangen war. Bisher hatte ich mir das so erklärt, daß man ihn aus mir unbekannten Ursachen, so gesetzt hätte und hernach mit einem Orte aus demselben nach dem Flötze hinübergegangen wäre, aber doch stand in den Akten ganz bestimmt, daß man mit demselben das Schieferflötz im zwei und neunzigsten Lachter ersunken hätte. Es mußte also unter dem Porphyr liegen. Jetzt gieng mir auch noch ein Licht auf. Die Halden der Schächte Wilhelm Ernst, Gotthilfgewiß und Gottesgabe, mußten fast ganz aus Gips bestehen, wenn das so mächtige Gipsflötz mit denselben durchsunken worden wäre; aber keine Spur davon. Die Alten mögen ihn daher mit diesen Schächten gar nicht getroffen haben, wie Fig. 3 dieses deutlich macht. Endlich fand ich gar in einem Aufsatze von dem Geschwornen Kutscher (Vol. XLV a der alten Bergwerksakten), daß sich das Liegende auf die Sanderze aufgesetzt hätte. Hiernach trafen die Alten mit ihren Schächten, (nach Fig. 3) die im Porphyr niedergebracht wurden, zuerst auf die Sanderze, hernach auf das Schieferflötz und endlich auf den Zechstein und den Gips behielten sie im Hangenden.

Wenn Jemand zweifeln wollte, ob der Schacht Herzog Wilhelm Ernst wirklich vom Tage nieder im Porphyr abgesunken gewesen wäre, dem setze ich die Bemerkung entgegen, daß der Porphyr in der Pinge dieses Schachtes noch jetzt sichtbar ist. Man hatte mit demselben sogar einige Lachter unter Tage einen Eisensteingang ersunken, von dem 1780 noch einige Fuder dichter Rotheisenstein nach den Hohöfen zu Günthersfeld geliefert wurden.

Ob die Alten, die das Einschießen ihres Schieferflötzes kannten nicht vielleicht besser gethan hätten, wenn sie ihre Schächte flach auf demselben abgesunken hätten, lasse ich dahin gestellt seyn. Sie hätten wenigstens auf dem wilden Flötz leichtere Arbeit gehabt, als in dem festen Porphyr und dabei wäre ihnen kein Punkt entgangen, wo das Flötz im Aufsteigen edel gewesen wäre.

Auf der beigefügten Kupfertafel zeigt also Fig. 1, wie man das Innere des Gebirgs in der Gegend des Johannesschachts erwartete. Fig. 2. wie man es wirklich fand. Fig. 3, wie es sich im Sturmhaider- und Fig. 4, wie es sich im Rodaischen Werke höchst wahrscheinlich verhielt oder verhalten haben muß. Die angezeigte Folge der Flötzschichten bleibt auch immer dieselbe, ob sie wohl über Tage nicht überall sichtbar, sondern durch den Flötzsandstein bedeckt ist. Doch fand man sie so im Neuhoffnungsschachte im Mittelfelde, unweit der Stadt, auch geht der ältere Gips am nördlichen Rande des Kalkgruber Teiches, der Stinkstein aber weiter östlich zu Tage aus, wo ein weitläuftiger Steinbruch zum Behuf des Lederkalkbrennens in demselben angelegt ist. Der sogenannte Schneckenhügel besteht auch ganz aus Stinkstein und der tiefe Martinröder Stollen ist wie schon berührt, fast rechtwinklicht durch alle diese Flötzschichten getrieben.

Ich will nun von sämmtlichen Steinarten, die auf den vier Profils vorkommen, noch anführen, was von ihnen etwa bemerkenswerth befunden werden konnte.

Nro. 1 ist Porphyr. Diese Urgebirgsart bildet hier den äußersten Fuß des Thüringerwaldes gegen Osten. Das Ganze ist Thonporphyr, worin große Massen von Hornsteinporphyr angetroffen werden, aber ganz ohne Regel. Es erheben sich mehrere Felsenpartien aus der ganzen Masse, wo man fast jedes Mal sicher darauf rechnen kann, daß sie aus Hornsteinporphyr bestehen, denn dieser erhielt sich durch seine Härte und Reinheit und blieb in Massen stehen, wenn der Thonporphyr um ihn herum verwitterte und durch Regen und Schneewasser als grober Gruß in die Thäler hinabgeschwemmt wurde.

Von der in einander geworrenen Lage bei den Porphyrarten konnte man sich gut unterrichten, als 1805 und in den folgenden Jahren der Felsenkeller bei Ilmenau, in Arbeit genommen wurde. Bei einem gemeinschaftlichen Eingange am Fuße der Sturmhaide wurden zwei Keller paralell hundert und siebenzig Fuß mit einigen Fuß Ansteigen in Porphyr getrieben. Vor Ort hatte man schon hundert und acht und sechzig Fuß Gebirge über sich, denn hier wurde ein Schacht bis auf die Sohle des Kellers abgesunken, um Luftzug zu befördern. Ihre Höhe ist zehn und ihre Weite zwanzig Fuß. In einer Oeffnung von so viel Ausdehnung ließ sich schon das Gebirge beurtheilen. Vor den Oertern hatte man bald Thon- bald Hornstein-Porphyr und beide Oerter stehen noch jetzt in Hornsteinporphyr an. Das Ganze war sehr klüftig und auf den Klüften hatten hereingehende Tagewasser Thontheilchen abgesetzt, die sie überaus schlüpfrig und die Arbeit gefährlich machten. Man hatte anfänglich Hoffnung, daß diese Keller ohne Wölbung stehen würden, aber diese verschwand, eben wegen dieser Klüfte, sehr bald. Viele trennten die Gebirgsart in keilförmige Massen, die durch die Schlüpfrigkeit des Thons sogleich aus der Förste hereinschossen, sobald ihre bisherige Basis frey gemacht wurde. Man traf zwar hin und wieder auf Massen, die gewiß gestanden haben würden, da aber einmal die Unterwölbung resolvirt werden mußte, so ließ man sie durchaus gehen.

Durch diese häufigen Klüfte drang auch zu nassen Jahreszeiten oft Wasser, und noch gegenwärtig spürt man im Felsenkeller jede feuchte Witterung, so mächtig auch die Gebirgsmasse über demselben ist. Ich führe dies deswegen hier mit an, um zu zeigen, wie viel Wasser die

Alten sich durch die im Porphyr getriebenen unnützen Oerter zugezogen haben müssen, da sie überdies noch drei Kunstgraben am Abhange des Berges hatten, die ihnen gewiß auch einen guten Theil ihrer Wasser zuschickten.

In dem Porphyr der Sturmhaide ist verschiedentlich Bergbau auf Eisenstein getrieben worden und einige wollen auch Braunsteingänge gefunden haben. Aber, wie in dieser Gegend überall, sind sie weder im Streichen noch im Fallen anhaltend gewesen. Dennoch hatte ich große Hoffnung, daß mit dem Felsenkellern dergleichen Gänge überfahren werden würden und wäre dies noch geglückt, so wäre diese ohnehin gerathene Unternehmung von doppeltem Werthe gewesen, aber der Erfolg entsprach dem Wunsche nicht. Trume, die Schwerspath, Braunspath, Kalkspath, dichten Rotheisenstein, Eisenglimmer, Eisenrahm ꝛc. enthielten, kamen ungemein häufig vor. Auch spätiger Fluß von hochgrüner, violetter und von mehrern Farben, sogar eine Druse davon, in großen Würfeln mit abgestumpften Ecken, aber noch kein Gang, von dem man einigen Vortheil hätte erwarten können. Ueberhaupt ist das schöne Thüringer Waldgebirge sehr arm an Metall und außer Eisenstein und Braunstein ist bis jetzt noch keins in einiger Menge angetroffen worden. Nach den alten Akten hat man zwar Bleygänge verliehen, aber ich weiß von keinem Bley und die Alten dürften wohl gar den Braunstein für Bleyerz angesehen haben.

Auf dem Porphyr der Sturmhaide ruhet hin und wieder, besonders über dem Wege von Ilmenau nach Manebach, noch eine Gebirgsart, die ich bisher Trümmerporphyr genannt habe. Sie bildet unregelmäßige Schichten, enthält keine Gänge und zeigt sich überhaupt auch aus andern Gründen, als von neuerer Entstehung. Dabei suchte ich immer das bekannte Rothetodtliegende vergebens, das mir in andern Flötzgebirgen so genau bekannt geworden war. Ueber dreißig Jahre blieb ich zweifelhaft, ob der hiesige Trümmerporphyr nicht als das Rothetodteliegende betrachtet werden könnte und bestimmte mich bald für, bald wider diese Meinung, je nachdem ich Veranlassung dazu fand.

Das Rothetodteliegende ist bekanntlich aus verschiedenen Geschieben von Urgebirgsarten zusammengesetzt und diese werden durch einen rothen thonigen Sand fest zusammengehalten. Die Größe dieser Geschiebe steigt von einer Erbse bis zu Kopfsgröße, je nachdem es weit vom Urgebirge entfernt oder nahe dabei angetroffen wird. Mein Trümmerporphyr hingegen bestehet aus einem rothen thonigen Grunde, der alle Eigenschaften des Thonsteins hat und darin befinden sich Körner von wirklichem Porphyr, die theils scharfeckig, theils gerundet, doch nie ganz deutlich sind. Am feinkörnigsten kommt er in den Ilmenauischen Rothsteinbrüchen vor und so bildet er den einzigen Mauerstein, den man hier hat. Denn der wirkliche Porphyr bricht zu kolbig oder knollig und giebt keine lagerhaften zur Maurerarbeit tauglichen Steine. Grobkörniger bricht der Trümmerporphyr in den Felsen, die den Schwalbenstein in der hiesigen Rathswaldung bilden, und von noch göberm Korne kommt er in den mahlerischen Felsenparthien, in der Kirnbach hinter Elgersburg vor. Das äußere Ansehen dieser Felsen bestimmte mich jederzeit für das Rothetodteliegende, denn man konnte fast jedes Geschiebe von dem danebenliegenden unterscheiden. Sobald ich aber Stücke davon herunter schlug, verschwand dies im Innern wieder und Alles floß in eine ganze Masse zusammen, was wieder für Trümmerporphyr entschied. Endlich fand ich am Schwalbenstein, so wie auch in der Kirnbach wirklich einige Quarzgeschiebe in diesem Conglomerat und noch vor wenig Tagen auf der Halde der Gottesgabe einige Stufen davon, die nicht nur Geschiebe von Quarz, sondern auch von Syenit enthielten, was mich nebst seiner oben angezeigten schichtenförmigen Lagerung und Ermangelung der Gänge, endlich ganz bestimmte, diese bisher zweifelhafte Gebirgsart für das Rothetodteliegende zu erklären, was bei Trümmerporphyren anderer Gegenden der nämliche Fall seyn dürfte. Da in dem Thonporphyr weder Quarz noch andere Steinarten von einiger Festigkeit enthalten sind, so konnten, wenn er aufgelößt wurde und von Neuem verhärtete, freilich auch keine Fragmente davon in das neue Gestein kommen und dies allein möchte zureichen, den Mangel oder die Seltenheit davon in dem hiesigen Rothentodtenliegenden zu erklären. Indessen habe ich diese Gebirgsart doch auf keinen der vier Profils mit andeuten können, weil sie da sichtbar nicht vorkömmt und das Gestein, in welchem der Wilh. Ernst (Fig. 3.) abgesunken worden, bestimmt Porphyr ist. Das noch muß ich bemerken, daß der Trümmerporphyr ungemein feuerbeständig ist, daher die Blauöfen in unsern Hammerwerken und selbst die Bodensteine davon verfertigt werden — auch sind die Glasöfen in Stützerbach davon aufgeführt.

Bekanntlich hat die Oberfläche des Rothentodtenliegenden, eine graulichtweiße Farbe und wird daher das Weiße Liegende genannt. Dieses ist hier reichlich unter dem Schieferflötz vorhanden und (auf Fig. 1.) unter Nr. 2. durch eine leichtere Schattirung angedeutet worden, weil sich nicht angeben läßt, wie tief es nieder gehet. Es ist ein festes graulichweißes Conglomerat, dessen Oberfläche ziemlich feinkörnig und rein von kennbaren Geschieben ist. Hin und wieder scheint es Kalktheilchen zu enthalten, die sich durch Scheidewasser leicht verrathen. Nach oben zu enthält es Bleiglanz- und andere Erztheilchen fein eingesprengt, daher es bisweilen ungemein hoch im Gehalte gekommen und in diesem Falle Sanderz genannt worden ist. Nach obigem fand Herr v. Imhof Stufen, die drei und dreißig und ein halb Loth Silber hielten. Doch je tiefer nieder, desto mehr verliert es an Metallgehalt und desto grobkörniger wird es. Besonders stellen sich da Geschiebe bis zu Fußgröße von schwarzgrauem Porphyr ein, dessen Grundmasse sich dem schwarzgrauen Feuersteine nähert, auch finden sich hin und wieder Quarzgeschiebe in demselben.

Daß es unter dem Schieferflötz liegt, ist ganz in seiner Ordnung, daß es aber auch da, wo das Schieferflötz fast ganz seiger, oder vertikal, wie auf Fig. 1. einschießt, hinter oder neben demselben angetroffen wird, ist höchst räthselhaft. Denn diese conglomerirte Steinart entstand doch wohl gewiß durchs Niedersinken seiner groben Gemengtheile im Wasser, und da konnten sie auf dessen Grunde recht wohl liegen bleiben und in der Folge zu einer neuen Steinart verhärten. Aber dies war an der verticalen Fläche nicht möglich, wo das Conglomerat eben so große Porphyrgeschiebe enthält, wie unten. Sollte es eine Folge von der Emporhebung des Gebirgs seyn? Ich war deßhalb sehr begierig, das Schieferflötz an dem Punkte zu beobachten, wo es den Winkel macht und sich senkrecht, ja überhängend aufrichtet, aber wir waren nicht so glücklich ihn zu erreichen. Im Fall einer statt gehabten Emporhebung hätte auf diesem Punkte das Schieferflötz ganz zertrümmert und zerbrochen erscheinen müssen und er würde gewiß viel zur Entscheidung der Ideen über diesen Gegenstand haben beitragen können.

Um mich ganz bestimmt zu überzeugen, daß die Porphyrgeschiebe in der senkrechten Fläche des Weißen Liegenden eben so groß, wie in der Tiefe, angetroffen würden, ließ ich vom Martinröder Stollen aus, einige Lachter über dem Schachte, Getreuer-Friedrich, ein Ort in dasselbe treiben und fand es ganz bestätigt, habe auch einige Stufen davon der geognostischen Sammlung beigefügt, die ich dem hiesigen Bergamte hinterlassen werde. Ganz von einerlei Ansehen finden sich noch große Haufen von diesem Weißen Liegenden auf der Halde des Neuhoffnungs-Schachts im Mittelfelde, auf der Halde der Gottesgabe, an der Sturmhaide, auf der Halde des Neuen Johannes-Schachts und endlich auf dem Kupferberge unter Roda, wo die Alten ihren Hauptbergbau hatten. Sie scheinen am letzten Orte sowohl, als auf der Gottesgaber Halde, als noch brauchbar, ausgehaldet und für ein künftiges Schmelzen aufbewahrt worden zu seyn. Die meisten Stufen sind noch ganz unverändert und verrathen keinen Metallgehalt. In andern aber ist durch die Luftsäure das Kupfer aufgelöst worden, daher sie theils ganz grün beschlagen sind, theils nur grüne Flecken haben. Wo größere Porphyrgeschiebe inneliegen, findet man oft, daß sich der Kupfergehalt um diese herum conzentrirt hat, daher sie gleichsam mit einem Ringe von Kupfergrün umgeben sind. Die Oberfläche des Weißen Liegenden, oder vielmehr der Sanderze, ist so eben und glatt, daß man sie nach Bergmännischen Sprachgebrauch, einen Spiegel nennen kann, wie Eisenspiegel, Kobaltspiegel u. s. w. und eben so verhält sich die unterste Fläche des darauf liegenden Schiefers. Welche Ruhe mußte bei dieser Formation im Grunde des Meeres statt finden!

Daß die Sanderze der Hauptgegenstand des hiesigen alten Bergbaues waren, muß ich hier noch einmal wiederholen. Die Schiefer wurden weniger beachtet. Doch findet sich im Brückmann *) die Bemerkung, daß wo die Schiefer reich, die Sanderze arm, wo aber diese reich, die Schiefer arm gewesen seyn sollen. Noch muß ich auch bemerken, daß ich zu Anfange des neuen Bergbaues eine Ilmenauer Sanderzstufe erhielt, von der ich jetzo noch ein kleines Stückchen besitze. Sie ist aus scharfeckigen kleinen Bruchstücken von röthlichem Hornsteinporphyr zusammengesetzt, deren Bindemittel fast durchgehends Kupferglanzerz ist. Dieses Sanderz muß allerdings sehr reichhaltig gewesen seyn, doch hat es keine Aehnlichkeit mit dem oben angegebenen, ob ich wohl an dessen Echtheit nicht zweifle.

Ich komme nun zu dem Schieferflötz Nr. 3. selbst. Ich kann nur anzeigen, wie es sich unterm Johannesschachte verhielt, da von den alten Werken keine Stufen mehr vorhanden sind. Es war hier zwei Fuß und etliche Zoll mächtig und durchgehends etwas grobschiefrig und nicht rein schwarzgrau, sondern ein wenig fuchsig, oder zog sich ins Braunrothe. Auch waren, wenn man Platten davon in Scheiben spaltete, die Flächen derselben immer rauh und an der Luft verwitterten sie und zerfielen sehr bald in eine schwarze Erde. Dies ging so weit, daß jetzt keine gut erhaltene Stufe mehr davon aufzufinden ist, da doch im Mansfeldischen, im Eisenachischen und an andern Orten Schieferhalden angetroffen werden, die mehrere hundert Jahr alt sind und wo die Schiefer noch gar nichts von ihrer Festigkeit und frischem Ansehen verloren haben. Nur der untere Theil des Schieferflötzes unterschied sich, indem er nicht schiefrig, sondern dicht und ungemein fest war. Seine unterste Fläche war fast spiegelglatt und lag auf eben so glatter Oberfläche der Sanderze unmittelbar auf, von der er sich jedoch leicht ablösen oder abspülen ließ, daher er auch Schalerz genannt wurde. Dieses Schalerz war ein, zwei auch drei Zoll mächtig und so wie die Schiefer, ganz ohne Kupfergehalt. Sie veränderten die Farbe des aufgegossenen Ammoniums und Scheidewassers nicht einmal, die von armen Riegelsdorfer Schiefern aufs schönste blau und grün gefärbt wurden. Doch zeigte sich darin zart eingesprengter Bleiganz, daher sie mit den Sanderzen aufbereitet wurden. Das sogenannte Lochen, unterm Schieferflötz, das den Mansfeldischen Bergleuten bei dessen Gewinnung so viel Vortheil gewährt, fehlte daher ganz.

Bei dem alten Sturmhaider Schieferflötze war es aber vorhanden, denn der damalige Bergrath Trommler theilte Brückmann unterm 28. September 1729 folgende Nachricht davon mit. **)

„Was die eigentliche innerliche Beschaffenheit des hiesigen Erzgebürges belangt, so ist an „der Sturm-Heide, unter der Damerde erst ein rothes Gebürge, so bis auf des Flötzes Dach, „oder Dacke, (das ist der Porphyr Fig. 3.) ist ein Taubes Graues Gebürge, 2. 3. bis 4. Lach-

*) Magnalia Dei et. T. II. pag. 174.

**) Magnalia Dei, T. II. pag. 174.

„ler stark, (scheint das Weiße-Liegende zu seyn,) unter welchen das Edle Fletz sich eröffnet, sol-„ches Fletz nun bestehet wieder aus zwei Stücken nehmlich aus Schieffer und Sand Ertzen, der „Schieffer bricht eines Schuhes mehr, und weniger stark, und unter demselben einer Schram, „queren Hand mächtig schwarzer Letten, und unter denselben liegen die Sand-Ertze bie zu 4. 5. „6. Zoll, bis auf einen Schuh mächtig, und jene, die Schieffer Ertze, an Huld übertreffen. „Gang und Fletz hat sein Streichen von Abend gegen Morgen, fällt aber von Mittag Mitter-„nachtswerts. Alle zehn Lachter ein Lachter tiefer.

„In der Gottesgabe, als dem bisherigen Förderschacht seyn von Tage bis aufs Fletz 65. „und ein Viertel Lachter Saygertieff. In der Güte Gottes aber haben die Alten dasselbe am „ersten erbrochen, mit 46. Lachter ohngefehr, wo sich der Haupt Gang auf das Fletz gesetzet, „und sie eben durch jenen, den sie in die Teuffe verfolgt, auf dieses, das Fletz seynd geführet „worden. Solcher Gang fället flach, der in Schieffer und Sand-Ertzen bestehet.

So unzureichend diese Nachricht für einen Bergbeamten ist, der sie zu einer Zeit gab, als das Werk noch in vollem Flor stand, so ist doch daraus zu entnehmen, daß das Schieferflötz ein Lochen hatte, und zweitens, daß es am Liegenden nieder scharf einschoß und in dieser Richtung für einen Gang gehalten wurde. Auch ersiehet man daraus, daß anfänglich der Bergbau allein auf diesem vermeintlichen Gange getrieben wurde und daß man, als man denselben in die Tiefe abbauete, das Schieferflötz in einer horizontalen Lage gleichsam erst entdeckte und darauf fortbauete. Wenn er nur noch angezeigt hätte, gegen welche Himmelsgegend der vermeintliche Gang eingeschossen wäre. Das that aber kein einziger und selbst auch kein Markscheider. Denn so viel auch Grundrisse und Profile von den alten Werken noch vorhanden sind, so findet sich darunter doch keine Seitenansicht, nach der man das Einschießen des vermeintlichen Ganges beurtheilen könnte.

Indessen ersiehet man doch daraus, daß das Schieferflötz da, wo es gestürzt in die Tiefe niederschießt, auch bauwürdig und edel war, und keinesweges zu vernachlässigen ist, obgleich die Alten den Stollen auf große Strecken durch dasselbe trieben, ohne es so bauwürdig zu finden, um Baue auf denselben vorzurichten. Sie würden gewiß besser gethan haben, wenn sie den Schacht, Herzog Wilhelm Ernst, auf demselben niedergebracht hätten, als in dem Porphyrgebirge hinter demselben.

Unter den aus dem Johannesschachte ausgeförderten Schiefern, fand ich nur ein Mal ein Fragment von einem Fisch-Abdrucke. Aus dem alten Werke aber sind dergleichen Abdrücke in großer Menge ausgefördert worden, aber nicht im eigentlichen Schiefer, sodern alle Mal in plattgedruckten Kugeln, wovon man noch jetzt viele auf den Halden findet. Die Alten nennten sie Schieferschwühlen und halbeten sie aus, weil sie kein Kupfer enthielten und wirklich auch nicht aus Schiefer, sondern vielmehr aus einem dichten schwarzgrauen Kalksteine bestanden. Sie finden sich von der Größe einer Welschen Nuß, bis zur Größe eines gewöhnlichen Tellers und fallen dabei alle Mal ein wenig oval aus. Findet man eine von der zuletzt angegebenen Größe, so kann man versichert seyn, den Abdruck einer Scholle darin zu finden, wenn man sie geschickt spaltet. In den kleinern findet man auch kleinere Fische, bis zur Kleinheit einer Elleritze herab. In den meisten kleinen aber findet man auch Abdrücke von Dingen, die man nicht kennt und die aus dem Gewächsreiche abzustammen scheinen. So fand ich vor wenig Tagen noch eine Schwühle von der Größe einer Mannshand, die den Abdruck einer dreifachen Spitze eines Tannenzweigs sehr deutlich enthielt. Auch fand ich einen Fischabdruck von der Größe und Gestalt einer halbpfündigen Forelle, der mich sehr interessirte. Der Fisch war nicht wie gewöhnlich breit gedrückt, sondern hatte seine Rundung erhalten, Inwendig war er hohl. In dieser Höhlung war ein Kalkspath in den zierlichsten sechsseitigen Pyramiden angeschossen, das Fleisch aber war in Steinkohle verwandelt, deren Geruch sich gar nicht von dem der gemeinen Schieferkohle unterscheidete, wenn man etwas davon auf glühende Kohlen streuete. Es ist dieß auch bei den Fischabdrücken von andern Werken der Fall. Aber sonderbar genug ist es, daß Theile aus dem Gewächsreiche sowohl, als aus dem Thierreiche zu einerlei Körper, nämlich zu Schieferkohle umgebildet werden konnten. Ich hatte eine ziemlich starke Suite von Fisch- und andern Abdrücken aus den alten Halden zusammengebracht, die mit meiner geognostischen Sammlung an das Herzogliche Museum in Jena gekommen und da noch immer zu sehen ist.

Noch etwas aus dem Thierreiche fand sich in unserm Schieferflötz, nämlich höchst zarte und kleine Muschelabdrücke, die als Versteinerung, von einigen Fliegenfittige genannt worden sind, was ich doch nicht mit vollkommener Gewißheit behaupten kann. Was mir aber ganz unerklärbar geblieben ist, ist Folgendes. Bei den Wäschversuchen wurde nämlich eine Quantität Schiefer mit gepocht und aufbereitet, der sich bereits ohne Kupfergehalt gezeigt hatte. Dennoch fand ich auf den Waschheerden zarte Blättchen von gediegenem Kupfer und auch breitgedrückte Körner von Eisen. Das Letztere erklärte ich mir bald — es waren Eisentheile, die sich von den Pochstempeln abgenutzt hatten. Aber die Anwesenheit des Kupfers ist mir ein Räthsel geblieben — ich hatte davon wohl einen Gran zusammen gebracht.

Unter den von Brückmann a. a. O. angeführten Ilmenauischen Fossilien befindet sich auch Brand, oder Branderz. Ich habe Gelegenheit gehabt, ein Stüfchen davon zu sehen — es war eine Art Steinkohle, die Kupferkies eingesprengt enthielt. Man hat sie bisweilen zwischen den Schiefern und den Sanderzen gefunden und viel Rühmens von ihrer Reichhaltigkeit gemacht. Im Neuen-Johannes aber hat man sie nicht angetroffen.

Der Zechstein Nr. 4. war im Johannesschachte zwei Lachter mächtig. Es ist ein dichter blaulichtgrauer Kalkstein, der im frischen Bruche ein erdiges Ansehen hat und so kömmt er auch über dem Mansfelder und Bottendorfer Schieferflötze vor. Doch fand er sich hier bisweilen auch spätig und ein wenig glänzend, auf den Bruche — auch häufig mit Höhlungen von Erbsen- und Bohnengröße, die allemal mit Wasser angefüllt und mit zarten Kalkspath-Crystallen ausgesetzt waren.

Was ihn aber vorzüglich auszeichnet, sind gespaltene Gryphiten, die sich darin finden. Im Johannesschachte fand ich diese bekannte Versteinerung nicht, aber ziemlich häufig auf den Halden des alten Werks. Im Saalfeldischen, vorzüglich aber in der Gegend um Gera ist die Kalkschicht, die das Schieferflötz unmittelbar bedeckt, von ganz anderm Ansehen, nämlich von gelblichtgrauer Farbe und dabei auch viel dichter, fester und von bedeutender Mächtigkeit, doch hat sie das mit dem hiesigen Zechstein gemein, daß sie Gryphiten und zwar weit häufiger enthält, weshalb ich diesen Kalkstein auch Gryphitenkalk nannte. Es ist allerdings bemerkenswerth, daß diese Art der Gryphiten dieser Art von Kalkstein und der Periode, in welcher er entstand, eigen zu seyn scheint, so wie sich, wenigstens in Deutschland, im bituminösen Mergelschiefer in der Regel nur Fische finden und in andern Flötzschichten wieder andere Versteinerungen.

Der ältere Gyps, Nr. 5. möchte einige Gegenden des Unterharzes, über Nordhausen, ausgenommen, nur an wenig Orten so mächtig angetroffen werden, wie hier. Der Martinröder Stollen sowohl, als der Johannesschacht stehen über hundert Lachter in demselben und im Neuhoffnungsschachte fand man ihn dreyßig Lachter mächtig. Er ist nicht in Schichten abgetheilt, sondern bildet ein Ganzes, das vorzüglich in dichtem Gips bestehet. Darin findet man Parthien und Schmarren von fasrigem, spätigem, körnigem und blättrigem Gypse, die an den Seiten fest in den dichten Gyps verwachsen sind. Auch ist ein Theil des dichten Gypses wirklicher Anhydrit, ein noch größerer Theil aber enthält so viel Bitumen, daß er einen noch weit stärkern Geruch verbreitet, als der bekannte Stinkstein. Als Seltenheit fand sich darin bisweilen natürlicher Schwefel.

Wenn eine Gebirgsart zu bergmännischen Arbeiten geschickt ist, so ist es gewiß der ältere Gyps. Er läßt sich ungemein gut und leicht bearbeiten, er bedarf nirgends einer Unterstützung von Mauerwerk oder Zimmerung und ist ohne Wasser. Beim Absinken des Johannesschachts kostete gewöhnlich ein Lachter, bey 19 Schuh Länge und fünf Schuh Weite, dreißig bis sechs und dreißig Rthlr. im Gedinge. Ein einziges Mal stieg es bis achtzig Rthlr.; aber diese Festigkeit nahm bald wieder ab. Im Johannesschachte befindet sich daher auch keine Zimmerung, als die, die zu Befestigung der Fahrten, Schachtscheiden, Tonnenleitungen und der Kunstsätze erforderlich war. Die vier Radstuben, von funfzig Fuß Höhe, mit ihren Schwingenörtern, würden Erstaunen erregen, wenn sie beym Lichte des Tages betrachtet werden könnten. Und doch hat dieses vortreffliche Gestein einen Fehler und dieser ist seine Auflöslichkeit im Wasser, besonders wo dieses aufschlagen kann. Die Radstuben haben sich dadurch um ein beträchtliches erweitert und die Einstriche im Schachte, die fest angetrieben wurden, sind jetzt schon größtentheils los. Wenn daher der Johannesschacht dereinst ein Mal abgezapft, oder nieder gewältigt werden sollte, so dürfte man sämmtliches Holz- und Eisenwerk nicht mehr an seinem Orte, sondern im Tiefsten zu suchen haben. Ein zweites Gebrechen dieses Gypses sind die Thonmassen, die er bisweilen enthält. Es ist ein graulicht weißer sehr zäher und feiner Thon, mit blättrigem Gyps durchzogen. Trifft man mit der Arbeit in denselben, so ist er anfänglich fast so fest, wie der Gyps selbst, kömmt aber Luft und Wasser hinzu, so wird er aufgelös't und die stärkste Zimmerung ist kaum hinreichend, ihn zurück zu halten. Mit dem Johannesschachte durchsank man ein einziges solches Thon-Nest, das immer Sorge verursachte, so gut es auch mit Zimmerung verwahrt war. Ich glaube, daß wo nicht alle, doch viel Kalkschlotten durch solche Thon-Nester entstanden sind. Denn wenn eine Wasserkluft sich einen Weg durch sie öffnete, war es nicht mehr schwer, den Thon aufzulösen, ihn hinweg zu führen und eine leere Höhlung zurück zu lassen.

Mit dem Martinröder Stollen schlug man in zwei solche Kalkschlotten, oder leere Höhlungen durch, die noch offen und zugänglich sind. Man nennt sie die große und kleine Kirche und wirklich wäre der Raum der erstern hinreichend, ihn zu einer Kirche zu aptiren. Seit Jahrhunderten hat man die Schlämme aus der Wasserseige des Stollens darin aufgeschüttet, ob man gleich mit der Firste in dieselben durchgeschlagen hatte. Den Nutzen den Kalkschlotten andern Flötz-Bergwerken gewähren, besonders den Eislebenschen, wird meinen Lesern nicht unbekannt seyn. *)

Der Stinkstein Nr. 6, der den ältern Gips bedeckt, ist zehn Lachter mächtig. Er zeichnet sich von dem Stinkstein anderer Flötzgebirge dadurch aus, daß er fester ist, und sich nicht in dünne Tafeln und Blätter zerspalten läßt. Er wird in hiesiger Gegend zum Lederkalkbrennen und zum Chausseebau angewendet, da er am leichtesten zu haben und von allen Flötzgebirgsarten die härteste ist. Weiter wüßte ich von ihm nichts anzuführen. Von einer eigenen äußern Gestalt entdeckte ich ihn vor Kurzem am sogenannten Schneckenhügel, nicht weit von Ilmenau. Ich fand ihn nämlich da nierenförmig, wie den sogenannten Glaskopf und zwar in großer Menge. Auch sind hier seine kleinen Höhlungen mit Kalkspathcrystallen ausgesetzt.

*) S. Freiesleben geognost schen Beitrag zur Kenntniß des Kupferschiefer-Gebirgs.

Der Sandstein Nr. 7. macht eins der mächtigsten Lager aus und dürfte an einigen Orten leicht über hundert Lachter mächtig seyn. Daß diese ausgedehnte Masse nicht durchgehends von einerlei Beschaffenheit seyn könne, läßt sich leicht denken. Sie bestehet daher aus Schichten, die wenig Festigkeit und Zusammenhang haben, wo sogar auch Thontheilchen mit vorkommen, aber auch aus sehr mächtigen festen Schichten, in welchen Quadersteinbrüche haben angelegt werden können, in denen alle Steinmetzen-Arbeiten geliefert werden. In der diesen Sandstein bedeckenden Dammerde kommen nesterweise auch verschiedene Thonarten vor, die meistens im Feuer stehen und daher für Porzellanfabriken eine vortreffliche Kapselerde abgeben.

Weiter gegen Osten, wird unter Martinroda dieses Sandsteinlager noch vom jüngsten Flötzkalkstein bedeckt, den einige auch Muschelkalk nennen. Die beigefügten Profilzeichnungen reichen zwar so weit nicht, aber die Charte schließt noch etwas davon mit ein. Ich würde ihn aber doch, wenn dies auch nicht wäre, mit berührt haben, weil von Nr. 2. dem Todtliegenden an, bis zu diesem Kalkstein die jüngere Flötzformation vollständig enthalten ist. Was noch jünger ist, als dieser Kalk, gehört entweder zu den aufgeschwemmten, oder zu den vulkanischen Gebirgsarten. Denn was man von einer Flötztrappformation verbreitet, ist zu fabelhaft, als daß man ihm Glauben beimessen oder beipflichten möchte.

Die Verbreitung des Flötzkalksteins geht sehr weit — von Martinroda über Arnstadt bis über Erfurt hinaus. Von Erfurt über Gotha, bis ins Eisenachische und über Weimar und Jena bis ins Altenburgische. Nur an einzelnen Orten kömmt der darunterliegende Sandstein zum Vorscheine. Unter diesem Kalkstein liegt auch noch eine Schicht Thon, die im Ganzen roth und blaulichtgrau gestreift ist und die den jüngern Gips enthält. Diese Thonschicht ist allerwärts sichtbar, wo dieser Kalkstein auf dem Sandstein ruhet, nicht aber der Gips, der bisweilen fehlt, bisweilen aber auch ganz mächtig hervortritt. Es liegen da eben auch fasriger, spätiger, körniger und dichter Gips in einander, keine dieser Arten aber ist so dicht, rein und fest, wie im ältern Gipse.

Von den Grundwassern.

Die häufigen Grundwasser sind dem Ilmenauer Bergwerke zu allen Zeiten sehr hinderlich gewesen und haben auch das Meiste zu den mehrmaligen Unterbrechungen desselben beigetragen.

Beim Absinken des Johannesschachts kam man indessen an 115 Lachter im ältern Gipse nieder, ohne einen Tropfen Wasser zu bemerken. So wie man aber in dieser Tiefe den Zechstein anhieb, stellten sie sich ein und zwar zuerst im mittägigen Schachtstoße. Doch konnte der Bergmann, der sie angehauen hatte, weiter keine Auskunft darüber geben, da er im Moment seine Arbeit verlassen und auf seine Rettung bedacht seyn mußte. Wer hätte nicht glauben sollen, daß die Wasser rings um den Schacht herum aus der Scheidung, zwischen Gips und Zechstein hervordrängen und daß, nachdem diese durchsunken war, nun keine mehr zu befürchten seyn dürften? Aber dies verhielt sich anders, wie die Folge zeigen wird.

In den ersten Lachtern giengen sie ziemlich schnell auf, hernach aber dauerte es einige Wochen, bis der Schacht ganz voll wurde und sie auf dem Stollen abgiengen. Doch gewältigte man sie, wie oben bereits angegeben, bald wieder und war ganz zufrieden, nicht mehr Wasser zu haben. Kaum hatte man aber nach dieser Gewältigung das Abteufen wieder belegt, als im nördlichen kurzen Schachtstoße ein Schuß weggethan wurde, durch welchen ein neuer Wasserzufluß eröffnet wurde. Hier waren sie weit stärker und giengen im Schachte so gewaltsam auf, daß die Bergleute all ihr Gezähe und übrigen Sachen im Stiche lassen mußten und Noth hatten, sich zu retten.

Als auch diese Wasser endlich wieder gewältigt waren, trieb mich gleich in den ersten Stunden die Wißbegierde in den Schacht, um zu erfahren, was es eigentlich mit diesen starken Zugängen für Bewandtniß haben und woher sie eigentlich kommen möchten. Wie schon berührt, hatte man allgemein geglaubt, daß sie auf der Scheidung, zwischen Gips und Zechstein, aus allen vier Schachtstößen, gleich stark hervorbringen müßten, aber das war der Fall nicht. Blos im nördlichen kurzen Stoße fand sich eine röhrenförmige Oeffnung, die sich im Gipse ihren Weg gebahnt, dabei aber den Zechstein zur Sohle hatte. Ich legte mich längs in den Schacht um mit dem Grubenlichte in diese Röhre hinein zu leuchten und konnte doch wohl Ein Lachter weit hinter sehen. Das Wasser floß ganz ruhig daher, doch stunden hin und wieder Blasen auf demselben, die vermuthen ließen, daß sie nicht weit von hier von einem höhern Punkte herabfallen mußten; doch hörte man kein Rauschen.

Diese röhrenförmige Oeffnung war ungefähr 2½ Fuß weit und ½ Fuß hoch. In eben diesen Verhältnissen glaubt' ich sie nun auch in dem entgegengesetzten Stoße weiter gehen zu sehen, aber ich irrte — es war hier keine Fortsetzung derselben. Sonderbar! erst nach und nach und nachdem der Schacht wieder ausgesaubert und das Abteufen weiter fortgesetzt worden war, entdeckte ich fünf kleine Röhren zwischen Zechstein und Gips, in die ich kaum mit der Hand greifen konnte. In diese mußte sich zuvor das Wasser, mitten im Schachte vertheilt haben, wie ich auf der Tittelvignette darzustellen versucht habe. Die mit einem * bezeichnete Nebenröhre war die, aus welcher die ersten Wasser sich hervordrängten.

Welch ein sonderbarer und fataler Zufall, daß man mit dem Schachte gerade auf diesen Punkt niederkam! Wäre es nicht möglich gewesen, daß man von diesen Wassern gar nichts erhalten hätte und ganz frei davon geblieben wäre, wenn man weiter nordwärts neben diesem Canal niedergekommen wäre? Denn auf der ganzen Scheidung zwischen den beiden Steinarten kam kein Tropfen hervor und alles Wasser kam allein aus der angezeigten röhrenförmigen Oeffnung. Da in derselben die Wasser so gedrängt herbeiflossen, 65 Lachter im Kunstschachte in die Höhe stiegen, ja, als der Stollen verbrochen war, einen noch höhern Standpunkt, bis an dessen Förste erreichten, so machte man schon den Plan, dieselben dereinst zu fassen und in auf einander geschraubten eisernen Röhren bis auf den Stollen in die Höhe steigen zu lassen, wenn es wegen dem Zerspringen der Röhren ausführbar seyn würde. Auf diesen Fall hätte man nur noch ein ganz leichtes Kunstgezeug nöthig gehabt, um die Wasser, die etwa verspritzten und in den Bauen zusammenliefen, herauszuschaffen.

Die Wasser blieben sich immer gleich; es mochte feuchte oder trockene Jahreszeit seyn so wurden sie weder stärker noch schwächer und schienen mit Tagewassern in keiner Verbindung zu stehen. Nur füllten sie die untersten zehn Lachter des Schachts jedes Mal sehr schnell an, hernach gieng es langsamer und immer langsamer und es giengen gewöhnlich zwölf Tage hin, ehe der Kunstschacht ganz voll wurde. Im umgekehrten Verhältniß gieng es auch wieder so bei dem Gewältigen. Die ersten drei bis vier Sätze wurden in wenigen Schichten abgewältigt, nun aber gieng es immer langsamer, bis man in den letzten zehn Lachtern Alles anstrengen mußte, um vollends niederzukommen. Die Wasser, die dem Schachte zugiengen, mußten also wohl von verschiedenen Standpunkten herkommen und einige nicht höher, als bis auf gewisse Punkte ansteigen können.

Dies waren die einzigen Wasser, die den neuen Bergbau belästigten, denn als man aus

Schieferflötz nieder kam und Baue da vorrichtete, traf man keine mehr, und die Sage bestätigte sich, daß das Schieferflötz ganz trocken sey. Man findet dies auch hin und wieder in den alten Akten, vom Sturmhaider Werke sowohl, als von dem Rodaischen.

Einer sonderbaren Erscheinung muß ich noch gedenken, indem ich gegenwärtig von den Grundwassern beim hiesigen Flötzbergbaue handle. Zur Sicherstellung der Arbeiter war beim Absinken des Johannesschachts einige Lachter über dem Tiefsten, eine Schußbühne angebracht, damit, wenn ja etwas in Schacht hereinfiel, dieselben nicht so leicht beschädigt werden konnten. Sie war von starkem Holze und auf derselben waren einige Fuß hoch Berge aufgestürzt, um einer Gewalt desto besser widerstehen zu können. Diese Berge bestanden durchgehends aus Gips, weil man dazu kein anderes Gestein hatte. Als ich nach der ersten Gewältigung den Schacht wieder befuhr, bemerkte ich, daß der ganze Haufen auf der Bühne leicht zusammen gesintert war. Zufällig nahm ich ein Stück davon auf und leckte mit der Zunge daran, wobei ich bemerkte, daß es ganz salzig schmeckte und zwar ziemlich scharf. Ich kostete mehrere Stücke und fand an allen das nämliche. Ohne Jemand etwas davon zu entdecken, ließ ich ein ziemlich Stück davon mit hinaustreiben und in einer Gezähkammer aufbewahren. Doch verlor sich der Salzgeschmack an demselben nach und nach wieder und verschwand endlich ganz. Ich gab Veranlassung, daß dem Professor Göttling in Jena Auftrag ertheilt wurde, dieses Wasser zu analysiren, aber er fand es ganz ohne Salzgehalt und auch übrigens ganz rein.

Suitensammlung
zu der Geschichte der Ilmenauischen Bergwerke.

In diese Suitensammlung sind nur die Flötzgebirgsarten der hiesigen Gegend aufgenommen worden, da sie durch mehrere Jahrhunderte hindurch der alleinige Gegenstand des Bergbaues gewesen waren. So unzierlich sie im Vergleich mit andern Mineraliensammlungen erscheinen mag, so wird sie dereinst Liebhabern der Geognosie doch willkommen seyn; besonders da sie mit der Geschichte des Bergbaues in Verbindung steht und Manches aufklären und in Andenken erhalten wird, was ohne sie in Vergessenheit kommen dürfte. Um mehrere Deutlichkeit zu bewirken, sollen die Bergwerke einzeln aufgeführt werden, die die Materialien dazu lieferten.

A.

Suitensammlung von dem Sturmhaider Bergwerke.

Nummer 1, bis Nummer 34 a das Rothe todte Liegende. Es war nicht leicht zu bestimmen, welche Gebirgsart in hiesiger Gegend eigentlich das Rothe todte Liegende ausmachte, weil es auf den Punkten, wo es über Lage sichtbar ist, besonders aber in den in der Rathswaldung befindlichen Steinbrüchen, unter dem Namen Trümmerporphyr, für eine Uebergangs-Gebirgsart erkannt wurde. Es hat hier auch fast gar keine Aehnlichkeit mit dem Rothen todten Liegenden anderer Gegenden, denn dort trifft man die größte Mannichfaltigkeit von Geschieben darin an, von denen hier, nämlich in den Steinbrüchen der Rathswaldung, keine Spur anzutreffen ist. Und überdies ist auch das Gemenge immer so feinkörnig, daß man selten Stücke findet, worin sich scharfeckige Splitter von Porphyr erkennen lassen. Ich behielt daher die Benennung Trümmerporphyr bei und glaubte, das eigentliche Rothe todte Liegende müßte tiefer und unsern Augen ganz verborgen liegen. Doch untersuchte ich auch die Halden der alten Schächte und fand auf der Halde der Gottesgabe das grobe Gemenge Nummer 1, das wirklich alle Eigenschaften des Rothen todten Liegenden hat und nur der fremdartigen Geschiebe ermangelt. Dieses Stück ist aus ziemlich groben Geschieben verschiedener Porphyrarten zusammengesetzt. Da aber das Rothe todte Liegende immer aus Geschieben besteht, die von dem nächsten Urgebirge abstammen, das Porphyrgebirge hiesiger Gegend aber äußerst arm an fremdartigen Steinarten ist, so folgt ganz natürlich, daß von solchen auch nur äußerst selten Reste in demselben angetroffen werden können.

Nummer 2. bis 9. gehören ebenfalls zu den grobkörnigsten; in Nr. 1. ist sogar ein Quarz, in Nr. 4. aber ein Hornsteingeschiebe deutlich zu erkennen. Nr. 5. verwitterter Syenit, setzt es vollends außer allem Zweifel. Man fand ein Stück von mehr als Kopfsgröße mitten in einer Schicht des Todtliegenden oder des Trümmerporphyrs, wovon ihr auch noch etwas anklebt. Stücke von feinerm Korn, wie Nr. 10. bis 13. nähern sich schon dem bisher sogenannten Trümmerporphyr, der in Nr. 14 bis 23. in ziemlicher Verschiedenheit vorkömmt, und Nr. 24. und 24a ist wirklicher Thonstein, der bisweilen eigene Schichten dazwischen bildet.

Sonderbar ist die grüne Farbe, die in dieser Gebirgsart vorkömmt und die schon Viele bewogen hat, ihr einen bedeutenden Kupfergehalt zuzuschreiben, den ich jedoch nie darin gefunden habe. Unter wie vielerlei Gestalt sie darin anzutreffen ist, ist an den Nummern 11. 12. 13. und 20. zu sehen. In Nr. 22. und 23. ist sie besonders ausgezeichnet, weil sie vollkommen kugelförmig und zwar nicht das Geschiebe, sondern ins Ganze verwachsen erscheint, was hier ziemlich oft vorkömmt.

Diese fünf und zwanzig Nummern können als eine ziemlich vollständige Suite der Formation des Rothen todten Liegenden der Ilmenauischen Gegend betrachtet werden. Man könnte sie leicht zahlreicher machen, wenn es der Zweck erforderte.

Das Rothe todte Liegende ist in der Gegend um Ilmenau der einzige Mauerstein, weil Syenit und Porphyr wegen ihrer kolbigen Bruchstücke und großen Festigkeit nicht leicht zu bearbeiten sind und nicht dazu taugen. Man nennt es, zum Unterschied von dem gemeinen Sandstein, harten Stein und kennt seinen wahren Namen gar nicht. Nummer 21. ist besonders deswegen in die Suite aufgenommen worden, weil sich zwei Klüfte darin durchkreuzen, die höchst wahrscheinlich erst darin entstanden sind, nachdem dies Stück eine Reihe von Jahren hindurch der freien Luft ausgesetzt gewesen ist. Ich habe über diesen Fall mehrere Beobachtungen angestellt, besonders in der Mauer des Thurms auf dem Kiffhäuser Berge, den ich in meinen mineralogischen und bergmännischen Abhandlungen, Th. 2. S. 349. mitgetheilt habe.

Auf dem Rothen todt Liegenden ruht das Weißliegende. Nr. 25 bis 28. Auf der Gottesgaber Halde ist, wahrscheinlich nach dem Erliegen des Sturmhaider Werks, ein großer Hau-

[bei]m zusammen getragen worden, wovon sich vermuthen läßt, daß es zum Behuf eines künftigen Schmelzens geschehen ist, denn hier ist es von jeher Sanderz genennt worden, die Benennung Weißliegendes aber gar nicht üblich gewesen.

Ich habe immer geglaubt, es ginge eins in das andere über, weil ich nie Gelegenheit gefunden habe, die Gränze zwischen beyden zu beobachten. Freiesleben *) ist aber der Meinung, daß es eine eigene Schicht ausmache, ob er wohl auch keinen Punkt angiebt, wo er es rein abgeschnitten auf dem Rothliegenden angetroffen hat. Kalk hat sich schon hin und wieder in seine Bestandtheile gemischt, auch findet man Stücke, die eher auf einen chemischen als mechanischen Niederschlag Anspruch machen.

Oft scheint beydes zugleich statt zu finden, und es ist augenscheinlich, daß, während ein Theil sich chemisch bildete, ihm mancherley Geschiebe mechanisch einverleibt wurden, wie besonders an Nr. 26. zu sehen ist. Je tiefer, desto mehr und desto größere Prophyrgeschiebe trifft man darin an, was sich besonders in den Suiten des Neuhoffnungs- und des Johannesschachts Nr. 45 bis 52 und Nr. 64 bis 72. finden wird. Und was sonderbar ist, ist, daß hier der Hornsteinporphyr fast durchgehends von schwarzgrauer Farbe vorkömmt — nur Nr. 26. habe ich als Ausnahme davon gefunden. Ich nehme hier noch das Weißliegende mit auf, in welchem ich auf dem tiefen Martinröder-Stollen an einer Stelle ein Ort ansetzen ließ, wo das Schieferflötz ganz senkrecht niedersetzte. Diese Stücke sind mit den Nummern 28a bis 28f — bezeichnet. Wenn ihre Gemengtheile durch Niedersinken und darauf erfolgtes Zusammenbacken im Wasser ihre Existenz erhalten hätten, wie es so sehr das Ansehen hat, wie konnte dieses an einer senkrechten Fläche geschehen?

Die Oberfläche des Weißliegenden ist, wie schon gedacht, an einigen Orten mit Erztheilchen gemengt und gemischt, und heißt Sanderz. Hier in Ilmenau ist es in vorigen Zeiten von großer Bedeutung gewesen, doch sind von den alten reichen Stufen keine für diese Suitensammlung übriggeblieben. Hin und wieder findet man zwar noch Stücke davon, wie Nr. 29 bis 35, die doch keinen ungewöhnlichen Gehalt zu haben scheinen. Das häufige Kupfergrün ist in diesen Stücken noch nicht sichtbar gewesen, als sie vor sechzig bis hundert Jahren ausgefördert wurden, sondern erst in der Folge an der Luft ausgewittert; denn Kupfer und Kobalt haben die Eigenschaft, sich in der Folge durch ihre Oxyde bemerkbar zu machen. Nummer 33 enthält wirklichen Malachit, mit getropfter Oberfläche, die jedoch im gegenwärtigen Falle unmöglich durch Auftröpfeln entstanden seyn kann.

Die Oberfläche des Weißliegenden, oder der Sanderze, ist gewöhnlich ganz eben, fast glatt, wie bei Nr. 20 und 30. und darauf liegt

das Schieferflötz,

dessen untere Fläche natürlicherweise von eben dieser Beschaffenheit ist. Auf der Halde der Gottesgabe sind noch häufige Stufen davon anzutreffen, wovon jedoch nur Nr. 36 und 37. für diese Sammlung gewählt worden sind und letztere besonders wegen der unvollkommenen Kalkspath-Crystallen, die in einer Druse derselben angeschossen sind. Von diesen beyden Stücken läßt sich übrigens weiter nichts sagen, als daß sie das Daseyn des Schieferflötzes beweisen. Daß es ausgeklaubte unhaltige Schiefer sind, versteht sich von selbst. Doch ist bisweilen auch, besonders wenn

*) Freiesleben, geognostischer Beitrag zur Kenntniß des Kupferschiefergebirgs Th. III.

die Sanderze reich gewesen, das ganze Schieferflötz unhaltig befunden worden. Zum Andenken sind auch eine Anzahl Schwühlen beygelegt worden, die, wie oben schon bemerkt, in großer Menge in dem Schieferflötz an der Sturmhaide angetroffen worden seyn müssen, und noch bis jetzt auf der Gottesgaber Halde gefunden werden. In der Regel enthalten nur die größern Fischabdrücke und haben sie von Außen die Größe eines Tellers, so kann man versichert seyn, den Abdruck von einer Scholle darin zu finden, wenn man solche spaltet. Doch bin ich nicht so glücklich gewesen, eine solche für gegenwärtige Sammlung zu finden. Diese Schwühlen bestehen nicht aus Schiefer, sondern aus dichtern grauen Kalkstein, werden aber meistens von Schieferblättern umgeben.

Nr. 38. enthält einen Fischabdruck.

Nr. 39. Es ist schwer zu errathen, was zu der Höhlung in dieser Schwühle, die etwas crystallisirten Kalkspath enthält, Veranlassung gegeben haben mag, so wie auch bey

Nr. 40. wo die Höhlung ganz mit cristallisirtem Kalkspath bekleidet ist. Etwas fremdartiges hat Anlaß zu jeder Schwühle gegeben; warum sich aber mitten im Schieferflötze, um den fremdartigen Körper herum, nicht Schiefer, sondern grauer Kalkstein anlegte, scheint unerklärbar zu seyn.

Nr. 41. hat den Fischabdruck mehr auf der Oberfläche, als im Innern, was bey kleinen Schwühlen öfter der Fall ist.

Nr. 42. hier scheint ein kleiner Fisch Anlaß zu der Höhlung gegeben zu haben, in der sich Kalkspath, ein wenig Bleiglanz und dichtes Graubraunsteinerz befindet.

Nr. 43. ist noch uneröffnet, dergleichen wohl in alle Ewigkeit auf der Gottesgaber Halde angetroffen werden dürften.

Nr. 44. ist ein Bruchstück von einer Schwühle, die mehr als einen Fuß lang und deren Aeußeres einem Aal täuschend ähnlich war.

Eine weit schönere Sammlung von Schwühlen habe ich mit meiner geognostischen Suite dem Großherzoglichen Museum in Jena überlassen, wo sie immer zu sehen seyn wird. Die Stufen von den übrigen Flötzschichten, die das Schieferflötz bedecken, wird man unter der Suite vom Johannesschachte antreffen.

B.

Suitensammlung von dem Neuhoffnungs-Schachte.

Aus diesem Schachte ist auf der Halde nichts übrig geblieben, als ausgezeichnete Stücke vom Weißliegenden, und Schiefer. Nr. 45 ist eine Stufe davon, die ganz rein ist, und die chemischer Niederschlag zu seyn scheint. Das Aufbrausen mit Scheidewasser verräth den starken Kalkgehalt derselben. Nr. 46 bis 51 bilden ein grobes Conglomerat, dem das reine Weißliegende zum Bindemittel dient, wie besonders an Nr. 46 zu sehen ist. Die Geschiebe, die darin zusammengebacken sind, bestehen vorzüglich aus Hornstein, Hornsteinporphyr und Quarz, wovon die beyden erstern das sonderbare haben, daß sie schwarzgrau von Farbe sind. Doch scheinen sie diese, besonders beym Prophyr nicht gewöhnliche Farbe, erst in der Folge angenommen zu haben, da man nicht selten Stücke davon findet, die inwendig noch röthlicht sind, und in die die schwarzgraue Farbe erst nach und nach eingedrungen zu seyn scheint, wie an Nr. 47, 48 und 51. deutlich zu sehen. Nr. 52 ist ein aufgeschlagenes Prophyrgeschiebe aus diesem Weißliegenden. Wer bewundert nicht die unendliche Ausdauer dieser Gebirgsart, die trotz allen vernichtenden Kräften, die so viele Jahrtausende auf sie wirkten, in nichts von ihrer Consistenz verlor. Erst machte sie einen Theil eines vielleicht entfernten Urgebirgs aus, ward davon losgerissen und wer weiß wie lange im Grunde eines unermeßlichen Meeres herumgetrieben, wo sie endlich in eine neue Gebirgsart eingeschlossen wurde und zum Beschluß lag sie noch funfzig Jahre auf der Halde des Neuhoffnungsschachts. Auch an diesem Stücke bemerkt man das Eindringen der schwarzgrauen Farbe vom Rande herein.

Der Schiefer hat sich auf dieser Halde auch ungemein conservirt, ob er wohl über funfzig Jahre allen Angriffen der Atmosphäre blosgestellt gewesen ist. Nr. 53 und 54 sind Proben davon. Hingegen war der aus dem Johannisschachte von kurzer Dauer, und schon in einigen Jahren nach der Ausförderung war kein ganzes Stück mehr davon zu erhalten, so wie man weiter unten sehen wird.

C.

Suitensammlung vom Rodaischen Werke.

Auch von diesem weitläuftigen Werke ist wenig mehr übrig geblieben, als Weißliegendes, und Kupferschiefer, es liegt aber auch schon über hundert Jahr völlig darnieder. Die Stücke, die vom Weißliegenden für diese Sammlung gewählt worden sind, sind durchgängig schon metallhaltig, daher ihnen nach hiesigem Sprachgebrauch, eher der Name Sanderz zukömmt. Nr. 55 ist das Weißliegende in seiner höchsten Reinheit, so wie auch bereits vom Sturmhaider-Werke, und dem Neuhoffnungsschachte unter Nr. 25 und 45 Proben vorhanden sind und wo es mehr ein chemischer als mechanischer Niederschlag zu seyn scheint. Sein Metallgehalt verräth sich durch das aus diesen Stücke ausgewitterte Kupfergrün und sein Kalkgehalt durchs Scheidewasser. In Nr. 56 macht es das Bindemittel zwischen den zusammengebackenen Geschieben aus, auch ist schon einiger Kupfergehalt in demselben zu bemerken. Nr. 57 enthält ein Bruchstück von einem ungewöhnlich großen Prophyrgeschiebe. Es hat sich dieses nicht so conservirt, wie das oben unter Nr. 52, sondern ist erst durch die Verwitterung auf eine unbegreifliche Weise in tafelartige Stücke getrennt worden. In die zarten Spalten dazwischen legte sich nun erst Kupfergrün an — und das wahrscheinlich auch erst, nachdem dieses Stück eine Zeitlang an der Luft gelegen hatte. Wer begreift diese sonderbare Erscheinung! Man sieht über dergleichen Phänome oft weg, sie verdienen aber gewiß die höchste Aufmerksamkeit.

Nr. 58, 59 u. 60 sind noch Stücke des Weißliegenden, worin Kupfergrün und Eisenocher häufig ausgewittert sind. Man trifft am Kupferberge eine ganze Halde an, die wahrscheinlich zu einem künftigen Schmelzen bestimmt gewesen ist; so reich aber wie diese Stücke ist nicht der ganze Haufe.

Nro. 61. 62 und 63 sind Schiefer aus dem Rodaischen Werke, die ein vortreffliches Ansehen und sich gut erhalten haben.

D.

Suitensammlung aus dem Johannesschachte.

Auch mit diesem Schachte kam man nicht bis ins Rothe- todt- Liegende nieder, ob man wohl unter demselben noch einen Sumpf von mehrern Lachtern vorgerichtet hatte. Zunächst unterm Schieferflötze glich das Weißliegende einem höchst feinkörnigen Sandsteine und hatte bei weitem die Festigkeit nicht, die oben an den Nummern 25, 45 und 55 bemerkt worden ist. Doch war es unmittelbar unterm Schieferflötze, wo nicht durchgängig, doch fleckweise ungemein reichhaltig, wie die Stufe Nro. 64 bemerken läßt. Bei fortgesetztem Bergbau würde es unräthlich gewesen seyn, solche Sanderze erst aufzubereiten, da sie sich vollkommen dazu eigneten, so wie sie ausgefördert wurden, verschmolzen zu werden. Nummer 65 ist zwar an der dunklern Oberfläche weniger reichhaltig, als das vorige Stück, doch enthält es Bleiglanz in Striemen, der schon mit bloßem Auge zu erkennen ist.

Die übrigen Sanderzstufen von Nro. 66 bis 69 sind fast eben so reichhaltig und selbst die Stufen, die mit bloßem Auge nicht das geringste Erztheilchen erkennen ließen, gaben dem Hungrischen Sichertroge noch Schliech und waren der Aufbereitung nicht unwerth. Aber je tiefer, desto größer fanden sich schwarzgraue Porphyrgeschiebe ein, wie Nro. 70 bis 72, durch deren Festigkeit das Pochwerk ungemein litt. Nro. 72 ist ein Fragment von einem so großen Porphyrgeschiebe aus diesem Weißliegenden, oder wie man hier sagt, Sanderze.

Auf dem Weißliegenden ruht unmittelbar eine Schicht von bituminösem dichten Kalk, Nro. 73 bis 78, der bisweilen mit demselben verwachsen ist, wie Nro. 75, öfter aber sich leicht von demselben abheben läßt. Die hiesigen Bergleute nannten diese schwache, nur einen bis zwei Zoll mächtige Schicht, Schalerz, vielleicht deswegen, weil es das Weißliegende oder vielmehr das Sanderz wie eine Schale überzog. Nach den damit angestellten Versuchen war es ganz ohne Kupfergehalt, doch konnte schon das bloße Auge Erztheilchen und zwar höchst feinkörnigen Bleiglanz darin entdecken, wobei es auch immer viel Schliech gab. Die Oberfläche dieser Schalerze war nicht nur eben, sondern sogar glatt, ja oft glänzend wie eine Spiegelfläche, wie sämmtliche hier aufbewahrte Stufen bemerken lassen und darauf ruhte das Schieferflötz. Unter Schieferflötz verstehe ich die ganze, zwischen dem Zechstein und den Sanderzen befindliche Flötzschicht, wovon die Stufen Nro. 79 bis 86 noch zu schaffen waren.

Ich unterlasse den hiesigen Schieferarten die Benennungen, die in andern Ländern üblich sind, a's Schieferkopf, Kammschale, Schweel und dergl. anzupassen, weil ich dadurch vielleicht Mißverständniß erregen könnte. Nro. 79 und 80 nannte man hier Oberschiefer, Nro. 81 Mittelschiefer und Nro. 82 bis 86 endlich Unterschiefer. Die letzte Sorte war es, auf die man sein [illegible] setzte. Sie wurde daher sorgfältig ausgehalten, geröstet und geschmolzen, leider aber daraus kein Kupferstein; noch weniger aber von den übrigen. Selbst durch chemische Versuche wurde man von der Unhaltigkeit dieser Schiefer überzeugt und lebte nun der Hoffnung, daß sich die Anbrüche wohl noch bessern würden. Diese Hoffnung wuchs dadurch, daß man vor dem Carl Augusten Orte wirklich einige Veredlung spürte, aber leider! erst in den letzten Tagen dieses Bergbaues.

Der Zechstein, der das Schieferflötz bedeckte, unterschied sich nicht von eben dieser Gebirgsart in den Bottendorfischen, Eislebenschen und einigen andern Bergwerken, dagegen wich er auch sehr von dem Zechstein der Kupferschieferwerke im Eisenachischen, Saalfeldischen und mehrern andern ab. Nr. 87 und 88 sind Proben davon.

Der ältere Gips, worin der Johannesschacht über hundert Lachter niedergebracht wurde, kam in allen seinen Abänderungen vor, die jedoch hier nicht vollständig mehr haben zusammengebracht werden können. Von vorzüglicher Schönheit fand sich darunter Frauenris oder spätiger Gips. Er durchsetzte die große Gipsmasse in mächtigen Trümen, die in ihr Hangendes und Liegendes verwachsen waren und war so durchsichtig und rein wie Bergkrystall.

Nro. 89. giebt davon nur einen schwachen Begriff.

Nro. 90. Dichter graulichtweißer Gips, der bei näherer Prüfung für Anhydrit erklärt werden dürfte. Die Auflösbarkeit des Gipses im Wasser ist an diesem Stück besonders sichtbar, denn es ist nur ein einziges Mal im Wasser gereinigt worden und dennoch ist seine ganze Oberfläche aufgelöst und gleichsam blind geworden.

Nro. 91. Weiß und graulichtweiß marmorirter dichter Gips, (Alabaster).

Nro. 92. Dichter Gips von braunrother Farbe.

Nro. 93. Aschgrauer dichter Gips.

Nro. 94. Bituminöser dichter Gips; riecht stärker als Stinkstein.

Nro. 95. Glimmeriger Gips.

Nro. 96. Rother fasriger Gips.

Nro. 97. Weißer fasriger Gips. Beide durchschlängeln die ganze Gipsmasse nach allen Richtungen.

Nro. 98. Schwarzgrauer blättriger Gips.

In der ganzen Gipsmasse lagen nicht selten Massen von weißlicht grauem Thon und von großem Umfange. Während der Gewinnung war dieser Thon so fest, daß man mit der Keilhaue darin kaum fortkommen konnte. Sobald aber Luft und Wasser dazu kamen, wurde er fast flüssig, daher an solchen Stellen die Zimmerung äußerst stark gemacht werden mußte. Es ist, wie oben schon berührt worden, wahrscheinlich, daß die Höhlungen oder Kalkschlotten im Gipse solchen Thonmassen ihren Ursprung zu verdanken haben, denn es bedurfte mehr nicht, als daß eine Wasserader sich einen Weg dahin eröffnete, so konnten sie nach und nach aufgelös't und auf unsichtbaren Wegen fortgeführt werden.

Nro. 99. Ist ein Stück von diesem Thone.

Nro. 100. Dergleichen mit Gips durchschlängelt.

Nro. 101. Gips, wie derselbe durch eine solche Thonmasse geschlängelt hindurchläuft

IV.

Plan

zu

einem dereinstigen Wiederangriffe des Ilmenauischen Bergbaues.

Plan

zu einem dereinstigen Wiederangriffe des Ilmenauischen Bergbaues.

Man hat aus dem Vorstehenden ersehen, welche Summen aus den Sturmhaider und Rodaischen Werken genommen worden, welche Reichthümer noch in denselben verborgen liegen, welchen Schwierigkeiten aber auch die Gewinnung derselben zu allen Zeiten unterworfen gewesen ist. Und Jedem, der auf die bisherige Weise wieder Hand anlegen wollte, würden all, die bekannten Hindernisse aufs Neue in den Weg treten — er würde vielleicht unbezwingbare Wasser antreffen, sich zum Bau schwerköstiger Maschinen und zur Herstellung mehrerer Schutzteiche und Kunstgräben entschließen müssen — und am Ende würden doch, wie immer, die Wasserkosten den größten Theil des Ertrags wieder hinwegnehmen, die Wasser selbst aber in der Folge jeder Unternehmung das Ziel setzen. Wie könnte man unter solchen Umständen anrathen, den Stollen ferner zu unterhalten und dem verfallenen Bergbau wieder aufzuhelfen! Wer würde eine große Summe an eine Unternehmug wagen, deren Mislingen sich nach den gemachten Erfahrungen fast berechnen ließe!

Nur Ein Mittel ist noch übrig, diesen Bergbau aufs Neue und mit Vortheil wieder zu eröffnen, ohne von allen den genannten Uebeln nur einem einzigen zu begegnen — ein ganz sicherer Weg, die noch vorhandenen Schätze in den Besitz eines dereinstigen beherzten Unternehmers zu bringen und ihn zu einem Fugger empor zu heben *). Nur Zeit und Geld — und nichts steht einem glücklichen Erfolge der Unternehmung entgegen.

Dieses einzige Mittel ist ein neuer Stollen, der sattsame Teufe einbringen müßte um die alten Baue, ja selbst das Schieferflötz zu unterteufen und ein so eben vollendeter Markscheiderzug

*) Bekanntlich erwarb sich die Fuggersche Familie durch Bergbau in Spanien unermeßliche Reichthümer. Wenn man jetzt noch in jenem Lande Jemanden sehr reich schildern will, so sagt man, er ist reich wie ein Fuggar.

hat die Möglichkeit eines solchen Stollens bestätigt. Mit diesem neuen Stollen müßte man unter Meilitz, da wo sich der Bach, die Trockene, mit der Gera vereinigt, ansetzen und ihn mit äußerst wenigem Ansteigen schnurgerade dem Punkte zutreiben, wo die Alten das Flötz verließen und den sie so vorsichtig mit einem Steine am Rande des Körnerschen Ackers an der Sturmhaide (Bergw. Charte Nr. 35) bezeichneten. Noch ehe man dahin gelangte, würde man mit dem Stollen das Schieferflötz, ungefähr unter den Gebäuden der Porzellanfabrik, wo nicht schon unter den Gottesackerwiesen Tab. I. Fig. 3. h. g. erreichen. Bis dahin würde der Stollen an 4400 Lachter lang werden und 104 Lachter Teufe einbringen.

Nach einem so eben beendigten Markscheiderzuge des Steigers Schneider, der bereits gelungene Proben in dieser Kunst abgelegt hat, steigt das Terrain vom Mundloche des neuen Stollens bis zum Mundloche des tiefen Martinröder Stollens . . . . $34\frac{1}{8}$ Lr. 1 Zoll.

Die Stollensohle selbst steigt nach dem Schreiberischen Markscheiderzuge, bis unter den Johannesschacht . . . . , ... $14\frac{5}{8}$ Lr. 1 Zoll.

Unterm Johannesschachte bringt, nach eben demselben, der Stollen Teufe ein $51\frac{1}{4}$ Lr. 2 Zoll.

Vom Johannes bis auf die Wilh. Ernster Halde steigt, nach eben demselben, das Terrain noch an . . . . $3\frac{1}{4}$ Lr. 43 Zoll.

Summa $104\frac{1}{8}$ Lr. 2 Zoll.

Da nun unterm Schachte, Herzog Wilh. Ernst, (Bergw. Ch. Nr. 37) das Schieferflötz im zwei und neunzigsten Lachter ersunken worden ist, so könnte man zwölf Lachter unter demselben einkommen, wenn es möglich wäre, den Stollen ganz söhlig zu treiben. Rechnet man aber auf hundert Lachter funfzehn Zoll, was die Sohle ansteigen müßte, so kommen acht Lachter auf die ganze Länge und man würde noch immer vier Lachter oder acht und zwanzig Fuß unterm Schieferflötz einkommen, was in diesem Falle schon sehr bedeutend ist.

Es wäre aber auch möglich und anzurathen, mit dem Mundloche des neuen Stollens noch weiter, bis in die Nähe der Stadt Plaue zurückzuspringen, bis wohin die Gera noch ungewöhnlich viel Fall hat. Man würde dadurch gewiß sehr große Vortheile erreichen — doch muß ich dies den Einsichten der Nachkommenschaft überlassen, da bis dorthin das Terrain noch nicht abgewogen worden ist.

Die großen Zahlen, hundert und vier Lachter tief und viertausend und vierhundert Lachter lang, dürfen nicht abschrecken, da doch der Martinröder Stollen bis ins Sturmhaider Werk, nach der v. Imhofischen Zeichnung und namentlich bis unter den Schacht Hans Sachsen, ja noch über denselben hinaus, auch an 3500 Lachter lang ist, anderer großer Unternehmungen dieser Art nicht zu gedenken. Z. B. des Gibeons bei Marienberg*), des Francisci Erbstollen zu Schemnitz, der sechs tausend Klafter getrieben wurde und allein im Quergestein 350000 Gulden kostete **).

---

*) Der Plan zur Erhebung des Gibeon-Stollens ist ein Meisterstück des Herrn Oberberghauptmanns von Trebra und befindet sich in dessen Erfahrungen vom Innern der Gebirge, pag. 117.

**) Delius Anleitung zur Bergbaukunst, §. 224, 225.

Am passendsten für den hiesigen Fall ist aber doch der tiefe Georgenstollen bei Clausthal, dessen Beschreibung mir jedoch erst in die Hände fiel, als ich meinen Plan bereits entworfen hatte *). Die Vortheile, die solche Unternehmungen gewähren, sind zu groß, als daß man vor dem Aufwande zittern dürfte, den sie erfordern, und der sich gewöhnlich bald wieder bezahlt. Hier würden sie aber besonders sichtbar seyn.

Da die vorliegenden Flötzschichten dem neuen Stollen entgegen fallen, so wird er jeden Tropfen Wasser aufnehmen, der zwischen ihnen hervordringt, ja, man wird mit ihm die gefährliche Scheidung zwischen Gips und Zechstein ohne Gefahr durchschneiden können und alle die Wasser hinter sich bekommen, die zu allen Zeiten das Werk so sehr belästigt und dessen Emporkommen verhindert haben.

Man gienge nämlich mit dem neuen Stollen gerade bis in's Schieferflötz und in die Sanderze und richtete da die Baue gehörig vor, ohne wegen dem Wasser im mindesten in Ver-

---

*) Authentische Beschreibung von dem merkwürdigen Bau des tiefen „Georg-Stollens," am Oberharze, von Joh Christian Gotthard dem Jüngern. Nebst einem Kupfer. Wernigerode, bei Struck. 1801. 8.

Dieser Bau ward am 26sten Jul. 1777 angefangen und den 5ten Sept. 1799 beendet. Nach dem Anschlage sollte er in zwanzig Jahren fertig werden, man brauchte aber, bis zu seiner Vollendung, etwas über zwei und zwanzig Jahre, also nur zwei Jahre über den Anschlag. Die ganze Länge desselben belief sich nach dessen Vollendung auf $5481\frac{1}{4}$ Lachter, wobei er, unter verschiedenen Punkten auch verschiedene Teufen einbrachte, als:

unterm ersten Lichtloche	— — — — —	$90\frac{7}{8}$ Lachter.
unterm zweiten	— — — — — —	82 —
unterm dritten	— — — — — —	$111\frac{5}{8}$
unterm vierten	— — — — — —	$69\frac{1}{8}$ —
unter der Clausthaler Marktkirche	— — —	145 —
unter Caroline und Dorothea	— — — —	148 —

Er wurde von dreißig Punkten aus zu gleicher Zeit betrieben, nämlich mit funfzehn Oertern und funfzehn Gegenörtern, daher funfzehn Durchschläge erfolgen mußten, ehe er ganz fertig wurde. Dabei hatte man nur sechs Lichtlöcher nöthig, weil man von benachbarten Gruben Querschläge nach der Stollenlinie treiben und von da mit Oertern und Gegenörtern ansitzen konnte.

Das Gestein, worin er getrieben wurde, bestand aus Thonschiefer mit abwechselnden Grauwacken-Lagern. Man gab ihm eine Höhe von ein und drei Viertel-Lachtern, eine Weite von ein bis anderthalb Lachtern und ließ ihn in hundert Lachtern funfzehn Zoll ansteigen. Er wurde anfänglich elliptisch gewölbt und selbst die Wasserseige war ein Gewölbe; doch gieng man in der Folge wieder von dieser kostbaren Bauart ab. Den Eingang ziert ein schönes von Quadern aufgeführtes Portal.

Die Zahl der anfahrenden Mannschaft war bisweilen schwach, stieg aber auch 1787 bis zu hundert an, wobei man oft noch vierzig bis funfzig Handarbeiter über Tage brauchte. Nach dem Anschlage S. 29. rechnete man auf 255200 Rthlr., er kostete aber 412142 Rthlr. incl. der 4000 Rthlr. für die eisernen Gestuder, auf die man zuvor nicht gerechnet hatte.

Nach seiner Vollendung wurden funfzehn Wasserkünste, einige Kunstschächte und mehrere Kunstsätze ganz abgeworfen, und die jährliche Ersparniß belief sich auf sechszehn tausend Gulden.

legenheit kommen zu dürfen. Welch ein Vorsprung vor den vergangenen Zeiten, wo man immer erst bedeutende Summen auf Schutzteiche, Kunstgräben und Maschinen wenden mußte, ehe man an den Bergbau selbst kommen konnte. Und welchen Aufwand die Erhaltung derselben erforderte, läßt sich leicht berechnen, da in dem Sturmhaider Werke allein vierzehn Maschinen und an denselben an dreihundert Kunstsätze hiengen.

Und jetzt besonders könnte man sich des Bergsegens freuen, denn man käme in die reichen Anbrüche, bei denen das Werk auflässig wurde, die Hr. v. Imhof wegen ihrer Reichhaltigkeit so rühmte und aus denen noch im Jahre 1736. 1428 Centner Gahrkupfer und 3492 Mark Silber erbeutet wurden *). Gäbe da nicht schon ein Jahr die Summe zurück, vor der man anfänglich zitterte? Und nun diesen Bau, ohne alle Wasserkünste, Schutzteiche, Kunstgräben und Kunstarbeiter rc. was zusammen den Alten jährlich so große Summen kostete und ewige Schwierigkeiten und Aufenthalte verursachte — es müßte ein Werk ohne Gleichen werden!

Die so eben angegebene Menge Silber und Kupfer erbeuteten die Alten zwar mit vierzehn Rohfeuern. Dabei schmelzten sie Schiefer und Sanderze zusammen und ohne darauf zu sehen, ob die erstern schmelzwürdig waren oder nicht. Die Sanderze aber wurden ohne alle Aufbereitung verschmolzen, wozu sie doch so fähig gewesen wären. Würden sie nun in Zukunft aufbereitet, die erhaltenen Schlieche in die Bleiarbeit genommen, die Schiefer aber für sich verschmolzen, so würde man mit vier Feuern gewiß eben so viel Metall hervorbringen können, als die Alten mit vierzehn Feuern und würde über dieses noch eine beträchtliche Menge Blei gewinnen, das sie auf die unverzeihlichste Weise in Rauch aufgehen und verbrennen ließen.

Was den Stollenbau selbst betrifft, so dürfte derselbe ungefähr 2400 Lachter in Flötz- oder Muschelkalk, 1600 Lachter in Flötzsandstein, 10 Lachter in Stinkstein, gegen 400 Lachter in den ältern Gips und endlich drei Lachter in Zechstein zu stehen kommen. Im Flötzkalke ist überhaupt noch wenig dergleichen Arbeit gethan worden, doch ist zu vermuthen, daß er sich gut bearbeiten lassen und gut stehen wird. Einige felsige Partien in der Gegend von Jena, die ganz bröcklich zu seyn scheinen, haben dem Einsturze Jahrhunderte widerstanden, so auch das berühmte in Fels gehauene Buchferthische Schloß im Ilmgrunde, oberhalb Weimar **) und mehr dergleichen Punkte. Auch wird er gute Steine zur Stollen-Mauerung liefern, wo dieselbe sich nöthig machen sollte. Unter diesem Flötzkalkstein liegt eine mächtige Schicht von rothen und grauen Letten, die öfters auch den jüngern Gips enthält, von dem man jedoch hier noch keine Spur hat. Diese wird Schwierigkeiten machen, weil sie nachbrechen und von bloßer Zimmerung nicht sattsam unterstützt werden dürfte. Hier wird der Stollen gemauert werden müssen, so lange sie anhält.

Im Sandsteine, in den man nun kommen wird, wird's gut brechen, nur müssen schwache Stellen, die darin vorkommen, unterwölbt werden. Der Stinkstein dürfte keiner Unterstützung bedürfen und noch weniger der unter ihm liegende ältere Gips, wo er nicht etwas Nieren von grauem Letten enthält. Man dürfte vielleicht den Gips eher treffen, als man vermuthet, da er

*) Bei dieser Angabe wird oft die Frage aufgeworfen, ob es auch wahr sey? Die Wahrheit aber bestätigt sich in den completten Hüttenrechnungen, die im hiesigen Amtsarchiv zu Jedermanns Einsicht vorhanden sind.

**) Uffenbach's merkwürdige Reisen, Tom. I. pag. 112. — Voigts mineralogische Reisen durch das Herzogthum Weimar und Eisenach, Th. I. pag. 105.

sehr flach unter den Sandstein einzuschießen scheint. Es würde dies allemal zum Vortheil für die Unternehmung seyn, da er gut zu bearbeiten ist und keiner Zimmerung bedarf. Beim Betrieb des tiefen Martinröder Stollens fand man ihn nicht selten unbezwingbar fest und trieb an solchen Stellen Umbrüche, man kannte aber damals die Sprengarbeit noch nicht — wenigstens war sie hier noch nicht eingeführt. Selbst bei Absinkung des Johannesschachtes kamen Stellen vor, wo das Lachter zu achtzig Thaler verdingt wurde, ob man es gleich gewöhnlich für dreißig bis sechs und dreißig Thaler hatte.

Wasser zu Erhaltung und Anfrischung der Wetter, wird es bis in den Gips genug geben, wie auch in dem Martinroder Stollen zu sehen ist, wo einige Quellen wie Brunnenröhren in denselben hinabrinnen. In dem trocknen Gipse dürfte sich manches ergeben, was die Unternehmung unendlich begünstigen könnte. Es wäre nämlich möglich, in große Kalkschlotten und offene Klüfte durchzuschlagen, die nicht nur Wasser aufnehmen und frische Wetter herbeiführen, sondern auch dazu dienen würden, einen großen Theil der Berge in dieselben zu stürzen. Der tief Martinröder Stollen hat zwei solcher Kalkschlotten, die große und kleine Kirche genannt, in die man seit Jahrhunderten Berge gefördert und Stollenschlämme gestürzt hat. Die Vortheile, die die Kalkschlotten dem Eislebenschen Bergbau gewähren *), sind ebenfalls bekannt.

Schlüge man mit dem neuen Stollen in so eine Kalkschlotte durch, so wäre vielleicht möglich, von hieraus mit dem Stollen um mehrere Lachter tiefer anzusetzen — welch große Vortheile könnt dies der Unternehmung bringen! Und noch ein glücklicher Zufall könnte sich auf dem langen Wege des neuen Stollens ereignen. Bekanntlich hebt sich das Schieferflötz unter der Stadt wieder empor, so daß es mit dem Neuhoffnungsschachte, (S. die Bergw. Charte,) im zwei und funfzigsten Lachter ersunken werden konnte. Wenn es so gegen Norden fortstreichen sollte, wie kaum zu bezweifeln ist, so wäre es mit dem Stollen nicht zu verfehlen. Ob ich nun wohl zu dem Schieferflötze, in so großer Entfernung von der Sturmhaide, wenig Vertrauen habe, so läßt sich doch auch nicht behaupten, daß es auf diesem Punkte nicht edel und schmelzwürdig seyn sollte. Man würde es unter den Wiesen zwischen der Stadt und Oberpörlitz mit dem Stollen treffen. Auch wäre es möglich, daß man mit dem Stollen in eine Salzquelle durchschlüge, die dem ältern Gipse eigen sind. Man erinnere sich an die Bemerkung, die ich oben über eine Spur von Salze mitgetheilt habe.

Daß man dem Stollen eine gehörige Höhe und Weite geben und nie von der geraden Linie abweichen wird, versteht sich von selbst, da dies besonders auch wegen Fortbringung der Wetter erforderlich ist. Die Weite müßte so genommen werden, daß die Karrenläufer oder Hundsstößer einander ausweichen könnten.

Ein Haupt- und Treibeschacht, der sich dabei vom Tage wieder nöthig machen dürfte, würde hinter die Porzellanfabrik neben den Fuhrweg, nach der sogenannten Treibe zu stehen kommen. Er würde nicht über 93 Lachter tief werden, da man mit dem höher liegenden Schachte, Herzog Wilhelm Ernst, im zwei und neunzigsten Lachter auf das Schieferflötz niederkam. Es wäre vortheilhaft, denselben so nahe als möglich an die Chaussee zu setzen, um desto gewisser damit in den Gips zu kommen, dessen Ausgehendes unter der Dammerde, in dieser Gegend nicht sichtbar ist. Auch müßte vom Stollen aus zwischen Gips und Zechstein, zeitig ein Ort unter diesem Schacht getrieben werden, damit, wenn ja, wie unterm Johannesschachte, starke Wasser kommen sollten, dieselben schon vorher abgezapf't würden, ehe man mit dem Schachte in sie durchschlüge und ihn ersaufen ließe, was hernach große Schwierigkeiten verursachen könnte.

---

*) Freiesleben, geognostischer Beitrag zur Kenntniß des Kupferschiefergebirges rc. Freiberg, bei Craz. 1809.

Da man durch den neuen Stollen das Flötz in der ganzen Gegend in seine Gewalt bekommt, so könnte man mit demselben auch gerade auf den Johannesschacht losgehen, der mit starker Wölbung verbühnt ist. Man würde dadurch den großen Vortheil erreichen, sogleich einen der schönsten Schächte zu einem Wetter und Treibeschachte fertig zu finden. Man würde ungefähr im fünf und vierzigsten Lachter unter dem Martinröder Stollen in denselben durchschlagen und die Wasser würden noch zwanzig Lachter hoch in demselben stehen bleiben. Da diese zwanzig Lachter auf immer verloren sind, so könnte man vom Tage des gemachten Durchschlags an, die ganze Förderung in denselben gehen lassen, bis er, an die Sohle des neuen Stollens herauf angefüllt wäre.

Der Durchschlag dürfte, bei behutsamen Verbohren, ohne sonderliche Gefahr zu machen seyn, da der Gips in dieser Gegend ungemein fest und ganz ist und der Häuer, der ihn mit dem Bohrer machte, hätte gewiß überflüßig Zeit zu seiner Rettung, ehe das Bohrloch sich so erweiterte, daß die angebohrten Wasser den Stollen bis in die Förste anfüllten. Dabei hätte man auf dem Stollen auch keine Verschlämmung zu befürchten, da die Wasser im Johannesschachte rein wie Crystall seyn müssen. Alles, was sie verunreinigen könnte, ist längst in sein Tiefstes versunken. Eine solche Fluth reinen Wassers könnte vielmehr als ein Reinigungsmittel des Stollens betrachtet werden.

Mit dem Stollorte selbst gienge man in diesem Falle, in der Entfernung von einigen Lachtern, neben dem Johannesschachte vorbei und gerade in das Flötz, das man da anhauen würde, wo es widersinnig gegen das Grundgebirge einschließt. Es käme darauf an, ob man es nicht hier schon bauwürdig fände, da die Alten ihre Baue anfänglich allein darauf verführten, und erst spät auf den Theil des Flötzes niederkamen, wo es sich der horizontalen Richtung nähert — wo in den Akten der Ausdruck gebraucht wird, „der Gang habe sich in ein Flötz verwandelt."

Gesetzt aber, man fände das Flötz hier noch nicht bauwürdig, so gienge man mit dem Stollen gerade auf das Sturmhaider Werk zu und zwar beständig in den Schiefern, um keinen Punkt zu verfehlen, der gute Anbrüche enthalten könnte.

Zwischen dem Johannes und Gott hilft gewiß, steht auch noch ein alter Schacht, der den Namen Burkard führte. In den Akten wird er beim Betrieb des Martinröder Stollens erwähnt. Nachdem er gänzlich verbrochen, dient die Pinge desselben gegenwärtig zu einem kleinen Fischteiche, der sich gleich hinter den Gebäuden der Porzellanfabrik befindet.

Fände man in der entferntern Zukunft rathsam, auch das Rodaische Werk wieder zu eröffnen, so wäre es leicht, einen Flügel von dem neuen Stollen ab dahin zu treiben, der daselbst etliche vierzig Lachter Teufe unterm Martinröder Stollen einbringen würde. So tief sind die Alten daselbst nie nieder gekommen. Den unsinnigen Segen-Gottesschacht, den Keller bekanntlich hundert und vier und achtzig Lachter im Liegenden niederbringen und darin noch sechs und dreißig Lachter bohren ließ, darf man nicht fürchten, da er mit den Bauen auf dem Schieferflötz in keiner weitern Verbindung steht. Ja, es ließe sich überlegen, ob es nicht vortheilhafter wäre, mit dem neuen Stollen, anstatt nach der Sturmhaide, gerade in's Rodaische Werk zu gehen, da dieses noch reicher gewesen seyn soll. Nur sind von demselben nicht so specielle Nachrichten, als von dem Sturmhaider Werke vorhanden, und es wäre hier leichter möglich, unverhofft einen unglücklichen Durchschlag in alte Baue zu machen. Auch hier ließe sich vielleicht der wohlverbühnte Getreue-Friedrich wieder benutzen, ob er wohl bis an die Sohle des Martinröder Stollens verstürzt ist und man nicht bestimmt angeben kann, wie tief er unter dieselbe niedergeht.

Eben so steht es in Zukunft auch frei, mit einem Stollenflügel den Neuhoffnungs-Schacht wieder zu eröffnen. Kurz, man bekömmt mit diesem neuen Stollen das ganze Ilmenauer Schieferflötz vollkommen in die Gewalt und in Zukunft dürfte es nur von der zu erhaltenden Menge Kohlen abhängen, wie viel jährlich Kupfer und Silber ausgebracht werden sollte.

Eins ist mir noch zu bemerken übrig geblieben, da ich eben von zu machenden Durchschlägen gehandelt habe. Wenn man nämlich das Schieferflötz in der Nähe des Lochsteins, Bergw. Charte Nr. 35 abbauen wird, wird man in beständiger Angst schweben, den alten Bauen zu nahe zu kommen, und unerwartet in dieselben durchzuschlagen, was mehrern Menschen das Leben kosten würde. Auf den ersten Anblick scheint es, als ob es am rathsamsten wäre, diesem zuvorzukommen, und durch behutsames Vorbohren vorsetzlich die neuen Baue mit den alten in Verbindung zu bringen. Man würde dadurch der Gefahr, eine Anzahl brauchbarer Menschen zu verlieren am sichersten ausweichen, auch könnte man dadurch die noch anstehenden reichen Sanderze und das zwischen der Gottesgabe und Herzog Wilhelm Ernst noch nicht ganz abgebauete reiche Mittel bis aufs letzte Stüfchen rein und ruhig abbauen, und vielleicht auch einen der alten Schächte, Wilhelm Ernst oder Gotthilft, gewiß wieder aufmachen und gut benutzen. Aber welche Menge Schlamme würde ein solcher Durchschlag dem neuen Stollen zuführen — ihn vielleicht ganz zuschieben! Man denke sich sämmtliche alte Baue auf dem Schieferflötze, eine große Anzahl alter verbrochener Oerter, Strecken, Stollen und Schächte, die sich alle in den neuen Stollen ausleeren würden — gewiß ein solcher Durchschlag dürfte einer sehr reiflichen Ueberlegung bedürfen, ehe sich darüber entscheiden ließe.

Machte es sich in der Folge ja nöthig, auch unter der Stollensohle Schiefer- und Erzbaue anzulegen, so ist nicht zu fürchten, daß Wasser solches verhindern würden. Denn unterm Johannesschachte fand man, so wie unterm Neuhoffnungsschachte, das Schieferflötz ganz trocken, und in den alten Akten stößt man auch hin und wieder auf die Bemerkung, daß das Flötz sowohl im Rodaischen als im Sturmhaider Werke, ohne Wasser gewesen sey und daß die Wasser nur immer in den obern Teufen angehauen worden wären.

Was den Stollenbau selbst betrifft, so dürfte man von der geraden Linie St. Sept. 1½ nicht abweichen, auch müßte man ihm durchaus wenigstens neun Fuß Höhe geben, wovon drey Fuß für die Wasserseige abgingen und soviel Weite, daß die Karrenläufer oder Hundsstößer einander ausweichen könnten. Wegen Fortbringung der Wetter ist wenig zu befürchten, da man im Sandsteine, in welchem der Stollen an sechzehnhundert Lachter getrieben werden wird, mehr als einmal Wasser anhauen dürfte, die immer Wetter mitbringen, und die Vorhandenen anfrischen. Dabey wäre über dieses noch ganz verschlagenes und auf den Fugen mit Letten verstrichenes Tragewerk zu empfehlen. Durch diese Vorsicht würde man immer über fünfhundert Lachter fortkommen, ohne eines Lichtlochs zu bedürfen und überhaupt höchstens acht Lichtlöcher für den ganzen Stollen nöthig haben. Aber es können glückliche Umstände eintreten, daß man auch diese nicht einmal braucht. Die Alten hatten zwar im Martinröder-Stollen, den sie enge und niedrig führten, und so oft das Gestein ein wenig fest wurde einen Umbruch trieben, fast alle hundert Lachter ein Lichtloch, wie auf der Bergwerkscharte zu sehen ist. Es ist dies aber als ein Beweis ihrer Unkunde im praktischen Bergbau zu betrachten. Sie schadeten dem Werke nicht nur in Rücksicht der Kosten, für unnütze Arbeit, sondern auch wegen der Erhaltung so vieler Schächte. Doch hatten sie die lobenswerthe Vorsichtigkeit, jedes Lichtloch einige Lachter vom Stollen abzusetzen; der Stollen konnte daher nie verschüttet werden, so viele in der Folge auch davon niedergingen und verbrachen.

Mehr Schwierigkeiten werden die Lichtlöcher beym Betrieb des neuen Stollens machen, doch wird man auch diese zu überwinden wissen. Auf der erstern größern Hälfte, nämlich vom Mundloche des Stollens bis in die Martinröder-Haide, hätte es schon weniger auf sich, sie nieder zu bringen, weil man bis dahin nur Tiefen von 20, 30, 40 bis höchstens 50 Lachter zu bezwingen hätte. Weiter hin aber werden die Schächte tiefer. Der Hauptschacht am Endpunkte des neuen Stollens z. B. könnte nicht unter hundert Lachter tief werden, dergleichen ein Schacht auf der Martinröder-Haide und einer am diesseitigen Abhange der Oberpörlitzer Höhe. Doch geht die Stollenlinie auch nicht unter dem höchsten Punkte dieses Sandsteinrückens weg, welcher mehr nordwärts in der Nähe der dicken Eiche zu sehen ist, und nach dem Markscheiderzuge des geschwornen Schreibers, *) vier und sechzig Lachter über Martinroda erhaben ist.

Mit einer einzigen Dampfmaschine, die man immer von einem Schachte auf den andern bringen könnte, wären sämmtliche Lichtlöcher niederzubringen, wenn man starke Wasser anhauen sollte. Es ist auch zu hoffen, daß diese vortreffliche Maschine in Zukunft wohlfeiler herzustellen und zu unterhalten seyn dürfte als gegenwärtig. Denn die auf der Preuß. Hoheit bey Hettstedt, kostete über 40,000 Rthlr. und bedurfte zu ihrer Unterhaltung in jener holzarmen Gegend an 40 Rthlr. täglich. Im Johannis-Schachte bekam man bekanntlich die ersten Wasser, als man auf den Zechstein niederkam.

Das abschreckendste bei dieser Unternehmung bleibt immer der Zeitraum, der zu ihrer Vollendung erforderlich ist und ich verdenke Niemand, wenn er auf den ersten Ueberblick Bedenklichkeiten dagegen äußert. Aber doch wird sich dieses um vieles vermindern, wenn ich mich im Nachstehenden erst weiter darüber mitgetheilt haben werde. Der Betrieb mit Oertern und Gegenörtern, der den Bau des tiefen Georgenstollens bei Clausthal so sehr beförderte, wäre hier wohl nicht anwendbar. Dort hatte man Baue, die mit der Stollenlinie in Verbindung zu bringen waren, die aber hier mangeln. Doch wäre bei der angenommenen Höhe und Weite des Stollens dessen Betrieb sehr zu beschleunigen, wenn man ihn wenigstens mit drei Mann zu drei Dritteln belegte und die Arbeit über Feiertags fortgehen ließe. Durch das Letztere würden jährlich wenigstens sechszig Tage und folglich in dreißig Jahren, fünf Jahre gewonnen. Auch müßten die Bergleute auf den Schlägel ablösen, das heißt, keiner dürfte eher Schicht machen, als bis sein Camerad, der die folgende Schicht hat, hinter ihm stünde und ihm gleichsam den Schlägel aus der Hand nähme. Ich würde sogar anrathen, dem Steiger eine kleine Prämie von jedem herausgeschlagenen Lachter zu bewilligen, damit dieser angefeuert würde, die Bergleute anzutreiben und sie mit den Vortheilen bei der Arbeit im ganzen Gestein bekannt zu machen, die nicht jeder Bergmann vollkommen inne hat. Auf diese Art müßte es möglich seyn, im Durchschnitt genommen wöchentlich drei Lachter herauszuschlagen. Das wären jährlich 156 Lachter. Vier tausend und vier hundert Lachter dürfte der Stollen bis ins Schieferflötz lang werden, — folglich brauchte man noch nicht volle dreißig Jahre, um den Zweck zu erreichen.

Doch alles, was ich hier schreibe, ist nur als ein wahrer Entwurf zu betrachten und fast wäre es überflüssig, noch mehr ins Detail zu gehen. Sollte man dereinst wirklich Hand ans Werk legen, so würde sich alles besser bestimmen und sorgfältiger erwägen und berechnen lassen. Gegenwärtig bin ich nur bemüht gewesen, die Möglichkeit zu zeigen, wie ein verborgener großer Schatz sicher noch zu erreichen wäre und wie die natürliche Lage der hiesigen Gegend gestattet, einen Plan auszuführen, der manchen unerreichbar geschienen haben dürfte. Die Kosten

*) Dessen Grund- und Saigerriß befindet sich in den Akten, die Marienstraße betr. bey Herzogl. Justizamte allhier und könnte, wenn dereinst der neue Stollen getrieben werden soll, dabey sehr nützlich werden.

sollten sie auch auf eine halbe Tonne Goldes anwachsen, kommen gegen die Summen, die damit zu gewinnen sind, in gar keine Betrachtung und sind selbst unbedeutend gegen das, was auf die vormaligen Baue verwendet worden ist. Hier geht man nicht auf bergmännische Hoffnung, sondern auf Gewißheit. Nach Imhofs Urtheil wird man reichere Schiefer- und Sanderze antreffen, als die waren, aus welchen man in den letzten zehn Jahren des alten Bergbaues, nach damaligen Metallwerthe, nämlich den Ctnr. Kupfer zu 52 Rthlr., Eine Mark Silber aber zu 13 Rthlr. 8 Gr. gerechnet, über 675044 Rthlr. Einnahme machte.

Aber für eine Gewerkschaft wäre eine solche Unternehmung nicht. Gewerken wollen immer zu bald Ausbeute haben, werden uneinig, verlieren die Geduld und springen ab — und wie wenige würden den Ausgang einer Unternehmung erleben, die wie schon berührt, unter dreißig Jahren nicht wohl ausgeführt werden könnte? Nur für eine öffentliche Landescasse, die nicht ausstirbt, sondern fortdauert, ist eine solche Unternehmung, oder auch für mehrere öffentliche Cassen, die sich zu einem solchen Zwecke vereinigten. So sehr die Summe von 50000 Rthlr. in die Augen fällt, so mildert sich dies doch wiederum sehr, wenn man bedenkt, daß sie nicht gleich baar da zu seyn braucht, sondern daß man dazu auf dreißig Jahre Zeit und jährlich nur sechzehn bis achtzehn hundert Rthlr. aufzuwenden hat, eine Summe, die für mehre vereinigte Fonds kaum drückend werden könnte und die man bisweilen für ganz entbehrliche Dinge nicht zu hoch findet.

Dreißig Jahre scheinen eine Ewigkeit, wenn man sie vor sich hat und wie kurz erscheinen sie, wenn sie verlebt sind. Man würde, wenn man dereinst auf diese Unternehmung einginge, immer nicht mehr thun, als ein guter Hausvater, der in seinem Alter Bäume pflanzt. Er scheuet den Aufwand nicht und gönnt der Nachkommenschaft gern die Früchte, auf die er keine Ansprüche mehr machen darf. Und wie viel kostbare Unternehmungen wurden ausgeführt, wovon die Nachkommen sich der Hauptvortheile nicht zu erfreuen hatten?

Schließlich theile ich noch den Auszug eines Schreibens von dem Herrn Oberbergrath Riemann zu Coburg mit, das vielen Bezug auf den gegenwärtigen Plan hat. Er schreibt unterm 16ten März 1813.

„Ihr Plan verdient alle Unterstützung. Ich wünsche das Detail davon dereinst näher kennen zu lernen, um meine Ideen über die Wiederaufnahme dergleichen Gegenstände darnach zu berichtigen. Ich habe diese Ideen skizzirt, sie sind aber noch viel zu roh, als daß sie communicabel wären, sonst würde ich sie Ihnen vorlegen und Ihr Urtheil mir darüber erbitten. Ich habe darüber den Grundsatz aufgestellt, daß der mehreste Bergbau, theils wegen seiner Kostspieligkeit, theils wegen der Armuth des zu gewinnen beabsichtigten Gegenstandes nicht mehr geeignet sey, von einzelnen Gewerkschaften, am wenigsten von Gewerken gewöhnlicher Art, (arm, wankelmüthig, unbeständig ꝛc.) betrieben zu werden. Bergbau gehört für die Staatsöconomie so gut als Waldung und ähnliche Gegenstände. Der Wald liefert Bäume, welche Cultur kosten, Aufsicht kosten und Gewinnung fordern, wo das Areal 50, — 60, — 80, — 100 Jahr liegen muß, ehe man Ertrag davon nehmen kann.

Ein abgebautes Bergwerksfeld wächst freilich nicht wieder zu. Allein ein unabgebautes giebt dem Staate mineralische Produkte, welche, wenn es Metalle sind, von bleibendem Werthe sind, und zu vielfacher Verarbeitung durch veränderte Form und auf andere Art Gelegenheit geben, was ein mit dem ersten Verbrauch größtentheils vernichteter Gegenstand, wie Holz — welchen Werth hat denn ein ganzer verbrannter Waldbestand? — nicht thun kann. Der Werth des Holzes ist zu groß, als daß er übrigens nicht darnach gewürdert werden sollte. Wer gewinnt aber durch Produktion von Metall in einem Lande? Das Land nur allein mit den Staatskassen. Nehmen

Sie unsere besten Bergbaue! Viele Gruben liefern nicht soviel als der Aufwand darauf beträgt, wenige Gruben geben Ausbeute! Jedermann will gewinnen! Die Gewerken, welche nicht gewinnen, springen ab. Wird der Bergbau von einer consolidirten Gewerkschaft betrieben, so deckt der Ueberschuß von der einen Grube den Mangel der andern. Die Pläne können Einheit erhalten, die zu forcirenden Baue forcirt werden, der Tod baulustiger, reicher Gewerken stört den Betrieb nicht, sondern die Sache geht ihren regelmäßigen Gang fort, und (da wohl kein Bergbau, der richtig behandelt, nie zur Ausbeute gelangte, betrieben werden wird), man muß zu einem entschiedenen Resultate, zu Ueberschuß kommen, wenn im Ganzen dies möglich ist, was sich leicht aus einer Generalbilance entnehmen läßt.

Wenn aber der Staat nur den Gewinn trägt, da alle Nahrung durch Bergbau, alle weitere Verarbeitung der Bergprodukte nur ihm zu Gute kommt, da die Staatscosse auf jeden Fall dabey gewinnt, so kann auch die verlangte consolidirte Gewerkschaft keine andere als der Staat selbst sein. Verliert er dann, wenn er nach dem Umfange des Bergbaues jährlich 100,000 Rthlr. auf den Bergbau wendet? Nein, sage ich, die Geldmasse bleibt ja im Lande, und circulirt um so lebhafter. Er gewinnt aber den Betrag der gewonnenen metallischen Produkte als offenbaren Zuwachs an Staatsreichthum und daß er hierdurch Gelegenheit zu vielfachem neuen Verkehr, der in alle Gewerbs-Branchen mehr oder weniger eingreift, giebt und dadurch mittel- und unmittelbar Nahrung, Reichthum und Wohlstand verbreitet.

Ist aber dies der Fall, (wer kann es leugnen,) so ist auch der Staat verbunden, die Last auf sich zu nehmen, welche die Mittel fordern, um zum Zwecke zu gelangen. Diese Last ist keine andere, als eine Bergwerkssteuer. Heiligkeit dieser Steuer, daß sie nicht zu andern Zwecken verwendet wird und daß über ihre richtige Verwendung jährlich richtige Rechnung gelegt wird, muß statt finden. Will man einwenden, wie die entfernten Gegenden dazu kommen, die der Bergwerksgegend besonders zu Gute kommenden Vortheile bereiten zu helfen, so widerspricht dieser Einwand dem allgemeinen Staatszweck, Beförderung des allgemeinen Wohls des Ganzen. Es ist wahr die Gegend, wo der Bergbau selbst ist, gewinnt an Nahrung vorzüglich. Allein es ist eben so wahr, daß auch entfernte Gegenden durch ihn gewinnen, man muß nur das Ganze unter sich in Verbindung setzen. Erinnern Sie sich an das Erzgebirge, welches aus Meissen, an den Oberharz, welcher aus der goldnen Aue, aus dem Halberstädtischen ꝛc. sein Getraide bezieht, und diesen Gegenden sehr großen Verdienst gewährt. Die Bergwerke liefern Geld und Metall, die Getraidegegenden Getraide, beide bestehen gut mit einander. Man muß sich nur überzeugen, daß die mineralischen Produkte aller Art zu allen Gewerben unbedingt erforderlich sind, Dann sehe man darauf zurück, daß die eine Gegend für Getraide, die andere für Bergwerke und Fabriken geeignet ist, daß gegenseitige Unterstützung die Seele ist, und daß so wenig ein Kornland ohne Mineralprodukte, als eine Bergwerksgegend ohne Getraide bestehen kann. Die gewonnenen mineralischen Produkte geben, außer daß sie den Verkehr erhöhen, übrigens vielfache Gelegenheit nützliche Anstalten davon, als Ersatz für die Steuer, zu begründen. Man nehme Feuer-Vieh-, Feld- ꝛc. Assecuranzen, man bilde einen Fonds für Kriegsschulden-Abträge davon. ꝛc. Die Einwendungen, es sei unsicher auf den Ertrag dergleichen jährliche Ausgaben fodernde Anstalten zu gründen, lassen sich von Staatswirthen, welche wollen, auch beseitigen. Dann aber kann man ja auch für einen Fond auf Deckung abfallender Einnahmen sorgen, wenn man die Assecuranzen erst einige Jahre später angehen läßt, als die Steueranlage geschieht. Es kommt blos aufs Wollen in der Welt an und es geht Alles. Wollte man entgegnen, daß man um solche Zwecke zu erreichen, die Steuer direkte darauf verwenden müsse und nicht erst auf unsichere Bergwerks-Anlagen anlegen dürfe, so heißt dies nichts gesagt. Aller Aufwand, den ein Land bestreiten muß, geschieht zu Erreichung gewisser Staatszwecke. Vermehrung und Erhöhung des Staatswohls und innern Reichthums sind gewiß Hauptzwecke des Staats. Letzterer wird gewiß erhöht, wenn die vorhanden gewesene Geldmasse im Lande blieb und durch einen Theil derselben die auch bleibende Metallmasse vermehrt, durch andere mineralische Produkte das Geld, was sonst dafür außer Landes ging, im Lande erhalten würde. Der wohlthätige Commerz ist bei rohen Materialien, die man sich im Lande selbst schaffen kann, aufs Ausland nicht anwendbar. Es würde unklug seyn, seinen Acker-Waldboden von den Ziegen abfressen zu lassen, nur um des Commerzes willen, von dem Auslande Holz kaufen zu können. Durch die bewirkte Thätigkeit, Nahrung und Verkehr, wird aber auch die Wohlfahrt eines Landes erhöht, mithin die Hauptzwecke erreicht und eine glückliche Verbindung durch die Anwendung der Bergwerkssteuer erlangt.

Ich setze durchaus voraus, der Staat muß allen Bergbau selbst treiben. Große Gegenstände erfordern große das Ganze angehende Mittel. Das Flickwerk der einzelnen armen unbeständigen Gewerkschaften nützt und führt zu nichts Ersprieslichem. Wie oft ist Bergbau an einem Orte aufgenommen und wieder liegen geblieben. Selbst der Fürst sichert die Dauer des Betriebes nicht. Er ist für den Bergbau gestimmt, sein Nachfolger haßt ihn, weil er das Geld besser auf Lustbarkeiten anwenden zu können glaubt und nicht erwägt, welch ein Verlust fürs ganze daraus entsteht, wenn er die theuern Anlagen eingehen, die Nahrung sinken läßt, und seiner eigenen Casse, die durch den Bergbau herkommenden vielen direkten und indirekten Zuschüsse entzieht.

Ich würde Sie ermüden, wenn ich Ihnen noch mehr sagen wollte. Die Sache läßt sich aber leicht noch mehr von der richtigen Seite darstellen.

Bey dem Verleger dieses Werkes sind erschienen und verdienen Empfehlung;

C. F. Jasche, (Gräfl. Stolberg-Wernigerödischen Bergkommissar) kleine mineralogische Schriften, vermischten Inhalts. Erstes Bändchen. 8. 1 Rthlt. 12 Gr.

Der Verfasser ist bereits durch ein größeres verdienstliches mineralogisches Werk, in welchem die Gebirgskunde systematisch abgehandelt worden, rühmlichst bekannt. In diesen kleinen mineralogischen Schriften, wovon jetzt der erste Band in meinem Verlage erscheint, theilt er nicht allein Beschreibungen der von ihm neuentdeckten, noch gar nicht oder doch sehr wenig allgemein bekannten Fossilien mit, sondern giebt auch über mehrere einfache Fossilien und Gebirgsarten des Harzes und besonders der Gegend von Elbingerode und Wernigerode Auskunft. Die mitgetheilten mineralogischen Bemerkungen haben um so größern Werth, da der Verfasser ein praktischer Bergmann ist, und ihm also viele Mittel zu Gebote stehen, vollständige und genaue Notizen einzusammeln.

Fr. Wilh. Sternikels praktisch demonstrative

Flächen- oder Feld-Eintheilung.

Ein Leitfaden für Oekonomen und diejenigen Feldmesser, die keine Grundkenntniß in der Meßwissenschaft erlangt haben. Nebst einer kurzen Bemerkung über Flur- und Lagerbücher, wie solche mit wenigen Kosten zu errichten und zu verfertigen sind. Mit 8 Kupfern und 17 Tabellen. Zweite sehr vermehrte und ganz umgearbeitete Auflage.

Auch unter dem Titel:

Der selbstlehrende ökonomische Feldmesser,

oder gründliche Anleitung für den Oekonomen, Landmann, und überhaupt für diejenigen, die das Nöthigste der landwirthschaftlichen Meßwissenschaft auf eine leichte und kurze Art ohne Lehrer erlernen wolleu. Nebst deutlicher Anweisung, die schwierigsten Theilungsoperationen zu bewerkstelligen. 4. Preis 1 Rthlr. 16 Gr.

Seiner großen Brauchbarkeit hat dieses Werk die Auszeichnung zu verdanken, daß es binnen kurzer Zeit eine zweite Auflage erlebt hat. Vorstehende neue Bearbeitnng ist mit so vielem Fleiß besorgt worden, daß sich der Text in der Bogenzahl mehr wie verdoppelt hat, und daß sich die drei Kupfertafeln der ersten Auflage nun auf acht vermehrt haben. So praktisch man auch bei der ersten Auflage die Lehren des Herrn Verfassers gefunden hat, so wurde er doch von mehreren Seiten aufgefordert, bei einer vorkommenden zweiten Auflage die ersten Elemente der Meßkunst ausführlich beizufügen. Diese Winke hat er bei vorstehender Bearbeitung dergestalt befolgt, daß sein Werk nun für jeden Oekonomen, Ortsvorstand und angehenden Feldmesser hinreichend seyn wird, die Feldmeßkunst von ihren ersten Arfangsgründen an bis zu den schwierigsten Operationen ohne weitere Beihülfe eines Lehrers auf die leichteste Art gründlich zu erlernen.

Kurze Anleitung zur Eisenhüttenkunde,

in mineralogischer, chemischer und hüttenmännischer Hinsicht. Ein Handbuch für Hammergewerken, Offizianten und unstudirte Hüttenmänner. Preis 18 Gr.

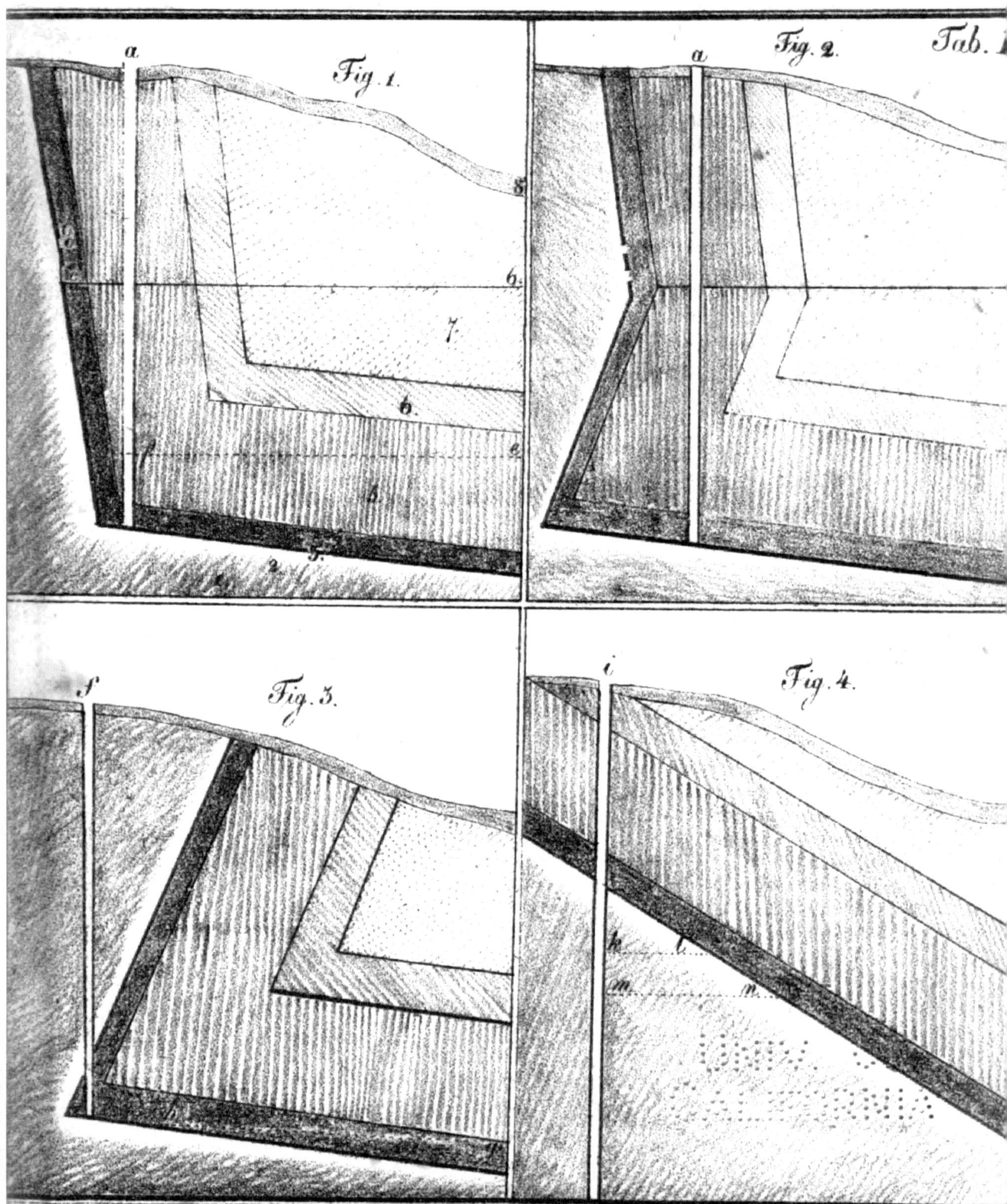
Tab. I
Fig. 1.
a
8
6
7
6
e
f
5
g
2
1
Fig. 2.
a
Fig. 3.
f
h
g
Fig. 4.
i
k
l
m
n

Tab.